니들이 덕후를 알아?

약 40명의 머글들을 대면 및 서면 인터뷰 하여 아이돌 덕후에 대한 생각을 물었고, 그 답변을 토대로 질문을 만들어 11명의 덕후들을 인터뷰하였다.

그 나이에 아직도 아이돌 좋아해?

걔네는 너 숨 쉬는 것도 몰라

왜 저렇게까지 할까

돈과 시간이 많거나 지능이 낮거나

시간 아깝지 않아?

인생에서 집중할 게 그것밖에 없나?

빠순이년들

빠순이

아이돌 = 애새끼들이 좋아하는 연예인

그렇게 해서 남는 게 뭐야?

그럴 시간에 공부나 해라

다른 취미생활을 가져봐

걔네가 밥먹여주냐?

빠순이

돈이 아깝다

빠순이ㅋㅋㅋ

철 없어 보인다

나잇값 못한다

걔네는 네 존재도 몰라

부모님이 그러는 거 알아?

빠순이

생산적인 일을 좀 해

아이돌 안 좋아하게 생기셨는데...

네가 그러니까 연애를 안 하는구나?

한심하다

빠순이년들ㅋㅋ

할 게 그렇게 없나

걔네 별로 유명하지도 않잖아

진짜 사귈 수 있을 것 같아?

존나 멍청해보이지

목차

덕질용어 공부하기

프롤로그 / "남자친구가 덕질 해도 괜찮아?"

에필로그 / 머글과의 인터뷰

덕질용어 공부하기

최애 최고로 애정하는 대상.

차애 최애 다음으로 좋아하는 대상.

덕메 덕질메이트. 콘서트나 공연 등 덕질을 함께하는 친구.

머글 덕후가 아닌 평범한 일반인. 해리포터에서 나온 말로 마법사가 아닌 평범한 사람을 머글이라 부른다.

입덕 누군가의 팬이 됨, 덕질을 시작하게 됨.

늦덕 뒤늦게 입덕하여 팬이 됨.

탈덕 덕질&팬을 그만두다.

덕통사고 갑작스러운 교통사고처럼 입덕하였다는 뜻.

성덕 성공한 덕후 줄임말.

휴덕 덕질을 쉬는 시기.

일코 일반인 코스프레 줄임말. 덕후가 아닌 일반인인 척 한다는 표현.

  "회사에선 일코중이야."

일코해제 일반인 코스프레 해제 줄임말. 일반인처럼 행동하는 것을 해제한다는 뜻.

덕밍아웃 덕후임을 밝히다.

공방 공개방송 줄임말.

댓림 댓글 올림픽 줄임말. 공개방송 방청 인원을 모집할 때 선착순으로 댓글을 달아 순위권 안에 들어야만 방청에 참여할 수 있다. 0.00초 차이로 순위가 갈린다.

오프 공개방송, 행사, 팬싸인회 등 오프라인에서 행해지는 스케줄.

  "요즘은 오프가 별로 없네."

생카 생일 카페 줄임말. 아이돌 멤버의 생일에 이벤트를 여는 카페. 홈마나 팬이 주최하는데 음료를 주문하면 아이돌 사진이 있는 컵홀더, 포카, 엽서, 포스터 등 선물을 증정해 준다.

성지순례 아이돌이 방문했던 장소에 방문하여 똑같은 구도와 포즈로 사진을 찍는다.

팬싸 팬사인회 줄임말.

공굿 공식굿즈 줄임말.

비공굿 비공식 굿즈 줄임말.

포카 포토 카드 줄임말.

시그 시즌 그리팅 줄임말. 달력, 다이어리 등이 포함된 굿즈 세트로 연말에 판매된다.

나눔 팬들이 직접 만든 티켓 꽂이, 스티커, 엽서 등 굿즈를 간단한 인증을 받고 나눔한다.
　　　 주로 콘서트 같은 오프에서 나눔이 이루어진다.

손민수 아이돌이 입은 옷, 핸드폰 케이스 등을 따라 사는 행위.
　　　　 웹툰 치즈인더트랩의 손민수 라는 캐릭터가 여자주인공 홍설의 패션이나
　　　　 헤어스타일을 따라 하는데 여기서 따와 손민수 했다 라고 표현 함.

역조공 아이돌이 팬에게 역으로 조공해 준다는 뜻.
　　　　 팬들에게 커피차, 분식차, 도시락, 선물 등을 준비해 주기도 한다.

첫콘 첫 번째 콘서트.

막콘 마지막 콘서트.

올콘 모든 콘서트 일정에 다 간다는 뜻. 3일 연속 콘서트일 경우 3일 다 관람한다.
　　　 "이번에도 올콘 한다."

해투 해외투어 줄임말. 해외 콘서트를 간다는 뜻. "나 이번주 주말에 해투가."

취켓팅 취소 된 표를 잡는 것을 취켓팅이라 한다. "오늘 새벽에 취켓할거야."

피켓팅 피 튀기는 티켓팅.

이선좌 〈이미 선택된 좌석입니다〉 라는 뜻으로 티켓팅할 때 다른 사람이 결제 중인 좌석을
　　　　 선택했을 때 뜨는 메시지다. "오늘 티켓팅에서 이선좌만 봤다…."

걸돌이 콘서트 티켓팅에 실패하여 콘서트 날 공연장 주변을 걸돈다는 뜻.

어덕행덕 어차피 덕질할 거 행복하게 덕질하자.

프롤로그 / "남자친구가 덕질 해도 괜찮아?"

어느 날 덕질에 관해 이야기하는 내 모습을 지켜보던 지인들이 물었다. "남자 친구가 덕질 해도 괜찮아?", "남자 친구가 덕질한다고 방에 사진 붙여 놓고, 콘서트 간다면서 안 만나 주고 그래도 괜찮아?", "결혼할 정도로 좋아하는 상대가 결혼하고 나서 덕질하지 말라고 하면 어떻게 할 거야?"

질문을 받고 짧은 몇 초간 머릿속에 여러 가지 생각이 스쳐 지나갔다. '내가 덕후인데 남자 친구도 덕후인 게 뭐가 문제람…?', '덕질한다고 주변 사람한테 소홀한 거 아닌데?', '타협할 여지가 충분히 많은데도 무조건 하지 말라고?' 순간 너무도 많은 말이 떠오른 탓에 오히려 길게 대답하지 못했다. 긴 대답 대신 나는 "덕질 반대하면 결혼 안 하겠다.", "남자친구가 덕질해도 상관없다."라는 짧은 말밖에 할 수 없었다.

대답을 들은 지인 중 한 명은 "나는 솔직히 싫을 것 같아. 어쨌든 이성이잖아."라는 말을 했다. 팬이라고 해서 꼭 아이돌을 이성적으로 좋아하는 것은 아니라고 답하자, "그럼 최애가 사귀자고 하면 안 사귈 거야?"라는 질문이 다시금 날아왔다. 이 질문까지 받고 나니 뭔가 기분이 묘하게 이상해졌다.

그날 집에 돌아가는 길에 여러 가지 생각에 휩싸였다. '머글들은 모든 팬들이 아이돌을 이성적으로 좋아한다고 생각하는 건가?', '그게 아니더라도, 애초에 덕질이라는 취미 자체를 나쁘게 인식하니 할 수 있는 질문들이 아닌가?', '내 취미가 등산이었으면 남자친구가 등산해도 괜찮냐고 질문했을까?' 이어서 이전부터 겪어온 아이돌 덕후에 관한 편견들이 떠오르기 시작했다. 가령 아이돌의 콘서트나 공연이 끝난 후 줄을 서서 기다리고 있는 팬들은 한심하게 보지만, 야구나 축구 같은 경기가 끝난 후 선수를 기다리는 팬들은 아무렇지 않게 보는 일. 또, 새롭게 알게 된 동네 친구에게 아이돌 좋아한다는 이야기를 꺼냈을 때 순간 표정이 바뀌며 바로 "돈 많이 쓰지 않아요?"라는 말을 들었던 일, 공연장에서 시큐가 팬들을 둘러보더니 "예쁜 애들 많은데 왜 덕질을 하지?"라는 말을 해서 기분이 나빴다는 글 내용 등.

이런 생각들을 쭉 돌이켜보고 나서 '아이돌 덕후에 대한 편견을 책으로 만들어 볼까?'라는 생각이 들었다. 처음에는 가벼운 마음으로 우선 머글들을 인터뷰해 보고 별 내용 없을 것 같으면 접을 생각으로 시작했다. 하지만 그 가벼운 마음은 인터뷰하면 할수록 무거워졌고 점차 진지하게 임해야겠다는 생각으로 바뀌었다. 덕질에 대해 특별히 부정적인 생각을 갖고 있는 머글을 일부러 찾아 인터뷰한 것도 아니었는데, 덕후들이 한심해 보이고 멍청해 보이고 덜떨어져 보인다는 극단적인 답변까지 듣게 되었다. 대체로 아이돌 덕후들은 과하게 시간과 돈을 쓰며 절제하지 못해서 덕질 때문에 일상생활에 지장이 있을 것이라는 답변도 많았다.

물론 그들의 편견과 같은 모습을 한 덕후들도 분명 존재할 것이다. 하지만 모든 사람들이 각기 다양하듯, 아이돌 팬들도 그저 다양한 사람들일 뿐인데 왜 일관된 모습으로만 보는 것일까? 그것도 오직 매체에 비춰지는 극단적인 모습으로만. 농담 반 진담 반 아이돌 덕후들이 "우리는 불가촉천민 취급을 받는다."라고 얘기하곤 하는데, 어쩌면 일부 사람들의 인식 속에선 사실일지도 모른다는 생각이 들었다. 누군가를 진심으로 응원하는 마음을 가진 사람들이, 행복해지려고 하는 취미 생활이 왜 이런 말들을 들어야 하는 걸까? 왜 이런 취급을 받아야 할까?

한 가지 확실히 이야기하고 싶은 것은 덕후들이 머글들에게 인정받는 덕질을 해야 할 필요도, 그럴 이유도 없다는 것이다. 덕후들이 다양하듯 머글들도 다양하기에 모두가 아이돌 덕질을 부정적으로 보지 않는다는 것도 알고 있다. 그럼에도 이 책을 만들게 된 이유는 팬덤은 언제나 매체에서 부정적인 이미지로 비춰졌고 대다수의 평범한 팬들의 이야기를 들어주는 곳은 없었기 때문이다. 현재 케이 팝 시장이 어마어마하게 성장하게 된 데에는 아이돌과 소속사의 노력도 있지만, 그들을 뒷받침해 주던 팬덤의 힘 역시 큰 영향을 미쳤다. 그럼에도 팬들은 언제나 부정적인 이미지로 그려졌고, 평범하며 건전한 팬들의 이야기를 들어 주는 곳은 더더욱 부재했다. 이로 인해 아이돌 팬덤의 부정적인 모습이 굳어져 갈수록 오해와 편견은 더욱 커지고 있는 것 같았다. 한 번쯤은 평범한 팬들이 어떤 마음으로 덕질을 하는지 이야기해 보는 것도 좋지 않을까 하는 생각에서 시작하게 되었다.

끝으로 건강을 해치거나, 사회를 어지럽히거나, 법적으로 문제가 있거나, 누군가에게 상처를 주는 일이 아니라면 취미 그 자체로 문제가 되는 취미는 없다고 생각한다. 어떤 취미든 과하게 하면 문제가 되는 것이다.

이 책을 통해 아이돌 덕후에 대해서 조금이나마 이해하게 되기를 바란다.
덕후들이여! 어덕행덕합시다!

소개

Q 몇 년째 덕질 중이신가요? 간단하게 최애를 소개해주세요.

서아(17세) : 총 3년 정도 덕질 했다. 지금 좋아하는 그룹은 좋아한 지 2년 정도 되었다. 최애는 똑똑하고 귀엽고 잘생겼다.

유성(22세) : 덕질은 초등학교 5학년 때부터 시작했다. 최근 입덕한 그룹은 입덕한지 2년 반 정도 됐고 최애는 꽃미남의 정석!! 장발이 참 잘 어울리는데 개인적으로는 짧은 머리 최애가 더 좋다.

지수(29세) : 5년 넘었다. 변화는 많았지만 변함은 없는 사람들이다.

지은(33세) : 유치원 때부터 했다. 기억은 안 나는데 엄마 말씀으로는 그 어린 나이에 모 아이돌과 결혼하고 싶다고 했다더라. 그때부터 지금까지 한 번도 쉬지 않고 했다. 지금 최애는 정말 예쁘게 생겼다. 예뻐서 좋아합니다.

수영(34세) : 초등학교 때부터 했으니까 20년은 된 것 같다. 덕질은 그때부터 쭉 이어졌고 최근 최애는 공식적으로 팬클럽까지 가입 한 건 3년 된 것 같다. 꿈과 희망을 덕질하고 있다.

혜인(35세) : 덕질은 24년 됐다. 1세대 아이돌이고 그중에서 셋째를 좋아한다.

재희(35세) : 본격적으로는 2017년부터 시작해서 6년 됐다. 우주 대스타 덕질을 하고 있다. 최애 멤버가 따로 없고 멤버 모두가 최애다.

미지(35세) : 4년 가까이 되어간다. 10대 때 덕질을 했었는데 그 뒤로 10년 넘게 완전 머글로 살다가 덕통사고를 당했다. 내 최애는 메인 보컬, 메인 댄서, 메인 비쥬얼이 다 가능한 친구다. 같은 그룹이었던 다른 멤버들도 여전히 사랑하고 응원한다.

경진(36세) : 두 명을 좋아하는데 한 명은 솔로고 한 명은 그룹이다. 최애와 차애가 나뉘어있지 않고 둘 다 똑같이 좋아한다. 한 명은 입덕 6년, 한 명은 이제 1년 넘었다. 한 친구는 노래, 춤, MC, 축구도 잘하고 팬들한테 너무 잘한다. 또 한 명은 춤을 잘 추는데 다른 친구한테 없는 면을 갖고 있다. 약간 성향이 다른 두 친구다.

도연(37세) : 6년정도 됐고 최애는 작고 소중하고 실력과 외모를 겸비한 천생 아이돌이다. 성품까지 갓벽하다.

민정(56세) : 18년 10월부터 시작해서 4년 넘었다. 내 최애는 나를 내세우지 않고 팀을 우선시하는 사람이다.

Q 다양한 취미가 있는데 왜 덕질을 하는가?

서아 : 시간을 들이는 거에 비해 오는 행복감이 가장 큰 것 같다.

유성 : 일단 너무 잘생겼고(웃음) 난 원래 집에서 그림 그리고 이러는 것만 좋아했었는데 덕질 하면서 콘서트 다니고, 럭키 드로우도 하고, 덕메도 만나고 하니까 예전보다 활동적이게 돼서 좋은 것 같다. 또 주변 또래 친구들이 아이돌을 좋아하는 친구들이 많아서 같은 얘기를 하며 쉽게 친해지기도 한다. 실제로 덕질로 사귄 친구들이 많아서 인간관계도 넓어진 것 같다.

지수 : 우선은 내가 좋아하는 것이고 그냥 다 다르지 않나. 다른 취미는 그 취미만의 매력이 있고 덕질 하는 것도 이것만의 즐거움이나 거기서 얻는 위로가 따로 있는 것 같다. 취미도 꼭 하나만 갖고 있진 않으니까 그중에서 하나인 것 같다.

지은 : 너무 어렸을 때부터 하다 보니 약간 습관 같은거라… 굳이 이유를 찾자면 내 입장에서는 가성비? 노력 대비 나한테 오는 만족감이 너무 좋다. 옛날에는 인터넷 발달이 안되어서 가성비 좋은 취미라고 할 수 없었던 것 같은데, 요즘엔 SNS도 잘 되어있다 보니 접근성이 좋고 그렇게 큰 시간과 노력을 들이지 않아도 도파민 생성이 잘 된다.

수영 : 다양한 취미 중 하나가 덕질이다. 뮤지컬, 연극, 미술작품 보는 것도 좋아하는데 덕질을 하면서 마주하게 되는 그들의 콘텐츠가 나한테 주는 행복감이 되게 크다. 특히나 아이돌을 좋아하면 그 사람에 대한 애정을 가지게 되는데, 그들과의 커뮤니케이션 속에서 얻는 위로가 있는 것 같다. 일방적으로 어떤 것들을 관람하는 데서 오지 못하는… 비대면이지만 쌍방적인 성향의 콘텐츠라 좋아한다.

혜인 : 이제는 거의 습관이다. 오래된 습관.

재희 : 가장 재밌으니까. 나는 덕질이 취미 개념보단 내 일상이다.

미지 : 재밌고 행복하니까? 취미생활 하는데 거창한 이유가 필요할까.

경진 : 다른 취미들은 재밌지만 약간 시간을 때우는 느낌인데 덕질은 마음을 치유하는 게 있다. 확실히 다르다. 똑같이 돈을 쓰지만, 마음을 좀 더 편안하게 해준다.

도연 : 여느 취미와 마찬가지로 즐겁기 때문에 덕질을 한다. 내가 아이돌 덕질을 하게 되리라고는 전혀 예상치 못했는데, 어떤 영상을 보고 최애에게 홀린 듯이 스며들어버렸다. 목소리, 춤 선, 얼굴, 성격, 마음씨, 하물며 손가락까지 예쁘다. 봐도 봐도 질리지 않고 볼수록 더 보고 싶다. 마음이 헛헛하거나 꿀꿀할 때, 최애의 사진이나 최애가 쓴 글을 보면 순간적으로 기분이 좋아진다. 마음이 따뜻해진다. 나는 덕질을 일종의 '처방'으로 쓰는 것 같다.

민정 : 그냥 하고 싶으니까! 다른 이유는 없다. 제일 즐거운 거니까. 그리고 투입하는 시간과 돈에 비해 나에게 주는 즐거움이 최대인 것 같다.

나이 먹어서 왜 저러지?

- Play list -

- 니가 뭔데 - **G-DRAGON**
- 말리지마 - **(G)I-DLE**
- 오만과 편견 - **지코**

Q 평소 아이돌 덕후에 대한 이미지가 어떻다고 생각하는가?

서아 : 친구들도 다 각자 좋아하는 아이돌이 있어서 부정적으로 보진 않는 것 같다. 대중화 되어 있어서 그냥 다른 취미가 있듯이 이런 취미를 갖고 있구나 이렇게 보는 것 같다.

유성 : 옛날에는 부정적이었던 것 같은데 지금은 딱히 안 좋게 생각하는 것 같진 않다. 그냥 그렇게 사는구나 정도? 그리고 예진에는 덕후기 되게 부정적인 단어였는데 요즘은 긍정적으로 많이 바뀐 것 같다. 덕후라는 건 그만큼 한 분야에 '전문'이라는 건데, 어떤 거 하나에 전문가가 된다는 건 되게 어려운 거거든.

지수 : 그렇게 막 좋게는 안 보는 것 같다. 아직은 사람들이 애니메이션 좋아하는 분들에게 매체에 의해 만들어진 이미지의 편견을 가진 것처럼, 덕질 하는 사람들도 뉴스나 언론에서 보이는 사생의 이미지가 편견으로 강하게 자리 잡고 있는 느낌이다.

지은 : 내 주변에서는 그렇게 부정적이지 않은 것 같은데 확실히 나랑 아예 접점이 없고 결이 다른 사람들은 좀 한심하게 보는 시각이 가장 지배적인 것 같다. '그 나이는 지났는데...' 약간 이런 느낌. 그걸 알아서 나도 사회생활 할 때 몸을 좀 사리려고 하는 편이다.

수영 : 주변에 덕후들이 많아서 서로 이해하는 사람들을 많이 마주하게 되지만, 전혀 그렇지 않은 사람들이 바라볼때는… 굉장히 뭐랄까… 과하다??? 과하게 시간을 쓰고, 과하게 애정을 가지고 있고. 그런 성향의 사람들로 생각하는 것 같다.

혜인 : 나는 아무래도 1세대부터 덕질을 했고, 그때 이미지부터 알고 있다 보니까 긍정적으로 보는 것 같진 않다. 요즘은 이미지가 많이 좋아졌다고 해도 아무래도 난 그때의 기억을 더 많이 알고 있으니까? 부정적으로 본다는 이미지가 강하게 남

아있다. 1세대 때 좋아하다가 중간에 쉼이 있었고 컴백 후 요새 다시 덕질을 하고 있다 보니 최근에는 어떤지 솔직히 잘 모르겠다.

재희 : 나는 생각보다 되게 관심이 없다고 생각한다. 나쁜 시선보다 그냥 무관심이 더 많은 것 같다. 그냥 하든지 말든지.

미지 : 이전에 비하면 많이 좋아진 것 같다. 예전엔 10대 위주의 팬이었는데 요즘 엔 연령층도 다양해진 것 같고. 거의 한심하게만 보는 것 같았는데, 어느 정도 취미 생활로 인정하는 느낌? 하지만 주변 사람들 얘기나 팬들 얘기를 들어보면 여전히 부정적으로 보는 시각이 많은 것 같고 아직 갈 길이 멀다는 생각이 든다.

경진 : 일반 사람들은 안 좋게 보는 것 같다. 약간 쓸데없는 짓을 한다는 생각이 강한 것 같고, 주변에 같은 덕질을 해도 아이돌 덕후는 또 다르다고 생각하더라. 너는 좀 더 유난이다 라는? 같은 덕후여도 아이돌 덕후를 안 좋게 보는 게 더 강 한 것 같다.

도연 : 내가 느꼈을 때 덕후인 친구들은 잘 이해해주지만, 아닌 친구들에게는 완전 하게 이해받는 느낌은 아니었다. 아이돌을 응원하고 사랑하는 마음과 연인에 대한 감정을 혼동하면서 오해하는 경우도 있는 것 같고. 그리고 다른 취미에 비해서 조 금 폄하되는 느낌도 없지 않아 있다. 근데 나는 거리끼는 건 없는 것 같다. 카톡 프 사 시어머니도 보시는데 최애 사진 해놓기도 하고.

아이돌은 10대나 좋아하는 거니까 왜 저러고 있지?

- 머글 A

Q 머글 인터뷰하면서 느꼈지만, 아이돌 덕후에 대한 편견은 10대나 20대 초반보다는 그 이상 나이대 덕후들에 대한 편견이 특히 더 심하더라. 예로 나이 많은 팬들을 보면 "나이 먹어서 왜 저러지?", "할게 그렇게 없나?", "철없어 보인다."라는 생각이 든다고 한다. 이 의견에 대해서 어떻게 생각하는지, 나이 들어서 하는 덕질은 어떤지 궁금하다.

유성 : 왜 아이돌 파는 사람들만 그렇게 생각하는지 잘 모르겠다. 나이 많은 팬 분들 그렇게 뭔가 하나에 열정적으로 쏟을 수 있다는 게 멋있다. 우연히 트로트 가수 팬분들도 봤는데 본인은 평생 최애의 팬이라 하시면서 가수가 건강하고 행복하길 바라시는 진심 어린 모습에 감동을 받았다.

지수 : 그냥 뭔가를 좋아한다는 것에 대해서 나이는 별로 상관없는 것 같다. 엄마들도 임영웅 좋아하고, 아저씨들도 게임 좋아하고. 덕질이 아이돌 덕질이라고 해서 나이가 많다고 하면 안 되는 것도 아니고 다 똑같은데 대상만 다른 게 아닌가 그런 생각이 든다. 왜 나이로 그렇게 생각하지? 나는 나이 들어서 하는 덕질은 어쨌든 경제력이 받쳐주니까 더 편한 것 같다. 이걸 만약 어렸을 때 했다고 생각하면 콘서트 가고 싶거나 해도 부모님께 용돈 받은 걸로 해결해야 하니까. 내 마음대로 시간도 낼 수 있고 돈도 내가 벌어서 쓸 수 있는 거니까 더 좋은 것 같다.

지은 : 철없어 보인다… 그럴수도 있다는 생각은 한다. 나도 다른 취미를 가진 분들에게 비난하진 않지만, 이해 못 하는 분야가 있을 수 있지 않나. 거기 안 들어가 봤으니까. 다른 분들도 이런 감정을 경험하지 못했고 해본 적이 없으면 이해를 못할 수는 있지. 근데 그거를 한심하다고 판단을 내리고 평가를 하는 건 좀 오만한 것 같다. 나이 들어서 하는 덕질은 금전적인 여유와 10~20대 때 덕질 경험으로 빅데이터가 쌓이면서 쎄한 사람은 거를 수 있고 좀 영리하게 덕질을 할 수 있다. 단 이 질문처럼 나이에 따라오는 편견이 배로 늘어나서 조금 힘든 것 같다.

수영 : 사실상 우리나라에서 아이돌 덕후에 대한 이미지 자체가 메이킹 된 게 10대 여자 청소년들의 과열된 애정이 기반이 된, 열성적인 집단의 모습으로 그려졌기 때문에 그 이미지가 사회적 편견으로까지 자리 잡게 된 분위기를 가지고 있다. 특히나 머글들은 시간이 지나면서 이 문화가 성숙해지는 과정은 전혀 인지하지 못하고 본인이 청소년기에 가졌던 선입견을 계속해서 유지하고 있는 형국이고 나도 깨고 싶었던 이야기이다. 이게 덕후에 대한 편견 단순히 그걸로 그치는 게 아니라, 이 사회가 가지고 있는 아이돌에 대한 편견과 아이돌을 좋아하는 사람에 대한 편견이 사실은 연결되어있는 거고. 편견이라고 말하는 이유는 이러한 시선들이 아이돌과 그 팬에게 유달리 적용되기 때문이다. 만약 박효신이나 아이유를 좋아한다고 하면 그러지 않았을 거다. 나는 특히나 1세대 아이돌로 덕질을 시작했는데, 만약 그 아이돌이 다시 컴백해서 "나 주말에 걔네 콘서트 가."하고 말하면 "어~ 걔네 우리 초등학교 때 다 좋아했지!" 이런 반응이 나오거든. 그러니까 사람들은 청소년기 그때 그 시절에만 좋아할 수 있는 존재로 아이돌을 생각하는 느낌이라는 그런 생각을 많이 한다. 나이 들어서 하는 덕질은 나로서는 예전보다는 좀 더 고요하고 편안한 느낌이다. 이전에는 서포트도 넣고, 운영진도 하고, 헬퍼도 하면서 활동적인 덕질을 했지만, 지금은 그렇게 소모하지 않고 콘텐츠만 보고도 즐거울 수 있는 게 다행이라 생각한다. 일이 바빠지면서 할 수 있는 것들이 줄어드는데, 그런 것들에 구애받지 않고 계속할 방법을 알고 있어서 오래된 취미생활이 주는 안정감을 느끼고 있달까.

혜인 : 나는 나이 들어서 더 할 수 있다고 생각한다. 오히려 10~20대는 공부하고 자기 계발하고 더 바쁘지 않나. 나이 드니까 회사 끝나고 내 여유 시간이 많아지다 보니까 취미생활 할 시간이 더 많다. 오히려 더 괜찮지 않나? 30대부터가 더 적합한 나이라고 생각하는데?

재희 : 본인이 10~20대 때 친구들이 덕질했던 것만 봐서 편협한 시각을 가진 것 같다. 그냥 10대, 20대 친구들이 지금 30~40대가 된 거다. 분명 50~60대가 되면 10대 때 덕질했던 친구들이 똑같이 덕질하고 있을 거다. 본인도 성장했고 우리도 성장하지 않았나. 근데 마음만은 10~20대 아닌가? 똑같다. 그냥 자연스럽게 나이

를 먹은 것이다. 오히려 본인 돈으로 책임질 수 있는 나이인데 이게 더 건강하지 않나. 이럴 때는 DVD나 콘서트 같은 거 한번 가고 싶어도 용돈을 받아서 쓰거나 엄청난 노력을 해야 했는데, 이젠 고민하지 않아도 된다. DVD든 굿즈든 해외투어든 내가 가고 싶으면 가는 거니까. 금전적으로 굉장히 좋다. 그리고 나이 드니 타인의 눈치를 안 봐도 되는 것 같다.

미지 : 우리 사회가 정해진 나이에 해야 하는 일들이 있다는 강박이 좀 심한 것 같다. 그래서 나이가 아직 한참 어린데도 늙었다, 나이 들어서 이제 이런 거 못 한다, 나이 들어서 이런 거 도전해도 될까 하는 말들을 하는 것 같다. 아이돌 덕질이라서도 그렇겠지만 어떻게 보면 우리 사회의 강박을 보여주는 것 같기도 하다. 10대 땐 지방에 살았어서 덕질하기가 힘들었는데 지금은 성인이 되어서 서울에 나와 있고 내가 돈 벌어서 덕질 하니까 너무 자유롭고 좋다.

도연 : 일단 굉장히 무례한 지적인 것 같다. 사실 나이를 계속 먹다 보니까 내 나이를 인식하지만 서른 살의 나랑 스물몇 살의 나랑 마음속에 있는 뭔가가 완전히 달라졌다곤 생각 안 하거든. 그냥 살아가는 경험치가 늘고 생각이 더 많아질 뿐이지. 나이가 많다고 누군가를 좋아하는 것에 대해서 경멸받아야 할 이유는 없는 건데. 나이가 있는데 젊은 애기들 좋아한다고 노망났다 그런 식으로 말하는 사람들도 있잖아. 만약 소설가나 피아니스트, 운동선수를 좋아한다고 했으면 사람들이 나이 있는데 그런 거 좋아한다고 뭐라고 하진 않을 것 같거든. 근데 자기보다 나이 어린 연예인! 연예인을 좋아한다고 폄하를 하는 것 같다. 그리고 나이 들어서 하는 덕질이 어떤지는… 나이가 드니까 뭔가 여러 가지 일들을 많이 겪는데 최애를 보면 되게 환기가 된다. 지친 육아의 끝에 트위터를 켰는데 최애가 와있어. 난 실시간으론 못 보고 밀려있는 걸 봤는데 너무 마음이 따뜻해지는 거다. 너무 좋고 고마운 거야. 아 최애는 군대에 가도 나한테 이렇게 힘을 준다! 무슨 생각까지 했냐면 내 새끼의 귀여움보다 덜 한 귀여움이 절대 아니라는 생각까지 드는 거다. 최애가 이제 서른인데 ㅋㅋㅋㅋㅋㅋ 우리 아기 사진 볼 때처럼 예뻐하는 거야 최애를. 그래서 진짜 햇살이다!

민정 : 이런 말 하는 사람들은 아마 10대~30대일 거다. 젊은 사람들은 나이가 들면서 마음의 색이 변할 거라 생각하는데 안 그렇더라. 사람이 가지는 에너지는 똑같은 것 같다. 나이 든 사람이 굉장히 성숙하고 그럴 것 같지만 똑같은 마음을 가지고 있고. 누군가를 좋아하는 데서 오는 리액션은 다 똑같다. 좋아하는 사람이 나왔는데 어린애들이 "와~" 하는 건 순수해 보이지만, 나이 든 사람이 "와~" 하는 건 뭔가 컨트롤 하지 못하고 천박하게 본다는 거지. 나이로 자꾸 나누려 하지 말고 가진 마음의 크기로 봐줬으면 좋겠다. 그래서 나는 내 친구들이랑 마사지도 받으러 다니고 ㅋㅋㅋㅋ 우리 아티스트 욕 안 먹이려면 우리가 젊은 사람들이 좋아히지 않는 아줌마의 모습을 최대한 갖추지 말자. 매너나 이런 것들. 그게 나빠서 그런 게 아니라 괜히 그런데 이름 오르내려서 우리는 아줌마 팬들이 많은데 매너 안좋다 이렇게 보이지 않기 위해 시작되었지만 그게 또 나한테는 도움이 되는 것도 있더라. 그리고 덕질은 내가 젊었을 때라면 못했을 것 같다. 내가 지켜야 할 가정도 있고 빨리 도시락 싸서 애 학원 데려다주고, 또 다른 애 학원에 옮기고, 기다렸다가 어른들 밥 차려드리고 또 치우고, 애들 학원에서 데려오고. 이런 생활 외에는 들어올 공간이 없었다. 지금은 시간도 되고 돈도 되고. 일단 마음의 여유가 있으니까.

돈 많이 쓰지 않아요?

그 덕질 비용 줄이면
한 끼라도 더 좋은 음식 먹고
더 좋은 옷 구매할 수 있을걸요.

- 머글 U

Q 덕질은 콘서트, 굿즈, 앨범구매 등 소비 위주의 취미이기 때문에 돈을 많이 쓴다는 생각이 든다고 한다. 실제로 돈은 얼마나 쓰는지 궁금하다.

서아 : 어떤 취미를 가지든지 돈을 안 쓸 수가 없어서, 행복을 느끼려면 마땅히 지불해야 하는 거라 생각한다. 나는 앨범을 구매하거나 온라인 콘서트를 주로 보는데 1년 기준으로 100만 원 내외로 쓰고 있다. 용돈 받은 거로 해결하고 있다.

유성 : 오… 그렇게 볼 수 있는데 사실 포카같은건 시세가 오르기도 하거든. 그걸 의도하고 사는 건 아니지만 팔게 되면 오히려 더 많은 수익이 날 수도 있다. 1년 기준으로 쓰는 비용은 60만 원 정도인데 쓰고 만족감이 더 커서 딱히 아깝다는 생각은 잘 안 든다.

지수 : 사람마다 다른 것 같다. 나는 나 자체가 그렇게 소비를 많이 하지 않는다. 내 벌이에 맞는 소비를 하려 하고, 소비 위주의 문화라고 하기에는 그냥 뭔가 다 사바사지 않을까? 근데 약간 돈을 써야만 할 수 있는 게 많은 건 또 사실인 것 같긴 하다. 그래서 나도 앨범 많이 사고, 콘서트 다 다니시고 그런 분들 보면 부러울 때도 있다. 나는 앨범, 시즌 그리팅, 멤버쉽 이런 거 다 합치면 1년에 대략 15~20만 원 정도 쓰는 것 같다.

지은 : 나한테 해당하는 말은 아닌데 전반적인 분위기로 봤을 때 맞는 말이라 생각한다. 엔터 산업 구조 자체가 소비 위주로 가게끔 굴러가는 건 맞는데 그 안에서 본인이 조절을 잘하고 가치판단을 잘해서 덕질을 한다면 무리가 가는 정도는 아닌 것 같다. 나 스스로도 노력하고 있고. 팬싸를 가지 않고 평범하게 콘서트, 팬 미팅만 가시는 분들은 1년 기준으로 놓고 봤을 때 그렇게 많이 쓰진 않는 것 같다. 1년에 콘서트 한번 갈때 직장인이 무리하는 돈도 아니고 십몇만 원으로 한 달 행복할 수 있고, 한번 공연 갔다 오는 가치가 엄청 크다고 생각한다. 해외여행, 골프처럼 비싼 취미에 비하면 허튼 데 돈 쓴다고 할 정도는 아닌 것 같다. 그래서 나는 계

산을 해본 적이 있다. 콘서트, 손민수, 앨범 다 해서 작년에 쓴 돈이 총 200만 원이 채 안 됐다. 직장인이 취미생활 200도 안 되는 거면 진짜 싸게 먹혔다고 생각한다.

수영 : 돈에 대한 건 어쩔 수 없는 것 같다. 취미라는 걸 가졌을 때 돈을 안 쓰고 할 수 있는 취미는 거의 없고. 그런데 사실은 편견 때문에 이런 이야기가 나오라는 거라는 생각을 하는데. 콘텐츠를 챙겨보고, 같이 덕질을 하는 사람들과 만나고, 대화하고 이런 유형의 서브적인 것들을 다 빼고 돈 쓰는 것만 생각하니까 굉장히 많이 쓸 것으로 생각하는데 다 자기가 되는 여력 안에서 하는 거다. 다른 취미생활과 비교해봤거든? 한 달 평균 15~30만 원의 요가 클래스를 듣는다고 비교하면 덕질은 사실 휴지기가 있지 않나. 앨범이 나오고 콘서트가 있는 달에는 한 달에 100만 원도 쓰지만 하나도 안 쓰는 달 도 있지 않나. 그걸 합산해보면 아마 사람들이 가진 편견만큼 돈을 다른 취미에 비해 많이 쓴다? 이러진 않을 것 같다. 물론 사람에 따라서 굿즈도 모든 걸 다 가져야 만족하는 사람이라면 매달 그렇게 쓸 수 있겠지만. 사실 굿즈도 매달 안 나오잖아. 사고 싶어도 살 게 없어요. (웃음) 내가 쓰는 돈은 1년 평균으로 한 달에 10~20만 원은 쓰게 되는 것 같다. 12개월로 펼쳤을 때. 1년 총 하면 200은 될 것 같다.

혜인 : 돈은 자기 하기 나름인 것 같다. 주면 덕메들을 보면 안 쓰는 친구들은 공연도 한두 공연만, 딱 티켓값만 쓰고 정말 안쓴다. 많이 쓰는 친구들은 많이 쓰는데 나는 많이 쓰는 편에 속한다. 많이 쓰는 걸 아니까 나는 그 준비를 한다. 우리는 1~2년에 한 번씩 활동하는 그룹이다 보니까 기다리는 동안 돈을 조금 모아놓는다든지. 그래서 엄청나게 큰 부담이 되는 것 같지는 않다. 1년 기준으로 150 이상은 쓰는 것 같다.

재희 : 근데 반반인 것 같다. 돈을 안 쓰려면 충분히 안 쓸 수 있다. 요즘 무료 콘텐츠가 너무 많기 때문에 돈 없어도 집에서 즐길 수 있다. 돈을 쓰려고 하면 끝이 없는데 어쨌거나 이건 내 선택인 거다. 그리고 나는 소비하는 게 하나도 아깝지 않다. 해마다 쓰는 금액은 다른데 해투 도는 연도는 많이 썼다. 한 해에 많이 갔

을 때는 일본, 홍콩, 프랑스, 부산 등 엄청 왔다 갔다 해서 1년 기준 최소 2천 이상? 더 썼을 수도 있다. 정확히는 계산을 안 해봐서 모르겠다. 적게 썼을 때는 1년에 약 250~300정도 썼을 것 같다. 올해는 진짜 아무것도 안 하고 있다. 팬클럽 갱신도 안 했다.

미지 : 꾸준히, 제대로 된 취미생활 하면서 소비를 안 하는 취미가 있을까? 물론 있기야 하겠지만 깊이 하는 취미는 결국 돈을 소비할 수밖에 없는 것 같다. 덕질이라고 돈 많이 쓰고 다른 취미라고 돈 적게 쓰는 거 아니다. 사람 나름인 것 같다. 나는 1년에 80~100만 원 정도 쓰는 것 같은데 누군가는 덕질에 100만 원이나 써? 하겠지. 월로 따지면 8만 원이다. 취미생활 하면서 월 8만 원 쓰는 게 많은가? 배민에 돈을 더 쓰는 것 같다.

경진 : 원래 돈을 써야 내가 만족을 할 수 있는 거다. 나는 해외투어까지 하면 1년에 300~500정도 쓰는 것 같다. 2명을 좋아하고 있어서 좀 더 많이 쓰고 있다.

도연 : 소비 위주의 취미라는 말은 어느 정도 맞는 것 같다. 근데 무슨 취미든지 간에 소비해야 뭔가 할 거리가 생기는 것 같다. 가장 활발하게 덕질했을 때는 1년에 공연 가고, 굿즈 사고, 앨범 사고, 덕메들 만나서 놀고먹고 그랬으니까 100만 원 이상은 썼던 것 같다.

민정 : 모든 취미는 다 소비다. 만족감을 얻기 위해서 소비하는 거지 않나. 만족감을 봤을 때 어느 누가 더 클지는 알 수 없는 거고. 만족감을 산다는 측면에서는 결코 그게 헛소비라고, 과소비라고 할 수 없다 생각한다. 쓰는 돈은 해외콘서트가 얼마나 있느냐에 따라 다를 것 같은데. 난 초기에 모르고 플미표를 사서 그때는 한번 해외콘서트 가면 400씩 썼으니까 1년에 천만 원 넘게 썼었다. 근데 이제는 내가 티켓팅을 해서 1년 500 정도도 안 쓸 것 같다. 한국 콘서트만 가면 1년에 한 100 정도.

굳이 안 써도 되는 돈을 쓰는 느낌?

- 머글 D

Q 특히 굿즈 소비에 부정적이었고 비싸지 않냐는 의견이 많았다. 아이돌 좋아하면 영상만 보거나 콘서트 가는 정도만 해도 되고, 굿즈 안 사도 충분히 덕질 할 수 있는데 쓸데없는데 돈을 쓰는 것 같이 보인다고 한다. 굿즈 소비에 대해선 어떻게 생각하는가?

유성 : 음… 마찬가지로 만족감이 더 큰 것 같다. 일단 나오는 거 다 사는 게 아니고 예쁜 것만 골라 사서 만족감이 더 크다. 내 소비 내에서 딱 쓸 수 있는 만큼만 쓴다.

지수 : 좋아하는 거라서. 사람들은 좋아하는 것에 돈을 쓰니까. 그리고 귀여운 거 보면 갖고 싶은 거랑 같은 선상에 있다고 생각한다. 쓸데없을 수도 있지만 내가 즐겁고 행복하다면 내 돈 주고 사는 건데 괜찮지 않나? 진짜 가끔 소속사에서 너무 대충 만든 게 보이는 굿즈나 돈벌이용 굿즈 같은 게 나오기도 한다. 그런 건 나도 소속사가 괘씸해서 안 사려고 한다. 그런 거 말고는 아깝다는 생각이 전혀 안 든다.

지은 : 굿즈 살 때 무조건 다 산다! 하시는 분도 있겠지만 대부분의 팬들은 판단한다. 이게 예쁘니까 이거 사야겠다, 저번에 많이 샀으니까 이번엔 참자 이런 것처럼. 그냥 본인들이 옷 사고 화장품 사고 이런 거랑 비슷한 것 같다. 과하게 사면 화장품이든 옷이든 굿즈든 안 좋지. 요즘 20대분들이 산리오 엄청나게 사서 모으는데 포토 카드랑 값이 똑같거든. 그런 거랑 비슷한 건데 그걸 굳이 뭐라고 할 부분은 아닌 것 같다.

수영 : 굿즈가 엔터기업이 수익을 창출하는 가장 쉬운 방법이라고들 한다. 그래서 지금 한국 아이돌 판에 굿즈가 상업적으로 생각되는 부분이 없진 않지. 팬들 안에서도 쓸데없다고 생각하는 사람도 있고 상술에 놀아나고 있다~ 이런 반응도 있다. 근데 이거는 내가 덕후냐 아니냐의 차이로 바라보기보다 만약에 머글분들 중에 본인이 수집하는 피규어라든가, 적어도 우표라도 한번 수집해보셨던 분이 계신다면 그게 아주 쓸데없다고는 생각하지 않으실 것 같다. 팬들 마음에는 그 아이돌을 상징할 수 있는 무언가를 모은다! 라는 자체로 의미가 있기 때문에 그만큼을 투자하

는 건데. 좋아하는 브랜드 신상 꼭 사셔야 하는 분들 있잖아. 그런 것과 같은 거지. 물론 굿즈가 비싼 건 맞지. 똑같은 머그컵 다이소 가면 2천 원에 살 수 있는데 3만 3천 원에 파니까. 근데 이건 브랜드값이라 생각하면 아깝지 않을 수 있다. 스벅에서 파는 텀블러도 3만 8천 원인데 아이돌 굿즈도 그렇잖아. 어떤 브랜드의 이미지와 브랜드값이라고 생각하면 사실 비싸지 않을 수 있다.

혜인 : 우리 굿즈는 오빠들이 디자인하는 경우가 많아서 소장 가치가 있다고 생각해서 산다. 공식 굿즈가 1~2년에 한 번 나오니까 지금 안 사면 못사니까 그런 가치가 있어서 산다.

재희 : 굿즈도 상품이라서 다 목적이 다르고 쓸데없지는 않지. 쓸모 있으니까 사지. 보는 행위 자체도 기쁨이고, 콘서트 DVD는 소장하려고 사는 거고, 시그는 달력이니까 내년 달력 필요해서 사는 거고, 앨범도 우리 애가 열심히 노력해서 찍은 건데 봐줘야 되니까 사는 거지. 소장하고 싶은 마음이 크니까. 그리고 굿즈가 다 다르지 않나. 그니까 사는 거지.

미지 : 다른 취미도 같지 않나. 등산 다니다 보면 등산복도 여러 벌 사게 되고 장비도 조금씩 추가하게 되지 않나. 똑같다. 안방에서만 응원하다가 팬클럽 가입도 하고, 콘서트도 가고 그러다 굿즈도 사게 되는 거지. 어떤 취미에 점점 깊이 빠질수록 소비는 할 수밖에 없다. 그리고 쓸 데 있고 없고는 돈 쓰는 사람이 판단하는 거 아닐까? 핸드폰은 전화 인터넷만 되면 되는데 왜 비싼 핸드폰 구매하나? 지갑도 돈만 들어가면 되는데 왜 명품 지갑 구매하나? 각자 취향이 있는 거고 본인이 가치 있다고 생각하는 것에 돈 쓰는 것이라 생각한다. 그리고 우리는 저렴한 굿즈도 많다. 가격대 다양하다.

도연 : 아니… 사람들 명품도 척척 사는데 굿즈 그거 얼마 한다고 ㅋㅋㅋㅋㅋㅋ 내가 즐거운데 뭐가 쓸데없는 것인가? 다 자기 즐거움에 돈 쓰자고 돈 버는 게 아닌가 나는 그렇게 생각한다. 그리고 아이돌 굿즈가 너무 예쁘고 소장하고 싶게 잘 나

온단 말이야. 그걸 일상에서 내가 직접 쓰지 않고 전시만 해놔도 볼 때마다 기분이 좋고 그렇기 때문에 난 쓸데없다 생각하지 않고. 요즘엔 또 실용성 있는 것도 있다. 보냉백이나 여권 케이스 같은 거. 무용하다 유용하다 이건 굉장히 주관적인 기준이기 때문에 쓸데를 함부로 재단하는 건 굉장한 무례라고 생각한다.

민정 : 그 소비의 가치를 누가 판단하느냐는 거지. 소비에 대한 판단은 소비하는 사람만 할 수 있는 거지 다른 사람이 할 수 있는 건 아니거든. 왜냐면 소비했을 때 오는 만족감을 보는 거잖아. 샤넬 백을 사기 위해 열심히 돈 모으는 친구가 있을 거고, 내가 좋아하는 아티스트의 앨범이나 굿즈를 사는 친구가 있을 것이고. 이거는 쓸모 있다, 이거는 쓸모없다 라고 보는 것 자체가 나는 잘못된 관점이라고 본다. 내가 초기 한 3년은 진짜 굿즈를 다 샀다. 거의 다 나오는 족족. 근데 지금은 딱 보고 이게 나한테 효용성이 크다고 생각하면 구입하지만, 아니라고 생각하면 전혀 구입을 안 하고 있다. 꼭 필요한 거 외에는. 그때는 그걸 사면 나한테 만족감이 매우 커서 산 거다. 지금은 내가 그 만족감을 얻을 수 없고 본체에 대한 게 더 나한테 만족감을 주니까. 그러니까 그것도 한때 지나가는 거라 생각한다. 지금은 굿즈 샀던거 애 학부모 모임 때 엄마들이 내가 덕질 오래 했다는 거 알고 같이 만나서 얘기하자 그랬을 때 모았던 굿즈를 드렸다. 쌓였던 굿즈를 이제 그렇게 소비하고 있다. 예전 같으면 주지 않았을 텐데 지금은 주는데 더 만족감을 느끼고. 이제는 못 구하는 거니까 그 사람이 그걸 가졌을 때 기쁨이 더 클 거라는걸 알기 때문에 그렇게 쓰고 있다. 다 한때고 만족감이 크면 당연히 사는 거고. 남자들 골프용품, 낚시 용품 사는 거랑 똑같지 않나.

Q 특정 대상에 대한 애호가 너무 강하기 때문에 과한 소비를 할 확률이 높을 것 같다는 의견도 있었다.

서아 : 서핑하는 취미를 하면 장비를 사야 하고 비용이 들 텐데 그거랑 비슷하다고 생각한다.

유성 : 아이돌을 좋아한다고 그 아이돌에 대한 걸 다 사지는 않거든. 그래서 그렇게 큰돈이 들어간다고 생각하진 않는다. 나는 알바비와 용돈이 있으면 거기서 덕질 비용은 따로 떼고 나머지는 생활비로 쓰고. 이렇게 조절해서 소비한다.

지수 : 으하하하하하 그래? 처음 덕질을 시작했을 때 그동안 없었던 종류의 지출이 추가적으로 생기는 걸 보고 덕질 통장을 만들까 살짝 고민한 적이 있었지만, 나에게 맞는 기준을 정해두고 잘 조절하며 관리하고 있다. 그래서 그렇다고 해도 내가 알아서 균형만 잘 맞추고 관리를 잘한다면 그건 별로 상관없지 않나 싶다.

수영 : 선호가 과하기 때문에… 소비를 과하게 할 것 같다… 근데 그런 것 같네. 기본적으로 팬덤이 돈을 쓰지 않고는 팬 활동이 이루어지지 않는다고 생각하기 때문에… 근데 팬덤 내부에서 소비 방식으로 애정을 증명하고 싶어 하는 문화가 없지 않았기 때문에, 밖에서 봤을 땐 당연히 그렇지 않은 사람들보다 눈에 띄고. 이런 방식으로 편견을 만들어 가는 데 일조한 부분도 있다고 생각한다. 그런데 어디나 그렇지만 내가 경험해보지 않은 것 중에 이야기를 귓등으로라도 듣게 되는 건 굉장히 이색적이거나, 자극적이거나, 정말 극으로 드러나는 것들만 보게 되잖아. 덕후에 대한 것도 마찬가지인 것 같다. 그러한 케이스들은 안 좋게 보여지고, 안 좋게 보여지는 이야기들이 더 이야기되기 쉽고. 그러니까 그런 편견이 계속해서 유지되는 게 아닌가 싶다. 그래서 이런 생각을 하는 건 과한 소비라는걸 전제로 깔고 있기 때문에 애정을 드러내는 방식이 소비로만 표출될 거라 생각하는 편견이 가져온 오류가 있는 가정이다. 라고 정리해서 말하고 싶다.

혜인 : 그럼 싫어하는 사람한테 돈 쓰나? 당연한 얘기 같다. 애인 생기면 애안한테 돈 쓰고, 내가 좋아하는 연예인한테 돈 쓰는 건 당연한 거 아닌가?

재희 : 내가 사랑하니까 쓰는 거지. 그건 당연한 거 아닌가? 야구 좋아하는 사람도 야구에 돈 쓰고, 축구 좋아하는 사람도 축구에 돈 쓰지 않나. 다들 애호가 있으니까 돈을 쓰는 거 아닐까 당연히?

미지 : 이런 가정까지 하면서 비난하고 싶은 걸까? 설령 진짜 과한 소비를 한 적 있다고 한들 살면서 충동구매 한번 안 해본 사람 있나. 내가 좋아하는 여행에 좀 무리해서 돈을 쓰기도 하는 것처럼, 덕질하면서도 필요하다면 좀 무리할 때도 있겠지. 그렇다고 생각 없이 진짜 내 생활에 무리가 갈 정도로 하겠나? 과하든 과하지 않든 다들 자기 형편에 맞게 덕질한다. 우리도 생각이 있는 사람들이다.

민정 ; 그건 개인 특성인 것 같다. 컨트롤이 안 되는 사람은 다른 뭘 해도 컨트롤이 안 되는 사람이고. 판단을 하는 건 개인이 가진 양식의 문제인 거지. 모든 덕후들이 다 그렇다고 생각하진 않는다.

너희 혼자만 좋아하는
그런거를 굳이 왜 하냐.
그렇게 돈 쓴다고
그 사람이 널 알아주니?

- 머글 K

Q 매체에서 아이돌들이 항상 도시락 & 커피차 서포트, 지하철 광고, 고가의 선물 등을 수시로 받는 것을 보다 보니 팬들이 이런 데에 매우 많은 돈을 쓴다고 생각하더라. 1인당 얼마 낼 것 같냐는 질문에 가장 큰 금액을 말한 사람은 몇십만 원 내지 않겠냐고 답했다. 실제 이런 서포트에 돈을 내본 적이 있는가? 있다면 얼마를 내보았나?

서아 : 그런 이벤트에 돈 내본 적은 없고 그냥 투표에 참여하는 방식으로 해본 적은 있다. 주변에도 서포트에 참여하는 사람은 없었던 것 같다.

유성 : 나는 안 해봤고 내 주변에서도 못 본 것 같다. 근데 요즘에는 기부 목적으로 서포트를 진행하시는 분들도 많다. 이런 것들은 아티스트에 대해 좋은 이미지도 주고 선한 영향력도 끼치는 것 같아 좋게 생각한다.

지수 : 나는 참여해본 적이 없다. 얼마를 내는지 나도 모르겠지만 그 돈을 낼 수 있는 사람들이기 때문에 하는 게 아닐까? 그냥 아이돌을 응원하고 좋아하는 방식 중 하나라고 생각한다. 모든 팬들이 다 그렇게 돈을 써서 조공하진 않는다. 다양한 사람들이 모였으니 다양한 덕질의 방법이 있는 것 같다.

수영 : 나는 그런 돈을 받아서 광고를 거는 역할을 해봤고, 카페 이벤트도 직접 주최했던 사람이다. 근데 생각보다 그렇게 많은 돈이 들진 않는다. 한명이서 하는 경우가 많이 없고 모여서 하니까. 카페 이벤트 할 때도 나는 돈을 쓴 게 아니라 내 시간과 능력을 썼을 뿐 돈은 다른 분들이 다 내셨다. 근데 한번은 생일 광고를 걸어야 하는데 서포트가 잘 안돼서 사비를 넣었던 적이 있는데 그때는 한 20~30만 원 정도 써봤던 것 같다. 그 이상으로 써본 적은 없다. 팬들이 평균적으로 제일 많이 내는 금액은 3만 원을 넘지 않는다. 자기한테 부담이 되지 않는 선으로 내니까. 근데 그 부담이 되지 않는 선이라는 게 개인마다 너무 다르기 때문에 5천 원, 3천 원 이렇게 내시는 분들도 계시다. 그니까 사실 사람들이 생각하는 것처럼 모두가 그걸 위해 돈을 내는 것도 아니고, 낸다고 해도 그 돈의 액수가 생각하는 것처럼 한

번에 10~20만 원씩 쓰는 그런 부분도 아니라는 거. 또 요즘은 투표해서 광고 걸어
주는 게 많이 생겼다. 그런 거에 대해서는 머글들이 모르니까 더 그렇게 생각하겠
지. 돈을 써야만 광고를 걸 수 있다고 생각할 수 있으니까. 근데 그런 거지. 정말 보
이는 것만 보니까. 어떤 아이돌이든지 간에 누군가의 생일을 축하하고 있는 전광
판이 있으니까 그걸 보는 분들은 팬들도 참 대단하다 싶으면서도 저기에 돈을 많
이 쓰고 있겠구나! 생각할 테니까. 우리 사회가 가지고 있는 통념 안에서 돈에 대
한 편견이 가장 쉽게 생기고 제일 안 사라지는 것 같다. 그래서 덕질에 대한 것도
더더욱이 그런 게 있자 않나 생각해본 부분이 있다.

혜인 : 많이 내는 사람도 있다고 듣긴 했는데 서포트는 강제성 없이 자율적으로 내
게 되어있다. 최하 금액이 정해져 있는데 1,999원 이런 식이다. 그럼 그정도만 이
체해도 된다. 각자 그렇게 큰돈 들이지 않는 것으로 알고 있고 커피차도 그렇게 비
싸지 않은 거로 안다. 커스텀 마이크 서포트에 내본 적은 있는데 그때도 한 1~2만
원? 큰돈은 안 낸다. 더군다나 우리 팬들은 삼사십 대인데 1~2만 원이 큰돈이겠나.

재희 : 나는 개인이 하시는 분들, 4~5명씩 연합으로 하시는 분들을 많이 봤다. 돈
많이 쓰긴 한다. 근데 이건 내가 정말 특수한 경우다. 이건 일부 팬들에 한정된 얘
기이고 보통의 팬들은 그렇게 안 한다. 그리고 하고 싶어도 루트 모르는 팬들도 많
을걸? 이런 분들은 보통 금전적으로 여유가 있으신 분들이다. 내가 봤던 분들은 학
원 원장님이라든지, 자영업인데 오토로 매장을 몇 개씩 돌리는 분들, 전문직도 생
각보다 많다. 어쨌든 다 본인이 금전적으로 여유가 되는 분들이 하는 거다. 나이
도 3~50대까지도 봤다. 외국인도 많다. 근데 진짜 돈이 많아서 하는 거다. 모자라
서 하는 사람들 아니다. 뭐 그 정도 써도ㅎㅎㅎ 돈이 없다고 생각하는 건 진짜 편
견이다. 부자 얼마나 많은데. 학생들은 카페 같은 데서 공동구매 형식으로 하지.

미지 : 일단 서포트에 참여해 본 적은 없다. 그런데 팬덤 숫자가 얼마나 될까? 여러
팬이 모여서 하는 것이기 때문에 1인당 소액이어도 충분하다. 팬이 몇 명인데 각자
얼마나 큰 금액이 필요하겠나. 지하철 광고 같은 것들은 아이돌 관련 어플 투표에

서 1위를 하면 무료로 광고를 내주는 것들이 많다. 그래서 그런 투표에 참여해봤고 1위를 해서 지하철 광고 걸어본 적이 꽤 있다. 뉴욕 타임스퀘어 광고도 걸어봤다.

경진 : 한번 낸 적 있는데 5만 원? 그렇게 많이 쓰지 않았다. 서포트하는 것보다 앨범 한 장 더 사는 것을 좋아하는 편이어서 나는 서포트는 잘 안 한다.

도연 : 내본 적 없다. 그리고 지하철 광고를 다 팬들이 한다고 생각하는 데 여러 업체가 있다. 팬들이 투표하면 제작해서 광고를 띄워주는 데가 많다. 그런 곳에 투표로 참여를 많이 하긴 했지만 내가 직접적으로 낸 적은 없다.

민정 : 생일 카페 할 때 내가 사진, 부채 서포트 한번 했었다. 그때 한 10만 원 냈던 것 같다. 내가 판단하기에 10만 원대는 그냥 내가 좋아하는 사람의 생일에 사람들이 기분 좋게 예쁜 사진, 예쁜 부채를 가지고 갈 수 있다면 그 정도는 내가 할 수 있다고 생각했기 때문에 한 거고. 그거에 대해서 돈이 아깝다고 생각하지 않는다. 다른 사람들이 생각하기엔 생일자인 아이돌은 전혀 모르고 우리끼리 그렇게 하는 게 이상하긴 하겠지. 근데 나와 똑같은 아티스트를 좋아하는 사람들이 그걸 보고 좋아하면 나도 좋을 것 같거든. 자기가 뭐 빚을 내서 한다 이건 본인이 가진 양식이고 그 사람은 그걸 하지 않더라도 다른 데서 무언가를 사기 위해 빚을 낼 사람일 거다 분명히.

Q 다른 취미들은 나를 위해 투자하는 것 같은데 (ex : 캠핑장비 사도 내가 쓰고, 책을 사도 내가 읽고) 아이돌 덕질은 그냥 그 아이돌에게 돈을 주는 느낌이라 부정적이라고 한다. 이 의견에 대해선 어떻게 생각하나?

유성 : 나는 되게 소극적이고 집에만 있었던 사람인데 돌아다니면서 더 활동적으로 되고 친구들도 만나게 되었다. 그러니까 오히려 나에게는 긍정적으로 작용한 것 같다.

지수 : 흐어어?? 돈을 준다고?? 하하 책도 작가, 출판사, 서점이 판매하는 것이고 캠핑 장비도 회사가 판매하는 것이다. 그런 것에 돈이 아깝다고 그 사람한테 주는 거 같다고 느낀다면 세상에 어떤 것도 돈을 주고 사서는 안 되는 게 아닌가? 누군가에게 돈을 주고 내가 무언가를 얻는다는 건 똑같다. 아이돌도 아티스트고 아이돌을 포함해 작업에 참여한 사람들에게 돈을 주고 내가 그들의 작품을 감상하고 행복을 얻는 거다. 덕질이 나를 위한 투자인지 아닌지를 고민하는 건 덕후들의 몫이라고 생각한다.

지은 : 과하지 않다는 가정하에 나도 얻는 게 진짜 많다. 나는 언어 공부를 배제해도 현생이 힘들 때 그 친구 얼굴 한번 보면 다 잊혀지는 것 같은 기분이 든다. 나를 위해서 하는 거거든. 그리고 얼마 전 오프 갔다가 팬들이랑 트위터 아이디를 교환했다. 얼마 있다가 그 친구들이 나에게 여기 갈 건데 같이 가시겠냐고 연락이 왔더라. 근데 나는 그 친구들 나이 가늠이 되지 않나. 딱 봐도 애기들인데 나를 불러주네 하면서 갔다. 아니나 다를까 10대와 20대 초반 친구들이었는데 그런 친구들이랑 어울릴 자리가 사실 아예 없지 않나. 그 친구들 생각은 모르겠지만 대화가 끊기지 않고 진짜 재밌게 놀다 왔다. 그러니까 삶을 사는 동력 나아가서는 주변과의 네트워킹도 구축할 수 있다고 생각한다. 캠핑 장비도 자기가 쓴다고 하지만 카드값 엄청 나올 정도로 욕심내면 결국 좋지 않은 취미인 것럼 본인이 건강하게만 잘하면 너무너무너무 좋은 취미라고 생각한다.

수영 : 산업의 굴레에서 보면 그렇지. 근데 캠핑 장비 사서 본인이 얻는 건 돈이 아니라 즐거움이잖아? 굿즈를 사고, 콘서트를 보고 얻는 게 돈이 아니라 즐거움인 거랑 같지 않나? 캠핑장비 사서 본인이 돈 버는 거 아니잖아. 돈은 캠핑 장비 파는 사람이 버는 거잖아. 똑같지. 그럼 돈은 걔한테 가는 게 맞지. 차라리 걔한테 가면 다행이지. 괜히 엄한 데로 갈까 봐 걱정인데. (웃음)

혜인 : 난 돈 줄라고 산다. 내가 좋아하는 연예인이 좀 더 부귀영화를 누렸으면 좋겠고 오래오래 영원히 더 잘 살았으면 좋다. 그게 왜 나쁜가? 캠핑도 나쁘지 않다. 그것도 본인의 힐링이겠지. 근데 나는 이게 나의 힐링이다. 그럼 이것도 나쁘지 않다고 생각하고 그거를 비교한다는 거 자체가 나쁘다고 생각한다. 그걸 왜 자기가 판단하나? 20년이 넘었으니 나는 오래된 옆집 삼촌 같다. 옆집 삼촌한테 반찬 갖다 주는 그런 마음이다. 오빠들이 사업 안 했으면 좋겠고… 사업 시작해서 미쳐버리겠다 하아… 어쨌든 그런 마음이다. 오랜 팬이라서 더 그런 게 있다.

재희 : 나는 나를 위해 쓴다. 내 정신건강을 위해. 그리고 덕질만큼 가장 확실한 행복이 없다고 생각한다. 그들이 되게 위안이 되고 행복을 준다. 내 행복을 생각했을 때 그거 대비 비용이 되게 저렴하다고 생각한다.

미지 : 그렇게 따지면 캠핑장비 사는 것도 캠핑장비 판매하는 업체에 돈 주는 거고, 책 사는 것도 작가나 출판사에 돈 주는 것 아닌가? 덕질도 결국 내가 즐거우려고 투자하는 취미이고 그 과정에서 수익이 누군가에게 가는 것은 너무 당연한 거다. 다른 예로 웹툰 유료 결제할 때 작가가 열심히 만든 작품을 내가 돈을 지불하고 보는 것이 당연한 거라 생각하고, 내가 지불한 돈이 작가에게 수익으로 돌아가 치킨 한 마리라도 먹고 좋은 작품 내는 데 조금이라도 도움이 되었으면 하는 마음으로 결제한다. 너무 당연한 이야기 같다.

경진 : 그건 진짜 아닌 것 같다. 덕질하는 사람한테는 그게 취미생활인 거고 행복인데. 그렇게 따지면 내 기준으로는 캠핑장비 사는 게 더 이해가 안 가는 거다. 캠

핑장비 산다고 내가 좋은 게 아니지 않나. 그거랑 똑같다. 덕질하면 나한테 도움이 되고 결국 내가 좋으니까 하는 거다.

도연 : 그렇다기엔 내가 우리 애 주머니에 기여를 할 만큼 돈을 쓰는 것도 아니고. 걔를 위해 쓰는 거면 차라리 돈을 직접 주는 편이 낫지 않나? 명품처럼 돈이 될만한 걸 직접 주는 게 낫지. 공연, 앨범처럼 걔가 생산해내는 콘텐츠를 내가 사는 거고. 즐기고 싶은 콘텐츠에 투자해서 내 취미를 즐기겠다는 건데 주머니에 꽂아준다는 생각은 안 해봤다. 근네 배우도 그렇잖아. 연기로 콘텐츠 생산해서 돈 벌고 그렇다고 시청자들이 배우들한테 돈을 직빵으로 꽂아주는 건 아니잖아. (웃음) 그렇듯이 콘텐츠에 대한 대가를 지불한다고 생각하지 아이돌한테 내가 돈을 계속 바치고 이런 느낌은 아니다.

민정 : 아이돌을 파다 보면 아이돌만 파게 되는 건 아니더라. 내 최애는 힙합을 좋아하니까 힙합씬에 대해서도 알게 되고. 전에는 다 문신하고 껄렁한 불량 맨 인줄 알았던 사람들이 그렇지 않고 가사에 있는 것들도 이해하게 되고. 그러면서 힙합도, 댄스도 알게 되었고. 또 나는 되게 고마운 게 우리 부부가 새로운 취미를 하나 가지게 된 거였다. 갤러리 다니는 거. 다른 멤버의 그림 투어가 감성적으로 다가왔었다. 전혀 그림을 몰랐던 사람인데 그 멤버 덕에 현대미술, 단색화를 되게 좋아하게 되고 특히나 남편이 단색화를 너무 좋아한다. 너무 고맙더라. 그래서 그렇게 생각할 건 아니라는 거지. 하나만 파는 건 아니고 나를 위한 취미가 또 생기고. 걔한테 돈을 주는 게 아니라 그 돈을 준 만큼 나는 그 사람과 관련된 여러 가지를 가지고 오면서 취미가 되게 넓어졌다고 생각한다.

Q 해외투어 다니는 팬들 보면 그렇게까지 해야 하나, 일을 안 하는 사람들인가? 하는 생각이 든다고 한다. 국내에서 봐도 되는데 왜 해외 콘서트를 다니는지 궁금하다.

지수 : 나도 해외 콘서트를 내가 갈 수 있을 거라고 생각을 못 했었다. 마침 퇴사하고 여행을 준비하던 시기에 공지가 나왔었다. 일정이 맞았고 국내보다 해외가 티켓팅을 하는 게 더 쉽게 느껴지고 가능하다는 생각이 드니까, 한번 실패해도 해보자! 했는데 티켓팅에 성공했다. 그래서 영국 콘서트를 갔는데 너무 좋더라. 스트레스가 막 다 풀리는 것도 처음 느껴보는 기분이었다. 여행 간 김에 이런 기억을 남기는 게 이번밖에 없을 기회인 것 같아서, 영국 콘서트 다음이 프랑스였는데 급하게 티켓을 구해서 프랑스 콘서트도 갔었다. 해외콘서트 갔던 것에 대해서 전혀 후회가 안 되고 나한테 너무 좋은 경험으로 남아있다.

지은 : 지인들이 가는 것을 봤는데 보통 일을 쉴 때 많이 가더라. 이직 공백 있으면 그럴 때 가기도 하고. 일을 안 하고 그런 게 아니라 연차 쪼개서 간다. 난 아직 한번도 못 가봤는데 이번에 애들 미국 가는 데 따라가고 싶었다. 근데 연차를 못빼가지고. 일단 나는 겸사겸사라는 생각이 있다. 만약 일본을 가면 일본 가본 적 없는데 겸사겸사 관광도 하고. 그리고 현지 팬들을 만날 수 있는데 그런 것도 되게 좋은 네트워킹 형성 기회라고 생각한다. 물론 맨날 가서 좋은 친구를 만난다는 것은 아니지만 해외 팬과 소통할 수 있는 가능성도 높아지는 거니까. 내 친구도 다른 나라에 있는 연예인을 좋아하는데 그래서 그 나라를 되게 자주 가고 거기에 있는 친구들도 엄청 많이 사귀었다. 다들 관광도 야무지게 하고 오더라. 다 추억이다. 물론 무리해서 가는 건 좀 그렇겠지. 그리고 공연이 다르다! 덕후들의 생각이겠지만 공연은 매번 다르고 나라마다 분위기도 있다고 한다. 갔다 오신 분들이 다 다르다고 하더라. 본인이 여유 되고 시간이 있으면 가는 거지.

수영 : 최근에 다녀왔는데 회사를 쉴 수 없어 무박 같은 1박으로 다녀왔다. 그럼에도 갔던 이유는 첫 돔투어 마지막 날이라 의미 있는 공연이라고 생각했기 때문

에 간 건데. 예전에 갔던 걸 생각하면 여행 겸 같던 것 같다. 간 김에 해투 보고 여행도 하고. 여행을 가는 이유가 즐거우려고 가는 거잖아. 내가 시간과 돈이 된다면 여행을 가는데? 애들 공연이 코스 중에 하나다? 너무 좋잖아. 여행 가서 오페라 공연이나 브로드웨이 가서 뮤지컬 공연 예매해서 보는 것과 같은 느낌으로 생각하면 되지 않을까 싶다. 근데 조금 다르다면 콘서트를 위해서 해외여행을 계획하게 되는 그런 게 있겠지만…(웃음) 여행으로도 가고 일하는 일정이랑 우연히 맞아서 간 경우도 있다.

재희 : 우선 해외투어 가면 생각보다 너무 평범한 사람들이라서 놀란다. 돈이 엄청 많아서 오는 분들도 있지만 직장인들이 휴가 가듯이 여행 개념으로 오고 학생들도 많다. 그냥 자기가 주어진 상황에서 휴가를 붙여서, 방학을 이용해서 오는 거다. 그리고 사람들이 예상하는 것보다 돈 많이 안 들어간다. 우리는 콘서트를 위한 여행이기 때문에 하루 스케줄이 거기에 포커싱이 되어있으니까 멀리 투어를 간다거나 이런 게 아니다. 밥 먹고 콘서트 보고, 또 다음날 밥 먹고 콘서트 보고가 최고의 여행인 거다. 우리는 해투만큼 좋은 여행이 없다고 하거든. 그래서 일반 유럽 여행이나 다른 액티비티 하는 것보다는 별로 안든다고 생각한다. 해외투어 가는 이유는 한국에서 표 구하기가 너무 힘들다. 한국은 콘서트가 추첨제라던가 볼 수 있는 방법이 더 제한적이다. 그리고 한국은 인터넷이 너무 빠르니까 해외콘서트 티켓팅이 덜 박터진다. 한국에서는 자리가 없어서 못 들어가는 사람도 많고, 표 구하는 것 자체가 너무 힘든데 외국은 노력과 돈만 있으면 갈 수 있다. 나도 한국에서 가까이서 볼 수 있으면 안 간다. 못 보니까 가는 거지.

경진 : 모든 공연이 같은 공연이 아니기 때문에 해외에서도 보고 싶고 여행할 겸 가기도 한다. 그리고 다른 나라 왔는데 해외 팬들도 이렇게 좋아하는 것을 보면 뿌듯하기도 하다. 그런 거 보러 가기도 하는데 일단 나는 공연이 너무 좋아서 가는 것도 있다.

민정 : 국내에서 보는 횟수로는 만족을 못 하는 거지. 더 많이 보고 싶은데 내가 갈

수 있는 능력이 되면 가는 거다. 명품 백을 가지고 싶은데 어떻게 해서든 무리해서 살 형편이 되면 사는 거고. 안되면 못사는 것 처럼. 그리고 주변 보면 다 일 하는 사람들인데 어떻게든 연차를 내더라. 나 같은 경우도 휴가를 내서 어떻게든지 되면 가는 거지. 그리고 해외콘서트를 가면 다른 나라 팬들이 좋아해 주는 우리 아티스트의 모습을 보는 게 되게 매력 있다. 나라마다 분위기도 조금씩 다르고. 우리 애들이 팬들한테 보이는 모습도 다르고.

Q 10대~20대 초반 팬들은 부모님의 돈을 받거나, 본인이 감당할 수 없는 돈을 쓴다는 생각이 들어 부정적이라는 의견이 있었다.

서아 : 주변 친구들은 성적이 어느 정도 나오면 부모님이 콘서트를 보내주시거나, 뭘 사주시거나 이런 식으로 많이 한다. 그 외에는 용돈에서 해결하는데 나도 용돈에서 다 해결한다. 용돈으로 덕질 하는 거 부모님도 알고 계시는데 네가 좋다면 나도 좋다 하셨다. 솔직히 10대가 하는 게 거의 공부밖에 없다. 스트레스를 풀 방법이 많지 않은데 이게 되게 건전한 방법이라 생각하고, 용돈 받은 내에서만 사용하면 별문제 없는 것 같다.

유성 : 일단 나는 스스로 절제를 잘 하는 사람이다. 그리고 알바해서 번 돈에서 10만 원은 덕질 비용으로 저축해서 쓴다든지. 이렇게 빼서 쓴다. 주변 친구들도 자기가 알바해서 벌어서 하고, 단기 알바를 하는 친구도 있다. 내 주변은 대체로 이렇게 많이 하는 것 같다.

아이돌 팬은
외모지상주의의 끝판왕?

- Play list -

- 예쁜게 죄 – 에이프릴
- 하나부터 열까지 – miss A
- 반할 수밖에 – VERIVERY

대체 뭘 보고
좋아하는 거지?
외모가 가장
클 것 같은데요.

- 머글 C

Q 아이돌 팬들은 자신이 좋아하는 아이돌을 외모를 보고 좋아하는 게 가장 클 것이고 외모지상주의 끝판왕으로 보인다고 한다. 물론 다른 이유도 있겠지만 일단 일차적으로 외모부터 시작하고 그게 가장 큰 부분을 차지할 것으로 생각하던데 어떻게 생각하나?

서아 : 나도 주로 외모를 보고 시작하는 편인데. 근데 이거는 아이돌 시장뿐만 아니라 일반 사회에서도 다 그렇잖아. 그래서 아이돌 팬만이 외모지상주의라고 생각하는 거는 옳지 않은 것 같다.

유성 : 외모를 아예 안 볼 수는 없지만 성격과 실력도 중요하다. 이전 최애 그룹 같은 경우는 서바이벌로 데뷔했는데 그 서사가 마음이 아팠고 입덕 하는 데 큰 영향이 있었다. 그냥 나왔으면 관심이 없었을 것 같다. 그 그룹에 작사작곡을 하는 멤버가 있었는데, 그 멤버가 사건이 생겨 탈퇴하게 되었다. 그 뒤로 노래가 내 취향이 아니게 되니까 관심이 떨어지게 되었다. 난 노래가 안 좋으면 아예 관심이 안 생기더라. 수록곡, 타이틀 전부 다. 얼굴만 본다고 생각하진 않는다.

지수 : 나는 우선 팬이 되기 전에 방송에 최애 그룹이 나온 걸 봤었다. 근데 이런 말 하면 좀 미안한데ㅎㅎ… '저렇게 생겼는데 아이돌이라고?' 이렇게 생각했었다. 아이돌 하면 왜 차은우 생각나고 진짜 잘생기고 예쁜 사람들 많지 않나. 근데 최애 그룹은 잘생긴 멤버도 많고, 알고 보면 잘생기고 매력 있는 멤버들도 있는데 그냥 처음엔 뭐랄까 팬이 아닌 시선에서 봤을 때는 막 잘생겼다고 느끼지 못한 멤버가 있었다. 근데 걔가 내 최애가 된 거다 ㅋㅋㅋㅋ (크게 웃음) 입덕계기가 그 못생겼다고 생각했던 멤버 때문이었다. 그래서 난 이 의견에 전혀 동의할 수가 없다. 외모는 그냥 나중에 따라오는 것 같고 외모보단 매력에 끌리는 것 같다. 그 사람들이 하는 말이나 행동 같은 게 귀엽게 느껴지거나 아니면 본받고 싶거나 그런 것들이 나는 더 먼저 왔던 것 같다. 왜 남자친구도 잘생겨서 사귀지 않고 사람이 좋아서 사귀다가 좋아지고 정들면 잘생겨 보이고 귀여워 보이고 하는 것처럼 똑같은 것 같다. 물론 초면에 잘 생겼다고 좋아할 수도 있긴 한데 그게 다는 아닌 것 같다.

지은 : 다 획일화해서 말할 수 없겠지만 나의 경우에는 맞다. 외모를 보고 좋아하긴 하는데 그걸 현실 생활에도 적용해서 남을 외모로 판단해서 그 사람을 대하진 않는다. 이건 사실 개인적으로 고민하는 주제 중 하나긴 하다. 실생활에서 나 자신은 루키즘을 지양하는데 내가 좋아하는 산업군이 루키즘의 최정점을 달리고 있는 산업이다 보니 가치관 충돌이 올 때가 있다.

수영 : 다 보통 아이돌들이 잘생기고 예쁘기 때문에 생긴 편견이 아닐까 싶다. 뭐 예를 들어서? 외모로 잘생겼다고 언납뇌시 않는 어딴 발라드 가수를 좋아한다고 하면 그런 편견이 생기지 않을 거다. 근데 아이돌들이 가지고 있는 외적인 매력이 그들 매력에 큰 부분을 차지하기 때문에, 그들을 좋아하는 사람들도 당연히 으레 그렇겠지 라고 생각하는. 어떻게 보면 자연스러운 편견이라고 생각한다. 근데 이성을 좋아할 때도 다 자신의 취향이 있듯이 잘생기고 예쁘다고 그게 좋아하는 이유가 된다면 우리가 덕통사고라는 말을 쓰지 않을 것 같다. 101명을 모아 놓고 그 중에서 최애가 얘가 됐다는 걸… 외모만으로 설명할 수 있을까? 물론 나는 그런 오해를 많이 받았다. 이전 최애의 외모가 굉장히 뛰어났기 때문에 사진만 봐도 아~ 하면서 외모로 모든 걸 설명할 수 있을 것 같은? 근데 사실은 외모보다 코드가 잘 맞아서 좋아하게 된 게 가장 컸다. 방송에서 보이는 이미지는 쾌활하고 장난기가 많아 보이는데, 막상 좀 더 살펴보면 진중하고 생각도 깊고, 감성적인 부분들이 있었고 그게 나에겐 울림과 위로가 되는 것들이 많았다. 이런 거에 공감해서 나도 위로해주고 싶은 마음이 있었다. 그러니까 그 사람이 가지고 있는 매력에 오히려 매료됐다? 라고 말하는 게 정확하지. 얼굴 하나만으로 좋아했다면 원빈 좋아했겠지. 근데 이건 자연스러운 편견이라고 생각한다. 그래서 나이 든 팬들에게 더 그런 거겠지. 아이돌이 어리니까. 어리다 라고 생각하니까.

혜인 : 아니 기본적인 상식적인 얘기를 하나? 사람 볼 때 외모 안 봐? 인성부터 보고 시작하는 관계는 회사나, 친구 관계밖에 없지 않나? 친구 사귀는 거 아니지 않나. 연예인 좋아하는데 예쁘고 멋있어야 좋아하게 되지 당연한 얘기 아닌가.

재희 : 외모가 중요하지만, 아이돌 덕질은 외모가 절대적이지 않다. 왜냐면 외모 순위와 인기 순위가 비례하지 않거든. 아이돌 덕질 하는 사람들은 알지 않나 매력이 중요한 거지. 외모야 당연히 직업이 연예인인데 일반인보다 낫겠지. 어쨌든 외모가 중요한 것은 맞지만 외모가 절대적이진 않다. 덕질하는 기준에 있어서는! 이건 해본 사람이 알 거다. 그리고 까놓고 말해서 못생긴 거 좋아하는 사람 있나? 다 예쁘고 잘생긴 거 좋아하지.

미지 : 그룹에서 가장 인기 많은 멤버가 가장 잘생기거나 예쁜 멤버가 아니다. 이 것만으로도 충분한 대답이 될 것 같은데? 연예인이라는 직업 자체가 남에게 보이는 직업이다 보니 외모가 중요한 것은 확실히 맞지만, 덕질을 할 정도까지 좋아한다면 단순히 외모만 보고 좋아할 순 없다. 물론 외모가 가장 큰 사람도 있겠지만 모두가 그렇진 않다. 왜냐면 팬들이 오프라인에서 처음 만나면 꼭 묻는 말이 최애 입덕 계기이거든. 대다수가 외모를 보고 좋아한다면 그런 질문을 서로 왜 하겠나. 입덕계기도 들어보면 정말 다양하다. 팬들은 아이돌의 입체적인 모습을 보고 좋아하는데 오히려 머글들이 아이돌을 입체적으로 보지 못하고 겉모습만 보고 판단하니 이런 생각을 하는 것 같다. 내 최애가 잘생긴 게 죄지 뭐…

경진 : 나는 아니다. 내가 좋아하는 아이돌이 잘생겼다는 생각을ㅋㅋㅋㅋㅋㅋ 해본적이ㅋㅋㅋㅋㅋㅋ… 아 아니 잘생기긴 했는데~ 나의 취향이기 때문에 딱 얼굴 보고 빠져든다기보다 콘텐츠 같은 거 보면서 성격 보고 좋아하는 게 크다. 아이돌은 보이는 이미지가 크니까 얼굴 보고 좋아한다고 생각할 수도 있을 것 같긴 하다.

도연 : 진짜 솔직하게 얘기하면 아이돌은 잘 생겨야 한다고 생각한다. 하지만 외모지상주의까지는 모르겠다. 왜냐면 진짜 외모만 봤다면… 이렇게까지 오래 덕질을 못 했을 것 같다. 만약 내 최애가 잘생겼는데 노래 못했어봐 눈길도 안 줬을 것 같다. 실력이 먼저이고 밑받침이 되어야 하는 것 같다. 그리고 외모가 수려하지 않은 아이돌도 인기가 많은 경우도 있고. 외모가 1순위라서 인기가 있는 걸까? 아니라고 생각한다. 실력이라고 생각하거든. 잘생김이라는 게 실력도 포함이다. 실력

이 좋으면 사람이 잘생겨 보인다. 최근 본 오디션프로에 외모는 평범하지만, 실력이 뛰어난 친구가 있는데 난 걔가 잘생겨 보이기 시작했다. 그래서 사실상 실력이 밑받침되지 않으면 아이돌 덕질을 오래 할 수 없는 것이기 때문에, 외모지상주의만 있다고 말하기엔 굉장히 어려운 부분이 있다. 얼굴만 봤으면? 솔직히 잘생긴 배우들이 얼마나 많은데.

민정 : 만약 로맨스 웹툰 남주가 못생겼다! 나의 판타지가 충족되지 않는거지. 아이돌도 마찬가지인 것 같다. 나는 내 최애가 살생겼다고 생각하지 않는디. 그렇지만 못생기진 않았거든. 근데 못생기면 좋아하기가 힘들지 않나. 내 배우자를 선택할 때도 못생긴 사람을 원치는 않잖아. 기본적으로 잘생겼으면 좋겠고. 그렇다고해서 내가 좋아하는 아티스트가 잘생김의 끝판왕은 아니다. 잘생김이 50이라면 또 나머지 50은 채워줘야 한다는 거지. 그 나머지 50은 각자 가치관에 따라 다른 거고. 그건 꼭 아이돌이 아니더라도 소설, 만화, 영화를 좋아하는 사람은 그거에 대한 판타지가 있는 것처럼. 기본적으로 갖추어야 하는 것 같다.

Q 그렇다면 현재 좋아하는 아이돌 입덕계기와 지금까지 덕질하고 있는 이유를 말해달라.

서아 : 전에 좋아하던 아이돌이랑 같이 MC 하는 걸 봤는데 너무 잘생겨서… (웃음) 입덕을 했고. 계속 좋아하는 이유는 팬 자주 찾아와 주고, 논란도 없고 이런 게 좋아서.

유성 : 마법 소년 같은 신비로운 느낌에 처음 좋아하게 되었다. 다른 아이돌에게서는 볼 수 없었던 세계관, 컨셉이었다. 처음 입덕했을때가 10대였는데 최애 그룹이 노래에서 말하는 주제가 '성장통'이었다. 그 성장통을 극복해 나가는 의미를 담은 노래들이 마음에 들었다. 그래서 이 그룹의 노래들로 많은 위로를 받았다. 나이대도 비슷하다 보니 '아 나는 혼자가 아니라 이들과 함께 성장하고 있구나'라는 느낌을 받았던 것 같다. 그래서 더 좋아하게 되었다. 아직 덕질하는 이유는 그냥 좋으니까!

지수 : 콘서트 솔로 무대 직캠 영상을 우연히 보게 됐다. 노래도 음색도 춤도 사람도 모든 게 다 반짝반짝 빛나는 것 같았다. 뭐에 홀린 것처럼 알고리즘이 소개해주는 다른 영상들을 봤다. 평소엔 귀엽고 애교 많고 다정하고 장난꾸러기 같은데, 연습하고 공연할 때는 그렇게 진지하게 몸이 부서질 것처럼 임한다. 알게 될수록 모든 게 다 매력이라 입덕을 안 할 수가 없는 사람이었다… 덕통사고 당했던 최애 멤버를 파다 보니 다른 멤버들도 좋아할 수밖에 없는 그룹이었다. 내가 몰랐던 시간 동안의 과정이 많은 기록으로 남아있었다. 내가 겪었다면 상처도 많이 받았을 것 같고, 포기할 수도 있었을 것 같은 힘든 날들이 있었는데도 팬들과 서로 믿어주고 위로해주며 지나온 그 과정들, 그리고 그동안 받은 증오와 고민을 사랑과 위로를 담은 작품으로 풀어내는 모습이 정말 멋져 보였다. 개인적으로 힘든 시기를 보내고 있었는데, 그 사람들이 전하려는 메시지에 굉장히 많은 공감을 하고 또 위로받았다. 그 사람들이 자기가 하는 일에 얼마나 진심을 쏟는지, 팬들을 얼마나 진심으로 대하는지가 느껴져서 덕질하는 게 후회되거나 현타온적이 없었다. 그리고 이

제는 약간 존경심 같은 게 생겨서 앞으로도 같이 바르게 성장하고 싶고, 계속해서 응원하고 좋아하고 싶다.

지은 : 예뻐… 예뻐가지고… (웃음) 나는 유튜브로 덕통사고를 많이 당한다. 지금 좋아하는 친구의 그룹도 몰랐다. 뭐라고? 누구야? 이런 친구였는데 어느 날 알고리즘에 이끌려 썸네일을 클릭했는데 거기에 너무 예쁜 친구가 있더라. 그날 다 정주행하면서 덕질을 시작하게 되었다. 최근 좋아하는 친구 중 한 명은 그 친구 사진전에 갔는데 ㄱ 친구가 온 거나. 올 거라는 생각을 못 하고 갔는데, 와서 잠깐 팬들이랑 대화하다 가줬다. 거기서 너무 감동을 받아가지고 그 친구를 좀 많이 좋아하게 된 것 같다.

수영 : 지금 최애 그룹은 우선 노래가 너무 좋았다. 노래가 주는 청량감이라는 게 있는데 진짜 리프레쉬 되는 느낌을 주는 노래들이 많아서 되게 좋아했다. 근데 그렇게까지 딥하게 좋아하지는 않다가 어떤 콘텐츠를 하나 봤는데, 거기서 지금의 내 최애가 하는 말이 되게 좋았다. 사실 덕질을 오래 하다 보면 팬들에게 소홀해지거나 팬의 존재를 되게 당연하게 여기는 것들에 대한 실망감을 느낄 때가 많고 그게 탈덕의 이유가 될 때도 있다. 근데 기본적으로 이 그룹은 체재 때문에 원래 졸업이라는 제도가 있어서 그룹이 와해 되는… 끝을 앞두고 있다가 팬들 때문에 없어진 케이스. 원래는 해체가 돼야 했는데. 그런 상황을 겪으면서 아 되게 어린데도 생각하는 게 성숙하다? 하는 이야기들을 듣고 울림이 있었고. 근데 어떻게 보면 처음엔 노래였던 것 같다. 노래가 주는 메시지가 좋았고.

혜인 : 난 너무 오래돼서 사실 기억이 안 난다. 지금까지 덕질하는 이유는 그냥 끌린다. 중간에 배우나, 다른 가수들을 좋아하기도 했었다. 그런데 이만큼 움직이게 하는 사람들은 없었다. 결국엔 이 사람들이었다.

재희 : 나는 인생에서 가장 힘든 일이 있었는데 약간 허무함을 느끼고 이렇게 살아서 뭐 하나 다 부질없고 번아웃도 크게 왔었다. 그래서 모든 걸 다 포기하고 싶

었을 때 이 슬픔과 우울함을 환기해보고자 일부러 내가 찾아서 했었다. 그 당시 외국에 일 때문에 왔다 갔다 할 일이 많았는데 내가 한국에서 왔다고 하니까 지금의 내 최애 그룹을 아냐면서 되게 많이 물어보더라. 그전까지는 아예 잘 몰랐다. 근데 외국인들이 한국인이라는 이유만으로 호의적으로 대해줘서 알게 됐다. 그래서 비행기 타면서 노래를 찾아봤는데 가사가 너무 좋더라. 힘들었던 그 찰나에 그들을 알고 있었으니까 그들을 많이 보게 됐었다. 그렇게 해서라도 좀 잊고 싶었다. 근데 덕질 하면서 가족이나 친구나 그 누구보다 그들의 존재가 위로됐다. 내 인생 마지막 아이돌이라고 하는 데 우선 그들이 너무 진심이고 그들이 음악이나 춤, 삶에 대한 태도가 되게 진정성 있다는 것을 알았고 배울 것도 많았다. 이런 가수는 없을 것 같다는 생각이 들고 어디 가서 그들을 좋아한다고 말할 때도 떳떳하다. 그리고 내가 그들에 대한 열정이 조금 줄었더라도 그 애정은 항상 가득하다. 내가 그들 때문에 되게 많이 괜찮아져서 관심이 떨어졌다고 생각한다. 되게 치유가 많이 됐고 그들 때문에 행복해졌고 내가 너무 괜찮은 사람이 돼서 옛날만큼 안 찾아보는 것 같다. 많이 나아진 거지 그들 덕에. 그래서 계속 덕질을 하고 있고 내 인생에 은인 같은 느낌도 있다.

미지 : 나는 한참 늦덕인데 최애가 이전에 출연했던 방송을 우연히 보다가 입덕하게 되었다. 최애가 용기를 내서 손을 들고 나섰고 정말 열심히 노력했지만 안 좋은 상황에 처해있었다. 보통 사람들 같으면 좌절하거나 우울해할 법도 한데 오히려 "이 악물고 열심히 할 거야.", "나 놓친 거 후회하게 해줄 거야."라고 말하고 웃으면서 정말 더 열심히 하는 모습을 보고 '아 진짜 절실하구나.', '저런 사람이 아이돌 안 하면 누가해?'라는 생각이 들었다. 그때부터 그동안 해 온 것들을 봐오다가 공식 카페에 가입하게 됐는데 최애가 팬들에게 남긴 글 중에 스스로를 챙기기도 바쁠 텐데 인생에 자기를 넣어줘서 진심으로 감사하다고 쓴 글을 보고 완전 치였다. 그렇게 치인 상태로 최애의 자작곡을 들어봤는데 너무너무 좋아서 한 번 더 치였다. 그러다 콘서트에 갔는데~!!! 라이브가 너무 좋아서 제대로 또 치였다. 덕통사고를 몇 번 당한 거야 대체… 콘서트에서 내 최애는 얘였구나! 라는 걸 확실히 인지하게 되었던 것 같다. 그리고 우리 팬들이 항상 최애처럼 살자는 말을 한다. 뭐든 정말 최선

을 다해 열심히 하고 노력하는데 최애를 보다 보면 '아 저렇게 완벽한 애도 저렇게 노력하는데 나도 더 열심히 살아야겠다.'고 생각하게 된다. 그리고 모든 스케줄은 팬들이 시켜주는 것이다, 팬들에게 자랑스러운 사람이 되고 싶다, 지금처럼 믿어주면 반드시 보답하겠다고 말하는데 여기 어디에 출구가 있겠나. 출구는 없습니다.

경진 : 꾸준히 좋아하긴 했는데 둘 다 콘서트 가서 무대하는 모습을 보고 한 번 더 입덕하게 되었다. 본업에 특히 더 열정적인 친구들이라서 항상 연습하고 팬들한테 완벽하게 보여주려는 모습을 보면 계속 좋아하게 된다. 그게 몇년이 지나도 변하지 않고 한결같아서 나에게 탈덕은 어렵다.

도연 : 나는 직캠 영상을 봤는데 1절 하는 1분 동안 눈을 안 감아 애가. 거기에 검은 호수 같은 눈빛. 별빛이 있는 그런 초롱초롱한 눈빛에 빠져들어서 그 영상만 진짜 100번은 본 것 같다. 너무 마음이 애틋해지는 눈빛이라 해야 하나? 간질간질거리면서 몽글몽글 거리게 하고. 나도 원치 않았는데 보게 되는 영상이었다. 덕질 계속하는 이유는 팬을 생각하는 마음이 너무 느껴지고 진심인 것 같다. 팬들한테 메시지를 남긴다든지, 팬 사인회에서의 모습, 생일 카페에 직접 오고 이런 것들을 안 봤으면 이렇게 깊게 좋아 했을까? 왜냐면 그 모습들을 통해서 인간적인 면모를 보는 거잖아. 성격을 봤기 때문에 계속 좋아할 수 있는 것 같고 연예인들 문제 일으키는 거에 대해서 그런 걱정이 하나도 없다. 그래서 내가 최애 좋아한다는 거를 막 떠벌리고 다닐 수 있는 것 같다. 믿음이 있기 때문에. 그리고 자기의 약한 모습도 보일 줄 아는 사람이 나는 건강한 사람이라고 생각하는데 최애는 팬들한테 약한 모습도 보이는 친구라서 마음이 놓이는 부분도 있다. 되게 솔직하고.

민정 : 그룹 입덕은 지금 내 최애가 아닌 다른 멤버로 입덕했다. 친한 친구랑 오랜만에 만나 놀고 아침에 일어났는데 비가 오더라. 친구가 "내가 요즘 입덕을 했는데 어울리는 노래가 있어. 한번 들어볼래?" 그러면서 그 멤버의 믹스테이프를 틀어줬는데 비 오는 날이랑 너무 맞는 거다. 친구가 자기가 입덕을 했는데 어쩌고저쩌고 얘기했는데 그땐 한 귀로 듣고 한 귀로 흘렸다. 집에 오는 길에 "요즘 너무 사는 게

재미도 없고 그래 나도 입덕을 해볼까?" 그랬더니 친구가 "야 입덕은 그런 부정한 마음, 당당하지 못한 마음으로 하는 게 아니야. 절실한 마음으로 하는 거야."라고 하더라. 쳇 하고 넘어갔지. 그다음에 젤 좋아하는 친구니까 그래? 하면서 유튜브로 찾아봤는데 그때부터 시작이 된 거지. 그땐 뭐 하루에 3시간 자고 계속 영상을 돌려봤다. 그리고 내 최애는 얘구나! 라는거를 느낄 때가 있지않나. 그룹 예능을 보면 지금 내 최애가 벌칙을 받아야 하는 상황에서도 자기가 졌다는 것에 대해 번복하지 않더라. 한 번만 더 기회를 주세요. 내지 이번 판 없는 것으로 해주세요. 이런 게 없어서 참 매너가 좋고 예쁘네. 라고 봤는데. 어느 날 영화가 나와서 보는데 내 눈이 걔만 보고 있더라. 최애는 내가 정하는 게 아니라는 말이 그 말이구나 하는 생각이 들었다. 그래서 걔가 최애가 됐다. 자기 생활이 엉망이거나 이런 사람은 싫은데 성실하고, 규칙이 세워졌으면 지키려고 노력하고, 다정다감하고. 당연히 춤 잘 추고 노래 잘하고 이런 건 기본적으로 가진 거고. 특이점이 그거였던 것 같다.

시간을 얼마나 소비할까?

- Play list -

• 널 보면 시간이 멈춰 어느 순간에도 - **T X T**
• 시간을 달려서 - **여자친구**
• 너의 모든 순간을 사랑해 - **에이핑크**

만나보지 못한 사람에게
시간을 투자하는 거니까,
옆에 있는 사람을 챙기지
않고 그렇게 하는 게 아닌가?

- 머글 J

Q 회사 가고, 친구 만나고, 연인 만나고, 가족들과 시간을 보내기만 해도 물리적인 시간이 다 가는데, 아이돌 덕질 하는 사람들은 자신의 주변 사람들과 보낼 시간을 빼서 아이돌에게 투자하는 것 아닌가? 너무 주변 사람들, 옆에 있는 사람을 챙기지 않고 옆에 없는 사람을 챙기는 것 아닌가? 어떻게 매번 공연과 콘서트를 다 다니는지 궁금하다는 의견이 있었다.

서아 : 덕질을 하든 안 하든 가족들과 시간을 잘 보낼 사람은 보내고, 안 보낼 사람은 안 보낼 것 같다. 그거랑 별 연관 없는 것 같다. 콘서트는 14세 이전일 때는 나이 제한이 있어서 못 갔는데, 지금은 시험 기간 때문에 온라인 콘서트로 참여한다. 온라인 콘서트는 이동시간도 없고, 핸드폰으로 시청하고 끝내면 되는 거라 시간을 그렇게 많이 잡아먹진 않는 것 같다. 그리고 취미를 할 시간에 덕질을 하는 것이라 생각해서 가족들과 지낼 시간을 뺀다는 말은 맞지 않는 것 같다. 덕질 초기에는 시간 조절하는 법을 잘 몰랐지만, 지금은 잘 조절해서 현생이랑 딱 나눠서 보내고 있는 것 같다.

유성 : 뭐… 콘서트 1년에 1번 있고, 팬 미팅 1번 있고 이렇게 하면 두 번밖에 없는데 무슨 시간을 그렇게 뺏는다는 건지ㅋㅋㅋㅋㅋㅋㅋㅋㅋ 나도 더 시간 써서 보고 싶다. 컴백도 1년에 1번, 많으면 2번. 한 2주 활동하는데 무슨 시간을 많이 뺏는다는 건지ㅋㅋㅋㅋㅋㅋ 덕질하고 남는 시간에 주변인들을 만나는 게 아니라, 주변인들도 잘 챙기면서 덕질도 겸사겸사하는 거다. 그리고 내 주변에는 같은 아이돌을 파는 친구들이 많다 보니 그 친구들과 함께 덕질 하는 게 곧 함께 노는 거다. 공통 분야에 다들 관심이 많다 보니 오히려 사이가 돈독해졌다. 아이돌에 관심 없던 친구들도 얘기하다 보니 내가 좋아하는 아이돌에 관심을 가지게 된 친구들도 많아졌다. 그래서 콘서트에 같이 가고 싶어졌다는 친구들도 있었고. 며칠 전에는 머글 친구가 주말에 같이 놀자고 했는데 딱 그날 콘서트 일정이 잡혀있었거든. 그래서 이야기했더니 "헐 그럼 당연히 가야지! 후기 남겨줘!"라고 쿨 하게 말하더라. 그래서 콘서트가 있는 그다음 주에 같이 놀기로 했다. 내 주변 친구들은 내가 아이

돌을 좋아하고 따라다닌다고 해서 본인들에게 신경을 안 쓴다고 생각하지 않는다.

지수 : 콘서트를 매일 하지는 않고, 매시간을 덕질하며 살지도 않는다. 근데 그 사람들도 다 자기 취미생활 하는 시간이 있지 않나? 그 취미 생활이 우리는 덕질일 뿐이다. 왜 그렇게 생각이 들지? 다 친구들 만날 거 잘 만나고 가족들이랑 시간도 잘 보내고 시간이 부족하거나 주변 사람들에게 소홀해지고 있다고 느껴본 적이 한 번도 없다.

지은 : 에에?? 으하하하하하하 엥??? 내 입으로 이런 말 하기 그렇지만 교우관계가 굉장히 좋다. (웃음) 친구들이 뭐 적다면 적고 많다면 많겠지만 그렇게 인간관계가 협소하고 이러진 않아가지고… 어어…? 시간은 다 만들면 있는데…? 뭐지…? 콘서트 가는 게 무슨 한 달에 20일 가는 게 아니지 않나. 주말에… 뮤지컬 안보나? 뮤지컬이나 연극 보는 것처럼 시간 내서 한번 갔다 오는 건데. 그리고 콘서트 1년에 한두 번 하나? 나머지 주말엔 친구들 만날 수 있고 트위터 같은건 출퇴근하면서 숨쉬듯이 할 수 있는거라서 여기에 큰 에너지를 써서 친구들 카톡 답장도 안 하고 서운하게 한다든가 이런 건 없는 것 같은데….

수영 : 친구들이 나에게… 헤르미온느 시계를 가지고 있다고… 아하하하하하 이렇게 시간 쓰는 거지. 다른 사람들이 5시간 동안 여유 있게 할 것들을 집중력 있게 1~2시간 안에 끝내는 능력을 터득해 가는 것 같다. 실제로 일 적으로 바쁜 것도 있고. 6시에 퇴근한다면 나는 출근을 일찍 해서 퇴근을 빨리한다. 그래서 휴가를 쓰지 않고도 콘서트를 갈 수 있다. 다른 사람 만나는 시간을 줄이기보다 내 잠을 줄이는 거지. 사실 콘서트가 매일 있는 것도 아니고. 근데 그건 있는 것 같다. 덕질이라는게 하고 있는 사람들한테는 되게 유대감이 있다. 같은 아이돌을 좋아하지 않아도, 배우여도 아이돌이어도 상관 없이. 같은 취미를 공유한 사람들이랑 친해지고 그 사람들이 또 실제 친구들이기도 해서. 그래서 다른 사람들이 볼 때는 그게 되게 별개의 것? 그러니까 친구를 만나는 것과도 동떨어져 있고, 내가 챙겨야 하는 것과 되게 동떨어진 무언가라 생각할 수 있겠지만. 근데 이것도 그냥 생활하는 하나

의 일부? 개인마다 다르겠지만 애인 만난다고 친구들 안 만나서 관계가 깨지는 사람도 있잖아. 근데 누군가는 덕질 하면서 그럴 수 있겠지. 없다고는 말할 수 없겠지만 나 개인적인 경우에는 그 모든 것들이 내 삶의 한 부분이어서 균형을 맞추지 못하는 일은 지금까지 없었던 것 같다.

재희 : 내 할 일 잘하면서 내 시간 쪼개서 하는 게 덕질이다. 이성 친구 있는 분들 얼마나 많은데. 애 있는 사람도 많다. 고3인데 애 챙기면서 얼마나 열심히 덕질 하시는데. 그거는 진짜 편견인 거다.

경진 : 그거는 본인이 시간 관리를 잘 못한 것 같은데? ㅋㅋㅋㅋㅋ 충분히 덕질 하면서도 다 할 수 있다. 내가 봤을 땐 덕질하는 사람들이 더 시간 잘 쓴다고 생각한다. 일상생활도 다 하면서 그 시간 짬 내서 덕질까지 하니까. 주변에 연애하면서 덕질하는 사람도 진짜 많이 봤다. 그거는 정말 본인의 편협한 시각 같다.

미지 : 나는 그렇게 해도 시간이 남던데? 바쁠 때는 당연히 우선순위에서 밀리긴 한다. 어쨌든 취미생활이니까. 근데 다들 취미생활 있지 않나? 그 어떤 취미생활도 하지 않고 일상만 보내도 시간이 부족한건가? 코인노래방 가는 게 취미이고, 배드민턴하는 게 취미이고, 사진 찍는 게 취미인 사람들도 있는데 그 사람들도 똑같이 이렇게 보이는 건지 궁금하다.

도연 : 공연과 콘서트를 그렇게 많이 하진 않거든. 1년에 한두 번 하는 거고. 365일 (웃음) 당신의 친구와 가족을 다 만날 건가? 365일 내내 같이 있어야 되나? 여행도 친구랑 가족과 다 같이 가야 하나? 그거 아니잖아. 여행도 다니는 판에 콘서트는 하루에 몇 시간 정도인데 그거를… 친구, 가족과 있을 시간을 뺏는다고 생각하는거는…조금… 너무 많이 간 것 같다. 비약이 심한 느낌이다.

민정 : 나는 내 주변 사람을 두 가지로 본다. 내가 꼭 챙겨야 할 사람, 내가 꼭 안 챙겨도 되는 사람. 내가 안 챙겨도 되는 사람들은 아웃시키게 되더라. 그니까 연연해

하지 않게 된다고 해야 하나? 얕게 관계를 유지해야 하는 사람들에 대해선 무관심 해지더라고. 그러면서 오는 편안함이 있다. 어떻게 보면 관계를 좁힌 것일 수도 있지만 마음이 되게 가벼워졌다. 그다음 내가 지켜야 할 사람들에 대해서 지금 와서 하는 이야기지만 내가 너무 과도하게 지키려고 노력했다. 그렇게 할 필요가 없었다고 보거든. 어제도 막내한테 이야기했지만 "너는 최애 형한테 고마워 해야 하는 거 알지?" ㅋㅋㅋㅋ "네~" "너 안 그랬음 너희 누나만큼 내가 괴롭혔어~" 자기는 정말 고맙게 생각한대. 그렇다고 내가 뭐 큰 애들을 막 그렇게까지 하진 않았지만. 자식도 남편도 내가 꼭 지켜야 하는 사람들을 옭아맨다 라고 생각하는 관념에 사로잡혀있던 것 같다. 어느 정도 놓아주고 내가 즐거워서 즐거운 마음으로 애들을 대하게 되니까 관계가 서로 좋아졌다. 우리 애가 평균 1점이 내려가고, 석차가 1~2등 내려가는 거에 막 안달복달 하던 그때를 생각하면. 그렇다고 해서 그 아이가 마음을 다잡고 공부하는 게 아니더라고. 잠깐 올라갈 수도 있겠지만 자기가 즐겁지 않기 때문에 결국은 제자리로 돌아간다. 청소년기는 어느 정도 관심을 끊어야 하는데 나는 더 많이 줬던 걸 좀 깨닫게 됐고. 그래서 사람들과의 관계가 되게 좋아졌다. 딸들도 엄마가 즐거워하고 즐겁게 얘기를 하니까 되게 좋다고. 그리고 남편이 "나는 네가 그런 사람인 줄 몰랐어." 라고 얘기했거든. 그전까지는 내가 막 정색하고 집안 살림을 하는 책임감만 있는 와이프로만 봤었는데 어느 날 되게 엉뚱한 짓을 하고. 나 입덕하고 부터 귀엽다 소리를 되게 많이 한다. "그렇게 오래 살고도 난 네가 이런 귀여운 사람인지 몰랐어." 막 그러거든. 그니까 우리가 살다 보면 끊어야 할 사람들은 끊어야 한다. 필요 없는 사람들한테 연연해할 필요가 없다.

Q 매번 스케줄을 체크하고, 그들의 일상을 확인하고, 트위터를 확인하고 등 모든 것을 알고 있는 게 과하게 느껴지고 여러 가지 정보들을 확인하는데 시간을 많이 쓸 것 같은 이미지가 있다고 한다.

지수 : 그냥 그거는 루틴이 됐다고 해야 하나? 그냥 습관적으로 확인하는 거고 그거에 막 그렇게 큰 노력과 시간을 쏟지는 않는다. 생각하는 것처럼 힘과 시간을 쏟아부어서 하는 느낌이 아니라 그냥 내 스케줄 확인하는 것처럼 당연히 자연스럽게 흘러 흘러 하는 느낌이다. 그리고 나의 경우에는 차라리 모든 것을 알고 있었으면 좋았을 텐데 그러지 못해서 놓치는 게 많아 슬플 때가 더 많다….

지은 : 내가 그 생각을 한번 했었다. '아 내가 트위터를 너무 많이 하는 것 같다.' 그래서 자세히 살펴봤거든? 그것보다 그 가수들이랑 상관없는, 알고리즘이 랜덤으로 보여주는 쇼츠나 릴스에 쓸데없이 흘려보내는 시간이 훨씬 많더라. 다들 쇼츠 콘텐츠 보지 않나? 특히나 잠자기 전 쇼츠 같은 거 넘겨보다 한 시간 흘렀다는 이런 얘기 하지 않나. 나 스스로 시간 너무 많이 쓰나 생각해서 관찰해본 거였는데 생각보다 덕질에 많은 시간을 쓰고 있지 않더라. 차라리 쇼츠, 릴스 보는 시간을 줄여야겠다는 생각이 들었다. 그리고 스케줄 확인하는 거 자체가 에너지가 많이 드는 일이라 생각할 수 있는데, 사실 덕후들한텐 스케줄 확인하는 게 습관처럼 하는 거라 그렇게 큰 에너지를 쓰거나 방해가 될 정도는 아닌 것 같다.

수영 : 지금은 어플에 스케줄이 다 정리되어 있고 오늘 뭐 하는지 알기 위해 쓰는 물리적인 시간은 접속하는 0. 몇초? 글을 가독하는데 1~2초 정도? 굉장히 스마트한 시대에 살고 있다. 이건 해보지 않았기 때문에 어떤 플랫폼을 가지고 얼마큼 정보가 공유되는지 모르기 때문에 그렇게 생각하실 수 있을 것 같다. 왜냐면 내 친구의 스케줄, 내 애인의 스케줄을 알려면 그만큼 얘기를 해야 정보를 알 수 있으니까. 물론 나는 그를 좋아하지만, 그는 날 모른다는 팬과 아티스트의 기본적인 관계를 생각하니까 이게 좀 더 무섭게 느껴지는 게 있는 것 같다. 그 사람의 모든 걸 팬들이 알고 있다는 게? 머글들에게는.

혜인 : 왜 다 그걸 확인하고 있을 거라고 생각하지? 난 확인 안 한다.

재회 : 그냥 다들 인스타그램 하는 시간이랑 똑같다ㅋㅋㅋㅋ 사람들 의미 없는 인스타 많이 하지 않나. 그냥 친구 인스타그램 보듯이 체크하는 거지 그렇게 시간 안 걸리는데? 그냥 개인 SNS 하는 시간과 똑같다!

미지 : 지금 21세기다. 인터넷이 가장 빠른 나라에 살고 있다. 스케줄 파악하기 위해 말 타고 다녀오는 것 아니다. 그런 거 확인하는 데 1분도 안 걸린다. 공카 달력에 스케줄이 뜨고 공지를 해주기 때문에 그런 거에 특별히 시간이 들어가지도 않는다. 요즘 유튜브나 인스타 많이들 하지 않나. 그거 보는 시간보다 적게 들어가는 것 같다.

경진 : 그게 일상이 되었다. 근데 관심 있고 내가 좋아하는 아이돌의 일정은 당연히 궁금한 거 아닌가. 다들 뉴스 찾아보고 네이버 검색하고 그러지 않나? 이런 거랑 뭐가 다르냐. 똑같지 않나?

도연 : 내가 한동안 정신 팔렸을 땐 진짜 시간 많이 잡아먹긴 했다. 하루가 진짜 순삭이긴 했거든. 그거는 진짜 조절을 잘 할 필요가 있는 것 같다. 근데 조금 시간이 지나다 보니까 내 생활이랑 밸런스를 맞춰가면서 조절이 되더라. 스케줄 체크하는 건 다 카페에 올려주니까 1분도 안 걸리고. 밸런스는 잘 맞출 수 있는 것 같다.

민정 : 아침에 일어나자마자 내가 놓친 게 뭐 있는지 트위터 한번 확인하고, 점심 먹고 한번 확인하고, 집에 와서 저녁 먹고 한번 확인하고 뭐 그 정도? 근데 그거는 뉴스 보는 시간이라고 생각하는 거지. 우리 아이 학원 스케줄 관리 하는 것처럼 그냥 얘네들도 그렇게 보는 거지.

Q 매주 어디를 갈 것 같고, 매달 어디에 갈 것 같고, 매일 자기 전에 2~3시간씩 영상을 보고 잘 것 같은 느낌이 있다고 한다. 어떠한가?

유성 : 어? 매일 어디를 가진 않는데?? 매주…? 한 달에… 한번? 많으면 두 번? 그 정도밖에 안 되는 것 같다. 생일 카페 이런 데 가니까. 2~3시간씩 영상 보는 건 맞는 것 같다.

지수 : 나는 그렇지는 않았다. 내 성격 자체가 집순이이기도 하고. 그런데 가는 사람들도 있는 거고 아닌 사람들도 있는 건데 너무 막 싸잡아서 묶어버리는 건 아닌가? 그리고 매달 가고 매주 어디 있고 하는 게 나쁜 건가? 그런 생각이 든다. 자기 전에 영상은 많이 보는데 사람들이 드라마나 유튜브 보지 않나. 나는 그거에 추가로 덕질 콘텐츠를 소비하는 거라기보다는 주로 덕질 콘텐츠를 소비하는 느낌이다. 그냥 다 똑같이 사는데 우리는 덕질 콘텐츠를 소비한다는 이런 느낌이다.

지은 : 이건 사바사 같다. 나는 활동적인 사람도 아니고 가수들이 매번 활동하는 게 아니지 않나. 그렇게 갈 수 있는… 그렇게 많이 활동하는 사람이 있나? 그럼 좋겠다. (웃음) 나는 우리 친구들이 해외에서 활동을 많이 하고 국내 활동을 많이 안 해서 그렇게 갈 수도 없고, 맨날 있다고 해도 내 성격과 에너지상 매번 갈 수도 없다. 영상도 컴백주에 뭐가 올라오고 이럴 때나 그러지, 평소에는 그렇게까지 찾아보진 않는 것 같다. 물론 맨날 복습하고 그러는 분들도 있겠지? 나는 아니다. 컴백도 진~짜 옛날에야 6개월씩 활동하고 그랬지만 요즘엔 음방 1~2주 돌고 끝나니까 그렇게 막 스케줄이 없는데….

수영 : 나는 그렇지 않고(웃음) 매일… 근데 그런 생각이 드네. 편견이라는 게 뭐 으레 그렇지만. 정말 되게 극단적인 사례를… 정말 모든 스케줄을 다 쫓아다니는 사생과 일반적인 팬들을 되게 동일시하고 있구나… 라는 생각이 들고. 그렇게 생각해보면 이 전의 질문도 그들의 모든 스케줄을 알고 있는 게 무섭게 느껴진다는 건 그걸 그냥 아는 거에서 그치지 않고 쫓아다니는 사생들의 이미지를 생각한다

면. 그럼 나도 무서울 것 같거든. 겉으로 많이 드러나는 케이스들이 극단적인 케이스이다 보니 정말 그런 방향으로 생각하고 계시는구나 라는 생각이 든다. 실제로는 그렇지 않다. 갈 기회를 얻는것도… 만약 애들이 하는 스케줄을 내가 정당한 방법으로 간다고 했을 때, 스케줄이 매주 있는데 매주 갈 수 있다? 그럼 엄청난 능력자인 거 아닌가? 댓림도 매번 성공해야 하고, 티켓팅도 매번 성공해야 하고, 사녹도 매번 가려면 거의 차도 있어야 할 거고. 일하는 사람은 어렵겠지. 근데 편견이란 건 그런 거니까.

혜인 : 안 그래~ 그거는 개인 성향마다 다른 것 같다. 진짜 그런 사람도 있겠지. 난 안 그런다. 그리고 우린 그렇게까지 스케줄이 많지 않거든. 영상은 내가 찍어 놓은 것도 잘 안 본다. 다 그럴 거라고 생각하는 자체가 너무 편견인 것 같은데?

재희 : 콘서트가 매주 없다. 1년에 결혼식보다도 없을걸? 그리고 여러분이 생각하는 것만큼 그렇게 쉽게 볼 수 없다. 생각보다 우리가 갈 수 있는 스케줄이 없다. 마음속으로 응원하는 스케줄이 더 많다. 물리적으로 앉아있는 시간보다 집에 앉아서 투표할 수 있는 시간이 더 필요한 거다 덕질은.

미지 : 아이돌이 보통 1년에 1 컴백 혹은 2 컴백이다. 컴백할 때 잠깐 스케줄이 생기는 거지 비활동기에는 우리도 오프 뛸 일 없다. 아이돌이 1년 내내 콘서트 하는 것도 아니고 콘서트 해 봤자 1년에 한 번이다. 아이돌 좋아한다고 하면 1년 내내 공연장에서 죽치고 앉아 있다고 생각하는 것 같다. 영상은 보긴 하는데 영상 하나에 길어야 3~4분이다. 회사 콘텐츠는 10분 좀 넘고. 여러 개 보긴 해도 생각보다 짧다. 그리고 다들 유튜브 보고, 넷플릭스 보고 하지 않나. 그거랑 똑같은 거다. 오히려 넷플릭스 몰아보기 하는데 더 시간 오래 쓸 것 같은데?

경진 : 아닌데. 스케줄이 너무 다르기 때문에 매주 보고 싶어도 매주 볼 수가 없다 ㅋㅋㅋㅋ 왜 덕질 하면 그렇다고 생각하지? 그래서 아까 질문도 시간이 없다 한 게 매일매일 항상 따라다닌다고 생각하니까 그런 건가? 실제로는 컴백해야 바

쁜 것뿐이지 그전까지는 가끔 방송에 나오는 정도? 이런 거를 보는 거지 실제로
는 정말 그렇지 않다.

도연 : 한창 했을 땐 매달 어디 갔지만 매주까진 아니었던 것 같다. 내 스케줄도 그
렇고 안 맞으면 못 가는 거니까. 근데 실제로 볼 수 있는 기회가 많지 않기 때문에
기회가 생기면 안 갈 이유는 없는 것 같다. 자기 전에 2~3시간 보는 건 솔직히 넷
플릭스나 유튜브만 봐도 그 정도 할 수 있는 거고. 그래서 2~3시간 정도 본다고 해
서 그 사람의 일상이 무너지는 것도 아니고 나는 오히려 생기를 준다고 생각하거
든. 나 같은 경우도 육아 끝나고 트위터 한번 순회하면서 하루를 삭~기분 좋게 산
뜻하게 마무리하는 그런 느낌이 있단 말이야. 일상을 내 기분 좋은 것을 선택해서
마무리하겠다는데 오히려 굉장히 좋은 거라 생각한다.

민정 : 그렇진 않지. 콘서트를 간다면 그때는 잠 안 자고 친구들이랑 모여서 이야기
하고, 콘서트 끝나고 한잔하고 뭐 그러지만, 나의 생활에는 별 지장 없는 것 같다.
그리고 예를 들어 오늘 우리 동선이 삼청동 쪽에 볼일이 있다고 하면 그쪽에 있는
갤러리 하나 들리는 거고. 오늘 결혼식이 강남에서 있으면 강남 갤러리 들리고. 다
른 스케줄 없으면 평소에 못 갔던 곳에 가고 그렇게 하는 거지. 애들이 갔던 곳 그
냥 따라서 성지순례 가는 거지.

Q 음악방송 가면 실제로 오래 기다려야 하니 시간 많이 쓰는 게 맞지 않냐는 의견도 있었다.

서아 : 음악방송은 학교랑 학원 스케줄이 겹치는 경우가 많은데, 학교랑 학원을 뺄 수 없으니까 안 가봤다. 시간도 많이 쓸 것 같고 가면 너무 깊게 빠져들 것 같아서도 안 가고 있다.

유성 : 음방 가면 하루를 통째로 쓰는 건 맞는데 그것도 당첨이 돼야 가는 거라서. 오히려 다녀오면 마음이 든든하고 하루가 행복해진다. 현장에서 같은 팬덤과 함께 같은 아이돌을 응원한다는 게 든든한 아군을 얻은 것 같은 느낌이 들더라. 오프를 뛰게 되면 많은 팬과 소통할 수 있어서 좋다. 그리고 요즘에는 같은 팬들끼리 간식이나 비공식 굿즈를 나눔하는 문화도 있다. 그 과정에서 예쁜 말 몇 마디 나누는 게 되게 기분이 좋더라. 꼭 가수를 보기 위함만이 아니라 그 현장 분위기가 좋아서 음악방송이나 콘서트 같은 오프라인 행사를 가는 이유도 있다.

지은 : 사녹만 봤을 때 올 출석을 한다? 매 컴백 기간에 올출을 한다고 하면 시간 많이 쓰는 건 맞다. 맞는데 그건 본인이 시간이 돼서 그렇게 쓰는 거면 그게 무슨 상관인가 싶다. 대학생들은 방학 기간에 컴백 기간이 겹치면 겨우 일주일, 삼사일 정도 쓴다고 취업을 못 하고 이런 게 아니지 않나. 그러니까 뭔 상관인가 싶고. 그냥 한 번 정도 가는 거야 하루 정도 쓰는 거니까 잘 모르겠다.

수영 : 그렇지. 그래서 사실은 음악방송 가본 팬들이 훨씬 적다. 콘서트는 우리가 티켓을 가지고 있기 때문에 들어갈 수 있는 거지만, 음악방송은 댓림이라고 해서 댓글 신청 선착순 안에 들어야지만 갈 수 있다거나. 아니면 방송사에서 몇십 명 뽑는 거에 당첨돼야만 갈 수 있는데. 그게 방송국에서 짠 스케줄에 따라 움직이는 거니까 새벽 1시에 하기도 하고, 아침 7시에 하기도 하고. 그리고 팬클럽인 거를 확인해야 하는데 그건 공연이 임박해서 할 수 없으니까 당연히 몇 시간 전에 체크해야 하고. 적어도 100명 정도는 체크를 해야 해서 시간이 걸리니까 7시 공연이면 4

시에 한다거나. 이러니까 콘서트와 비교해서 시간이 많이 드는 것은 사실인 것 같다. 근데 음악방송을 가본 팬들이 팬덤 중에 몇 명이나 될까? 진짜 극소수고. 시간이 많이 들지 않는다고 말 할 수 없지만 그걸 모두가 가는 게 아니고, 경험해본 사람이 진짜 극소수일 것 같다.

혜인 : 요새는 어떤지 몰라서 이건 내가 대답을 못하겠다. 옛날 기준으로 하면 많이 기다리는 건 맞다. 근데 캠핑 가서 너네 왜 이렇게 힘든데 고생하냐고 하면 캠핑하는 사람들도 뭐라고 하지 않을까? 그거랑 똑같지 않을까?

재희 : 시간 많이 쓰는데 그 기다리는 시간까지도 다 계산해서 내가 가는 게 더 좋기 때문에 내가 선택한 것이다. 뭐 다음날 회사 가야 하거나 이런 분들은 무리해서 가진 않으니까 다 갈 수 있는 사람만 가는 거다. 어차피 대기시간 어느 정도 걸린다고 알고 있고 그게 다 OK 된 사람들만 가는 거다. 미성년자는 어차피 밤 10시 이후면 못 들어간다. 그리고 대기도 좋다. 힘들긴 해도 선택받은 사람들인 거다. 그리고 공짜잖아. 공방의 장점은 콘서트보다 훨~~~씬 가까운 데서 볼 수 있는 거니까 이점이 많다. 힘들지 않다면 거짓말이지만 나머지가 다 상쇄시킬 수 있다.

미지 : 일단 음악방송은 온라인 신청에 성공한 사람들만 갈 수 있다. 나는 가본 적은 없는데 가면 대기하는 시간이 있기야 하겠지. 근데 캠핑 가면 1박 2일로 가기도 하지 않나. 여행 가도 몇 박 며칠 다녀오고. 그냥 음악방송 가서 기다리는 것도 취미의 한 과정일 뿐이라고 생각한다. 누군가는 겨우 아이돌 보려고 그렇게 시간을 써? 하겠지만 아이돌 팬들한텐 겨우 아이돌이 아닌 거다. 우리한텐 이게 정말 즐거운 취미생활인 거다.

민정 : 가고 싶었는데 못 갔다. 코로나라서 못 가고, 신청했는데 떨어져서 못 가고. 꽃이잖아 사실. 제일 가깝게 볼 기회이고. 물론 밤에 가서 새벽에 나오지만 자기 생활하는 데 지장 없다면 갈 만 하다고 생각한다. 근데 매번 갈 수는 없을 거다. 활동기가 딱 정해져 있으니까. 한두 번이니까.

아이돌 덕질은
유사연애?

- Play list -

• 엉뚱한 상상 - **슈퍼주니어**
• 바보라도 알아 - **스트레이 키즈**
• 모를까봐서 - **쥬얼리**

망상에 빠져있나
그런 생각도 들어요.

- 머글 W

Q '아이돌 덕질은 유사 연애' 라는 말에 대한 생각은?

서아 : 그 사람이 해주는 말로 좋아하고, 설레고. 몇몇 애들은 그렇긴 한데 보통 그 정도로 빠지진 않는 것 같다. 막 엄청 깊게 이 사람이 연애하는 것까지, '나랑 결혼해야 하는데.' 이런 식으로 하는 건 소수의 몇몇 분들 빼고는 없는 것 같다.

유성 : (절레절레) 사람들이 아이돌 팬들을 다 그렇게 보는 것 같아서 나는 그 말 싫어한다. 연애 상대 그런 거로 생각하는 게 아니라 진짜 우상? 같은 느낌이다. 내 친구들도 유사 연애로 생각하는 애 못봤다. 고등학교 때도 못봤다. 설명하기 어렵지만 아이돌을 좋아하는 건 웹툰 주인공과 같은 하나의 캐릭터를 좋아하는 것과 같다고 생각한다. 이렇게 말씀드리면 어느 정도 이해하실 수 있다고 생각한다. 웹툰 주인공 좋아하는 걸 그 사람과 연애하고 있다고 생각하지는 않잖아? 나도 가끔 최애랑 관련한 예쁜 사진이나 영상을 보면 "○○아 결혼하자!!" 이러기는 하는데 정말 결혼하고 싶어서 그렇다기보다는 귀여운 응원이나 감탄사 정도다. (웃음) 그냥 아이돌 팬이라면 다들 으레 하는 말….

지수 : 유사 연애?? 유사 연애다…? 그렇다기에는 연인 있는 분들도 아이돌 덕질 많이 하는 것 같고 연애하는 거랑 아이돌 좋아하는 거랑 다르다…!!! 아이돌은 그냥 좋아하는 거고, 뭔가를 바라지 않고 그냥 좋아만 하는 거다. 그냥 나는 멀찍이서 그 사람이 나의 존재를 알든 모르든 그냥 행복하게 자기가 좋아하는 일 하면서 오래오래 그 자리에서 그 일을 계속해줬으면 좋겠다? 이런 느낌으로 응원한다.

지은 : 첫 번째는 그래서 뭐? 그렇게 볼 수 있는데 어쩌라고 하는 생각이 들고. 두 번째는 일단 나는 아니다. 내 주변 덕후 중에 진짜 그런 사람 거의 없었던 것 같다. 책 쓰는 작가님을 좋아할 수도 있는 거고, 위인의 행적이 좋아서 좋아할 수 있는 거고, 아이돌은 퍼포먼스와 얼굴 이런 게 좋아서 좋아할 수도 있는 건데. 그거를 무작정 유사 연애 감정으로 결부시켜서. 근데 유사 연애 대상으로 볼 수도 있는 거 아닌가? 아이돌뿐만 아니라 배우도 저 사람이랑 사귀고 싶다, 결혼하고 싶다고 하시는

분들 많지 않나. 그런 것처럼 아이돌도 그렇게 볼 수 있는 거지.

수영 : 그런 사람도 있고, 아닌 사람도 있고. 근데 이게 덕후에게만 있는 일은 아니고, 그게 꼭 아이돌이라서 유사 연애의 감정을 갖는 것도 아니고. 애정이 있고, 이성적으로 매력을 느끼고, 팬으로써 고마운 사람이니까 그도 나에게 애정을 표현해 주고. 뭐 그런 것들로 유사 연애를 할 수도 있지. 근데 그게 전부는 당연히 아니고. 오히려 그런 것 같다. 응칠같은 콘텐츠도 그런 역할을 했다고 생각하는데. 많은 부분 편견으로 가지고 있던 모습들을 그대로 노출 시킨 부분도 있나. 토니 집까지 찾아가고, 오빠랑 결혼할 거라고 하는 것도 나오고. 그런 것들이 일반분들에게는 으레 다 저렇겠다고 생각하시는 데 아마 영향이 있었을 것 같다. 근데 다들 알잖아. 나도 10대 때 덕질할 때는 그랬지만 이제는 결혼하라고 해도 싫을 것 같은데? 10대 때 좋아했던 그 오빠들에겐 미안하지만, 성인이 되고서는 어느 순간부터 이 사람은 좋지만, 나랑 연애나 결혼하라고 하면 절대 안 한다 이런 생각을 가지고 있었다. 콘텐츠로 보여주는 환상적인 부분만 보면 좋아할 수 있지만 그렇지 않은 모습들을 봤다고 다 탈덕하는 것도 아니고. 봤지만 여전히 그의 노래는 좋을 수 있고. 이런 여러 가능성이 있는 거니까. 그리고 다들 덕질 하면서 연애하잖아. 그렇지 않게 생각하는 사람들도 많고.

재희 : 난 맞다고 생각해. 모든 덕질은 유사로 이어져 있다. 하지만 이게 현실 구분 못 하고 맹목적으로 사랑해서 하는 게 아니다. 그것만이 백이 아니라는 거지.

미지 : 일단 나는 유사 연애라는 말 제일 싫어한다. 근데 진짜 이렇게 생각하는 사람들도 있기야 하겠지. 이것도 나의 편견일지 모르겠는데 10대나 20대 초반 친구들은 그런 생각 할 수도 있을 것 같다. 물론 어린 친구들이라고 다 그렇진 않을 거다. 나이 든 사람이 그런다고 해도 현실 구분 못 하고 그러겠나.

경진 : 그건 절대 아니다. 유사 연애… 유사 연애? 라고 얘기하는 게 너무 웃긴 게 나는 일단 내가 좋아하는 사람을 실제 있다고 생각하지 않고 좋아한다. 어쨌든 나

와 만날 수 없는 사람이라 생각하고 좋아하기 때문에 유사 연애라고는⋯ 애를 키우운다는 생각은 해봤지만⋯ 연애한다는 생각은 해본 적 없다. 어린 친구들이기도 하니까.

도연 : 크크크 이거를 사람들이 굉장히 많이 오해하는 거 같다. 내 친구도 "남편보다 좋냐." 이렇게 얘기를 하고. 물론 내 아이돌은 연애를 안 했으면 좋겠다는 그런 마음이 있는 사람도 있겠지만 나는 개인적으로 그렇진 않거든. 내가 결혼 안 했어도 굳이 최애가 연애하는 걸 반대하고 이럴 것 같진 않고. 걔랑 연애하고 싶다 이런 생각도 없고 주변에도 그렇게 생각하는 사람은 없던데. 일단 나는 전혀 아닌 것 같다.

민정 : 유사연애⋯ 어느정도를 유사 연애 개념이라 생각할지 모르겠지만 젊은 사람들은 유사 개념일 수도 있다. 근데 나는⋯ 최애가 유사관계가 아니라, 데려다가 밥 한번 맥이는게⋯ㅋㅋㅋㅋㅋㅋㅋㅋㅋㅋ 맛있는 거 좀 맥이고 그런 마음이지. 우리 애들 보고 "야 정서방 좀 데리고 와봐.", "정서방이랑 김서방 어떻게 안 되겠니 딸들아?" 이러지 걔들에 대해선 유사 연애 감정은 전혀 없다. 우리끼리 예쁘다, 잘생겼다 이렇게 이야기하지만, 그냥 그거지 전혀~ 그런 게 아니다. 나이들어서는⋯ 아들이나 사위⋯ㅋㅋㅋㅋㅋ

Q 머글들은 아이돌 팬들이 자신의 최애를 이성적, 연애 대상으로 본다는 시각이 매우 많았고 당연하게 그렇게 생각하더라. (사귀고 싶고, 결혼하고 싶고) 이상형에 가까워서 덕질하는 것 아니냐, 실제로 약간 망상에 빠져있나 싶은 생각이 들기도 한다는데 최애랑 사귀고 싶은가?

서아 : 어어(웃음) 그런 맘이 없진 않긴 한데... 실제로 이루어질 수 없는 이야기니까 그냥 응원하는? 친구 중에도 막 진짜 진심으로 사귀고 싶다 이렇게 생각하는 애들은 아무도 없는 것 같다.

지수 : (질색) 왤까??? 아니 진짜 그런 건 상상도 안 해봤다. 아까 말한 것처럼 종류 자체가 완전히 다르고… 으으?? 이상한 것 같다. 그 사람들이랑 막 사귀고 싶거나 결혼하고 싶거나 이런 생각은 전혀 안 해봤고 연애는 다르지 않나. 그 사람에 대해서 뭔가 깊게 알고 싶어지고, 같이 있고 싶어지고, 미래도 함께 할 수 있는지 상상하게 되고. 그래서 완전히 다른 종류로 좋아하는 것 같다. 어릴 때는 그렇게 생각할 수 있다고 본다. 근데 20대부터는 구분이 될 것 같다.

지은 : 제가요…? 왜요…? 아니요! 아니요!!! 내가 좋아하는 친구들이 다 예쁘게 생긴 친구들인데 그냥 취향의 얼굴이고… 좀 징그러운데… 이런 말 하면 좀 그런가? 자식같은…??? 그래서 내가??? 내가??? 그니까 사람들이 한심하게 보는 건 결정적으로 그거 같다. 이성으로 보고 사귈 수 있을 거라 생각하고 좋아한다 생각해서 한심한 게 아닐까. 그게 가장 큰 것 같다. 되게 사람을 좋아한다는 건 엄청 다양한 감정이 있는 건데 너는 저 잘생긴 연예인을 좋아하니까 쟤랑 사귀고 싶어서 저렇게 하는 거구나 너랑 쟤가 나이 차이가 몇 살인 줄 알아? 이런 거를 지적하면서 한심하게 보는 것 같으니까 그건 좀. 물론 그런 생각이 드는 친구들도 있긴 하다. 저 친구 멋있다! 오 내 남편감이다! 그런 생각은 하는데 거기서 진짜 사귀고 싶고 결혼하고 싶고… 이런건 한 번도 해본 적이 없다.

수영 : 최애랑 사귀기엔 너무 죄책감이…ㅋㅋㅋㅋㅋ 지금 내 최애가 나보다 너무 어려 가지고 그런 생각을 해본 적은 없는 것 같다. 연애 대상으로 생각해본 적이 없어서 오히려 그러면 정신 차리라고 할 것 같은데? ㅋㅋㅋㅋㅋ 아하하하하 정신을 차려라 말이 안 되는… 그렇게 말해줘야 할 것 같은데…ㅋㅋㅋㅋㅋㅋㅋㅋㅋㅋ

혜인 : 최애랑…?? 아니 나는 오빠가 결혼하고 싶다면 좋은 여자 만나서 좋은 결혼을 했으면 좋겠다. 난 이상형이랑 좀 멀다. 어느 포인트인진 모르겠는데 딱 꽂히는 게 있다. 그래서 그렇지 그 사람이 내가 사귀고 싶고 그런 건 아니다. 그냥 좋은 사람 만나서 행복하게 살았으면 좋겠다.

재희 : 반대인 것 같다. 분명 처음 시작은 내 스타일 아닌데 최애인 사람도 있잖아. 내 이상형이라서 좋아한다기보다는 걔가 내 이상형이 되는 경우인 거지. 그들의 좋은 점을 보면서 내가 이성을 고를 때 기준은 되는 거지. 강인한 멘탈을 좋아하면 내가 다음 상대를 만났을 때 이런 스타일이면 좋겠다. 하지만 '얘랑 결혼하고 싶어', '사귀고 싶어' 이건 10대때나… 30대는 그러지 않고 현실적인 거지. 아이 그리고 사귀고 싶다고 사귈 수 있는 존재도 아니고 다들 현실이랑 그런 거 구분할 줄 아는 사람들이다. 그냥 상상은 해볼 수도 있는 거지. 하지만 사귀고 싶다 이런 건 아니고 남자로서 좋아하는 마음도 있기 때문에 덕질을 한다고 생각하는 사람이라서.

미지 : 사귀고 싶다고 생각해 본 적이 한 번도 없다. 연예인이랑 사귀게 해줄 테니 골라봐라 한다면 최애는 리스트에도 없다. 나는 공유나 여진구랑 사귀고 싶다. 최애는 그냥 좋은 거고 사귀고 싶은 맘으로 좋아하는 것은 아니다. 최애랑 나이 차이가 얼마 안 나는데 가끔 머글들이 최애 나이 듣고 "오 가능성 있겠네~" 라고 할 때가 있는데 그러면 속으로 '엥…?????' 할때가 있었다. 왜 이렇게 생각하지 싶은데. 근데 나도 공유처럼 그냥 좋아하는 연예인 보면 '남자친구였으면 좋겠다!' 하는 생각을 하기도 한다. 이것도 그냥 막연히 하는 생각이지. 근데 덕질을 할 만큼 좋아하게 되면 이런 감정이랑은 완전 다른 것 같다. 일반 사람들은 덕질 할 정도로 좋아해 본 경험이 없기 때문에 이해하지 못해서 당연히 사귀고 싶을 거라 생각

하는 게 아닐까 싶다.

경진 : 그건 아니다. 사귀고 싶지 않고… 왜 그렇게 생각하지…? 사귄다는 생각을 한 번도 해본 적이 없다. 일단 해본 적이 없기도 하고 내가 얘랑… 왜…? 이런 마음도 있고 멀리서 이 아이의 행복을 바랄 뿐 내가 이 친구랑 연애해서 행복해지고 싶다는 생각은 없다.

도연 : 스읍… 나는 선혀 모르겠다. 실제로 사귀면 이 정도까지 좋아할 수 없을 것 같다. 그렇지 않나? 내 아이돌은 저기서 연예인으로, 아이돌로 빛나줘야 더 빛나는 거지. 내 가까이에 있으면 그렇게까지… 나는 꿈에서도 최애가 연예인으로 나온다니까? 꿈에서도 내가 터치를 못해. 항상 거리를 두고 연예인으로 나온다. 근데 그건 있다. 여자친구나, 아빠나, 친구 그니까 최애를 마음껏 볼 수 있는 사람들 부럽다. (웃음) 그냥 그 정도.

민정 : 일단 나는 아니라고 이미 말했고. 내가 만약에 젊다고 해도 최애가 보여주고 싶은 모습만 보는 거고 아이돌로서의 모습을 보는 거지 그 모습만 보고 그런 맘으로 좋아할 순 없다고 본다. 생활인으로서의 모습이 되게 연애하는데 중요하잖아. 생활인으로서의 모습을 못 보고 결혼 한 사람들이 결혼에 실패하는 것처럼 그건 아니라고 보고. 젊은 사람들은 잘 모르겠다. 사람마다 아이돌을 좋아하는 어떤 성향의 차이가 있기 때문에 물론 그런 식으로 좋아하는 사람도 있겠지? 유사 연애 같이 좋아하는 사람도 있겠지만. 아니더라.

Q 이성적인 마음으로 좋아하는 것이 아니라는 답변에 "어쨌든 이성이다.", "이성에 대한 애호는 부정할 수 없지 않냐.", "동성 팬보다 이성 팬이 많지 않냐." 라는 의견도 있었는데 어떻게 생각하나?

서아 : 요즘은 여자가 여자 아이돌 덕질하고, 남자가 남자 아이돌 덕질하는 경우도 많이 보여서 맞지 않는 얘기인 것 같다. 나도 이전 최애 그룹이 여자 아이돌이었다. 주변 친구들도 남자 아이돌이 6 여자 아이돌이 4 비율이다. 그리고 나이가 어려질수록 여자가 여자 아이돌 좋아하는 비율이 높아지는 것 같다. 내 주변만 봐도 나보다 어린 친구들은 여자 아이돌을 더 많이 좋아하고. 왜냐면 예전에는 남자 아이돌 노래가 대중적으로 인기가 많았는데, 요즘은 여자 아이돌 노래가 차트를 다 차지하고 있다 보니까 그런 것 같다.

유성 : 요즘에는 동성 아이돌 파는 사람들도 정말 많다. 그 사람들도 사귀고 싶어서 좋아하는 건 아니잖아. 나 같은 경우도 여성인 아이돌을 좋아하고. 그 친구들이 정말 귀엽고 사랑스럽고 게다가 무대도 잘하니까! 그 이상의 이유는 없다. 이성의 아이돌을 파는 것도 똑같다. 연애 상대로 생각하는 게 아니라 그냥 그 사람 자체를 좋아하는 거다.

지수 : (질색) 하핫 뭐라고 해야 돼 이걸. 근데 진짜 이성 팬이 더 많은가? 그냥 그렇게 보이니까 그렇게 생각하는 게 아닐까? 나는 아이유도, 르세라핌도 좋아하고 뉴진스도 굉장히 사랑한다. 그냥 내가 아이유, 뉴진스 좋아한다고 할 때는 그냥 "어 가수 좋아하는구나." 이렇게 생각하는데 남자그룹 좋아한다고 하면 좀 이상하게 생각하는 게 아닐까 스스로에게 질문을 던져보라고 말하고 싶다. 똑같은 거라고.

지은 : 그건 좀 궁금하긴 한데. 내가 여자 아이돌도 좋아하고, 남자 아이돌도 좋아하는데 공방을 가고 하는 건 남성 연예인이긴 하다. 그래서 이게 헤테로의 숙명인가? 카리나를 엄청 좋아하는데 너무 예쁘고 귀여운 애기 이 정도거든. 그래서 네 최애를 이성으로 보냐 라고 하면 그건 또 절대 아니라서… 내가 궁금한데 진짜 헤테로의 숙명인가…?

수영 : 사실 이건 되게 유구한 문제라고 생각한다. 물론 이성 팬이 많지. 그게 이성적인 애호가 없다고 말할 수 없겠지? 근데 어떻게 보면 약간 문화 차이도 있는 것 같다. 실제로 지금 30~40대 덕질을 하고 계신 분들은 대부분 청소년기 때부터 덕질의 경험을 가지고 있고, 그게 유지되어 온 분들이 많고. 그렇지 않더라도 지금 나이에 시작할 수도 있지만. 근데 지금 10대 친구들 중에는 여자인데 여돌을 좋아하는 친구들이 진짜 많다. 약간 동경의 마음이다. "너무 예쁘고, 여자 아이돌 다 좋아한다." 이런 친구들 진짜 많다. 그러면서 남자 아이돌 좋아하기도 하고. 내가 보았던 케이스 중에서 가장 그랬넌 세 남자 팬돌 같은 경우에는 특히나 로리콘이냐, 어린 여자애들 좋아하는 그런 편견과 더 많이 싸우고 계시고. 50대 아주머니 팬들도 되게 많은데 아들뻘을 좋아하시는 거잖아. 그런 분들이 견뎌야 하는 시선들이 또 있다. 이건 사실 어느 연령층만 아니라 이 아이돌 팬덤을 둘러싸고 그들에게 성애적인 관점에서 좋아할 거라는 편견 때문에, 실제 팬들이 가지고 있는 그 이외의 많은 면이 다 가리어지고 있는 것도 사실이라 생각한다. 그래서 이거는 제일 바꿔어야 되는 부분인 것 같다. 다만 실제로 그런 분들도 있기 때문에 이건 모든 게 그렇지만 케바케다? 그게 다가 아니다. 덕질에 대한 모든 이야기는 사실은 그게 다가 아니다 라는 게 제일 바라봐줬으면 하는 관점인 것 같다.

미지 : 이성이 맞기야 하고 이성이라서 더 호감이 가는 것도 있겠지. 근데 정말 거기서 끝이라 생각하고 우리가 모든 이성을 다 그런 감정으로 보는 것은 아니지 않나. 단지 이성이라는 이유 하나만으로 이성적으로 좋아한다고 생각하는 건 너무 단순한 시각 같다. 사람이 얼마나 복잡하고 다양한 마음을 갖고 사나. 난 아이돌 덕질도 아빠들이 유독 딸을 더 귀여워하고, 아들이 여자친구나 와이프를 더 챙기면 엄마들이 약간 섭섭해한다든지. 이런 것과 비슷한 종류로 느껴진다. 물론 진짜 이성적으로 좋아하는 사람들도 있겠지만 사람들이 배우를 보면서 저런 사람이 내 연인이었으면 좋겠다고 생각하는 것과 뭐가 다른지도 잘 모르겠다. 왜 유독 아이돌 팬들에게 이런 이야기를 하면서 한심한 사람 취급하는지 모르겠다. 그리고 동성 팬도 많다. 아이돌 문화 자체가 주로 여성들이 많이 즐기는 문화이고 이전에 남자 아이돌이 워낙 많았기 때문에 여성 팬들만 보고 그렇게 생각하는 것이 아닌가 싶다.

특히 요즘은 여자 아이돌도 여성 팬 많다. 남자 아이돌을 좋아하는 남성이 많이 없는데, 애초에 남성들 자체가 아이돌 문화에 여성들보다 관심이 덜하다. 전체 팬덤 비율을 보면 남성 팬 숫자 자체가 적다.

경진 : 근데 그러기엔 동성 팬도 많은데? 그거에 대해선 본인들도 할 말 없는 거 아닌가?

도연 : 그냥 남자애여서 나오는 그런 특유의 장난스러움 같은 게 있다고 생각하거든. 장난꾸러기 같은 모습과 해맑은 웃음. 그런 거에 나도 끌렸겠지. 근데 이게… 뭐… 연예인인데 그렇게까지 연애 타령을 하고 그러는 게 난 이해가 안 되네? 연예인이랑 사귈 거야 뭐야?

민정 : 우리가 직장생활 하면서도 '어 저 사람 괜찮다.'로 끝나잖아. 멋있는 사람이지만 내가 연애하고 싶은 사람은 아니거든. 어려운 일 있을 때 이야기 할 수 있고 그걸로 끝이지. 난 내 최애를 그들이 활동하는 콘서트장에서 아티스트와 팬으로 만나지 개인이 아닌 거잖아. 바깥에서 만나면 성덕이라고 좋아는 하겠지만. 그리고 여자들이 여돌을 왜 안 좋아 했을까 생각해봤는데. 예전에 여돌은 내가 좋아하지 않는 여성의 모습을 보여줬다. 애교를 떤다거나 그런 귀여운 것들을 했기 때문에 내가 좀 싫어하는 모습을 봐서 좋아하고 싶지는 않았다. 근데 요즘은 블랙핑크도 그렇고 하나의 온전한 인간으로서 멋진 모습을 보여주는 거지. 그래서 난 여돌거를 본다. 카리스마도 있고 애들이 내가 원하는 그런 모습을 보여주니까 이제는 나도 여돌을 좋아할 수 있겠다 내지 난 아이유 콘서트도 보거든. 노래도 워낙 좋고 그런 초연한 모습들. 옛날에 보면 여자아이들이 안달하는 모습을 보였던 것 같은데 그런 게 안 보여서 되게 좋더라. 그래서 옛날에는 같은 여자라서 안 좋아한 게 아니라 내가 좋아하지 않는 모습들을 보여주고, 남성 의존적인 모습을 보여주니까 싫었던 것 같다.

Q 스캔들이 날 경우 싫어하는 것을 많이 봤기 때문에 팬들이 최애를 이성적으로 보는 것처럼 느껴진다고 한다. 최애가 연애하면 싫을 것 같은가?

서아 : 나 같은 경우에는 스캔들 나도 그냥 응원해 줄 것 같은데, 다른 사람들한테 욕먹는 게 싫어서 그냥 숨기고 조용히 했으면 좋겠다. 주변 친구들도 나랑 똑같이 욕먹는 게 싫은 거지 그 사람을 연애 대상으로 보고 싫어하는 건 아니다.

유성 : 해도 비밀로 했으면 좋겠다. 안 들켰으면 좋겠다. 그니까 나는 상관없는데 그게 사실로 드러나면 예전에 조금 라이브를 못 했다든가, 무대를 좀 못 했다든가 이런 것들을 '연애 때문에 얘가 다른데 정신 팔려서 그걸 다 못했다!' 이렇게 되어 버리니까.

지수 : 어렸을 때 그랬으면 싫어할 수도 있었을 것 같다. 근데 요즘 약간 열애설 나고 이럴 때가 있는데 뭐 누구든지 좋은 사람 만나서 행복했으면 좋겠다. 그 사람들도 사람이니까 일반인보다 불편한 것도 있고 못 하는 것도 많을 텐데 연애 같은 것도 자유롭게 하고 삶을 사는 사람으로서 누릴 수 있는 거를 누리면 좋겠다. 이런 생각이 들고 그래서 막 연애를 해 감히? 이러면서 싫어하고 그러진 않는다. 난 응원하게 될 것 같다. 좋은 사람이었으면 좋겠고 그런 마음이 든다.

지은 : 싫지. 그 비유가 딱이었다. 초밥 만드는 주방장이 담배 피우고 왔다고 손님들 앞에서 말하지 않지 않느냐. 아이돌은 환상을 파는 직업인데 그 친구의 지극히 사생활적인 부분이라서 전혀 알고 싶지 않은 사적인 영역? 이런 느낌이 매우 크다. 누구나 연애하는 거 알고 연애 안 할 거라 생각 안 하거든. 당연히 지금 연인 있을 수 있고 유튜브 라이브 같은거 할 때 저거 뭔가 싸인같다 하는 촉이 올 때가 있다. 그래 열심히 해라 나만 모르면 되지 이런 생각을 하고 있다.

수영 : 연애는 하겠지 뭐. (웃음) 그 나이 때 연애해야지. 아니 나도 연애하는데 애

들한테 하지 말라고 하는 게 사실 말이 안 되잖아. 근데 팬들이 싫어하는 건 연애를 할 순 있다. 근데 아이돌로서 들키지는 말아라. 사실 이게 앞 질문과 연결되는 거라 생각한다. 팬들이 이성적인 관점을 가지고 있는 걸 부정할 순 없는 게 실제로 스캔들 같은 게 극적으로 보여주는 예지만, 나의 남자친구를 뺏긴 것 같아서 싫은 감정이 드는 사람도 있을 수 있을 거다. 그런 사람은 실제로 자기가 이 사람을 좋아하는 가장 큰 이유인 거겠지. 그런 마음으로 좋아하는 사람도 많다는 걸 우리는 이미 알고 있고. 근데 그런데도 불구하고 자신의 커리어에 해가 될 걸 알면서도. 사실 이게 들키게 되는 이유는 숨기지 못했기 때문이 많잖아. 다들 연애하는 거 모르는 거 아니고, 연애하고 있는데 누군가는 계속 들키고 누군가는 들키지 않잖아. 그러니까 사실은 처신의 문제라고 생각하기 때문에 그게 프로페셔널 해보이지 않아서 실망하게 되는 부분이 큰 것 같고. 그리고 나는 그런 것 같다. 연애해서 스캔들이 싫은 게 아니라 이 스캔들로 인해서 팬덤이 흔들리고, 깨지고, 시끄러워지는 분위기를 만들어내기 때문에 가능하면 조심하자 인 것 같다. 누구 스캔들 나면 그날 트위터 안 들어간다. 나는 팬들 사이가 시끄러워지는 게 싫어서 스캔들이 제일 싫은 것 같다.

혜인 : 무대 위에 있을 땐 팬덤꺼지만 무대 밑에 있을 땐 그냥 사람이다. 그래서 스캔들이 나는 건 상관없다. 당장 이번에도 다른 멤버가 결혼했다. 우리가 걱정하는 건 또 다른 멤버처럼 결혼 상대와 관련해서 이슈가 생겨서 입에 오르락내리락 하는게 골치가 아프고 머리가 아픈거다. 우리는 이슈가 없는 그룹인데 그런 문제들이 생기니까 머리가 아픈 거다. 결혼은 전혀 상관없다. 그리고 이제 좀 있으면 쉰이야… 다들 마흔을 넘었다. 할 사람들은 결혼해야지!!!

재희 : 당연히 연애할 수 있다고 생각한다. 그런데 난 연예인의 직업 덕목은 팬들한테 보이지도, 들리지도 않아야 한다고 생각한다. 뒤에서 조용히 연애했는데 나중에 결혼한대. 그럼 상관 없다. 그게 아니라면 자기관리를 잘 못한 거지. 그래서 열애설 터지면 질투가 나서 화가 나는 게 아니다. 멤버가 누구랑 사겨서 화가 나는 게 아니라 그룹에 이미지 타격을 입는 게 화가 난다. 그 연애 상대한테는 하나

도 화나지 않았다.

미지 : 항상 지금 연애 중일 수도 있다고 생각한다. 친구가 연애한다고 주변 사람도 안 챙기고, 학교 안 나오면 실망하는 것처럼 본업에 지장만 없으면 싫을 이유 없지. 난 항상 생각하는 게 정말 좋은 사람 만났으면 좋겠고, 내 최애도 상대에게 좋은 사람이었으면 한다. 그리고 다양한 감정을 느껴야 좋은 곡도 만들 수 있지 않을까. 연애도 그런데 도움이 될거라 생각한다. 근데 열애설 나서 시끄러웠던 팬덤을 보면 대부분 이성과 연애를 한다는 것에 대해 싫어하는 게 아니라 열애설로 인해 생기는 여러 가지 문제들 때문에 싫어하는 것 같았다.

도연 : 나는 상대가 누구냐에 따라서ㅋㅋㅋㅋㅋㅋㅋㅋ 내가 마치 시어머니가 된 것 같은 그런 느낌인데. 너무 날라리 같거나 발랑 까져 보인다거나. 그런 사람이랑 사귄다고 하면 조금 깰 것 같긴 하다. 근데 어쨌거나 최애의 마음이니까 내가 뭐라고 할 권리는 없지. 근데 한 번씩 보면 연예인들이 스캔들 터지고 나서 약간 미안하다는 식으로 팬들한테 올리는 경우가 있는데 그게… 나는 조금 이해가 안 되거든. 사실 미안한 부분도 아니고 연예인들도 자기 생활이 있고 똑같이 누구를 좋아하고 사귀고 이럴 수 있는 권리가 있는 건데. 많은 사람의 사랑을 받고 지지받는다는 이유로 개인의 사랑이나 이런 거를 눈치 보면서 해야 한다는 건 나는 좀 이상한 생각 같거든. 최애가 스캔들이 뜨면 약간 놀라긴 하겠지만 그래도 계속 좋아할 것 같다.

민정 : 우리 딸이 연애해서 마음에 안 드는 사람을 데리고 오면 싫겠지. 똑같다. 내가 좋아하지 않는 아이와 스캔들이 있다? 싫을 것 같다. 그렇지만 '어 괜찮다~!' 라는 사람이면 별 상관없지 않을까??? 당연히 젊은 남녀인데 연애를 하는 건 상관이 없고. 다만 그 사귐이 좀 좋은 결실. 그 결실이라는 게 결혼을 의미하는 건 아니고 좋은 관계가 유지되기 위해서는 좋은 사람. 왜냐면 그 사람만 사귀는 게 아니라 그 주변 사람도 사귀게 되는 거잖아. 그래서 좋은 연애를 했으면 좋겠다.

Q 연인이나 배우자가 아이돌 덕질 해도 괜찮은가?

유성 : 상관없을 것 같다. 오히려 취미 공유도 되고 서로 이해할 수 있을 것 같다.

지수 : 네!!! 괜찮습니다!! 서로 덕질 얘기하면서 더 즐거울 것 같다. 되게 재밌을 것 같고. 친구 중에 다른 그룹을 좋아하는 친구가 있는데 잘 모르는데도 서로 막 얘기하고 되게 즐거운 시간을 보낼 때가 있다. 그런 시간을 내가 좋아하는 사람이랑 같이 할 수 있다면 서로 이해도 해줄 수 있고 더 좋지 않을까?

수영 : 나는 차라리 같이 했음 좋겠다. 각자 좋아하는 아이돌이 있었으면 좋겠다. 아이돌이 아니더라도 내가 덕질하는 것 같은 취미를 가진 사람이 있었으면 좋겠다. 게임하고 이런 것도 상관없다. 근데 그게 내 수준에서. 일상을 해치지 않는 수준에서 본인이 몰입해서 좋아할 수 있는 걸 가지고 있는 사람이면 오히려 좋겠다는 생각? 아니면 나를 이해하지 못할 것 같다는 생각이 들어서 그런 것 같다.

혜인 : 상관없다. 누굴 좋아할지 모르겠지만 같이 갈 거다. 거의 모든 여자 아이돌은 내가 관심이 있거든.

재희 : 난 완전 괜찮다. 지지해줄 수 있다. 그리고 개인적으로 했으면 좋겠는데 티켓팅까지 같이해줄 의향 있다. 질투도 안 난다. 나도 하니까. 어차피 못만나는 걸 안다.

미지 : 상관없다. 서로 티켓팅 도와주고 공감대가 형성되니까 좋을 것 같다. 아이돌 팬들이 헤메코에 엄청 예민한데 일반사람들한테 얘기하면 이게 얼마나 공감이 되겠나. 스타일링이나 헤어 때문에 너무 짜증 나는데 남자친구가 덕후면 "아 오늘 최애 스타일링이랑 헤어가 너무 별로야."라고 말할 수 있잖아. 굳이 설명하지 않아도 바로 대화가 되니 더 좋지 않을까? 서로 공감할 수 있는 주제가 남들보다 하나 더 있는 것이라 생각한다.

경진 : 상관없을 것 같다. 같이 다니면 되게 좋을 것 같다. 일반 공연 스케줄 다닐 땐 각자 다니고 콘서트 갈 땐 같이 가고.

도연 : 일단 내가 덕질을 하기 때문에 남편이 덕질 해도 괜찮을 것 같다. 근데 카메라 들고 대포 들고 따라다닌다? 이러면 싫을 것 같다. 애까지 있는 마당에 정도껏. 정도껏 하면 괜찮다. 남편이 나에게 뭐라고 안 하는 것도 정도껏 하기 때문이라 생각하거든. 가족 신경도 안 쓰고 맨날 피곤해하면서 수 시간씩 쫓아다니고 이러면 누구라도 싫지. 그렇기 때문에 정도껏 하면 괜찮다.

민정 : 나는 당신도 덕질 해보라고 이야기한다. 이 사람이 나를 이해해준 만큼 나도 그 사람을 이해해주는 거고. 참아야 할 부분은 참아줘야 하는 거고. 근데 연예인 좋아하는 게 어떤 의미인지 아니까~

매체에서 보여지는
아이돌 팬

- Play list -

- Why – **태연**
- 오해해 – **이기광**
- 오해는 마 –**정세운**

사생팬, 협박을 받았다
어렸을 때 그런 게 많았잖아?
좋은 얘기로는 안 나왔어
한 번도.

- 머글 P

Q 아이돌 팬에 대한 인식이 안 좋은 이유가 뭐일 것 같냐는 질문에 대부분 매체에서 안 좋은 모습을 너무 많이 봤기 때문이라고 답했다. 매체에서 보이는 아이돌 팬에 대해 어떻게 생각하는가?

서아 : 좋은 행동을 하는 것보다 부정적인 행동이 더 이슈가 되고 주목을 많이 받는데, 그래서 그렇게 알려지는 것 같다. 근데 10대 친구들은 머글이어도 덕후를 나쁘지 않게 보고 있다. 그냥 얘는 얘를 좋아하는구나 이 정도의 인식? 왜냐면 반에서 절반 넘게는 다 덕질을 하고, 아이돌이 아니더라도 애니를 보거나 그런 식의 덕질을 다 하는 것 같다. 그리고 옛날 매체를 보면 피로 혈서 쓰고 이런 것도 나오는데, 그건 옛날이야기라고만 생각해서. 실제로 그렇게 행동하는 친구 한 명도 없고, 요즘에는 본 적 없으니까. 예전 이야기라고만 생각해서 나쁘지 않게 생각하는 것 같다.

지수 : 우선 매체에서는 나쁜 일을 주로 소개하지 않나. 좋은 일은 별로 뉴스에 안 나오고. 사건사고들이 뉴스에 나오는 것처럼 아이돌 팬도 사회적으로 봤을 때 상식적이지 않다고 느껴지는 것들이 매체에 소개가 된다. 그거에 대해선 나도 같은 팬이라고 하기도 그렇다. 그런 사람들 보면 팬으로써 봤을 때 진짜 몰상식한 짓이 아닌가 싶은 것들이 많이 나오고. 매체에서 나오는 팬들을 일반 사람들이 바라보는 시선과 내가 보는 시선이 똑같은 것 같다. 다만 그 사람들이 진짜 그런 짓을 했기 때문에 나쁘게 보이는 거지 모든 팬이 그렇지 않고, 그렇지 않은 팬들이 더 많다는 것을 나는 아니까. 그거에 대해서 다 저렇다는 편견을 갖지는 않는 것 같다. 팬이 아닌 사람들이 봤을 때는 그런 것들만 계속 눈에 보이고 들리고 하니까 약간 팬을 생각했을 때 떠오르는 이미지로 정해져 버렸을 순 있을 것 같다. 근데 모든 사람이 그렇진 않다는 것을 알아줬으면 좋겠다.

수영 : 모든 사회 문제가 그렇듯이 매체는 자극적인 이야기들을 하는 것이 도리인 것 같고. 그래야만 시선을 끌 수 있으니까. 그래서 덕후에 대한 이야기도 자극적인 이야기들만 전달되는 전반적인 분위기를 아무도 부정할 수 없을거라 생각한다. 특

히나 1~2세대 때는 정말 아티스트에게 위해가 갈 만큼의 큰 사건들도 있었는데. 그런 이야기들이 나올 때 팬들은 그 얘기 하잖아. 사생은 팬이 아니다. 근데 밖에서 볼 때는 그들도 팬이라고 생각하기 때문에 이런 게 더 팬들의 이미지로 굳혀지는 것 같다. 매체들이 그런 걸 다루는 건 사실이라고 생각하고 문제라고도 생각한다.

혜인 : 매체는 좀 극단적으로 보여주지 않나? 응답하라 처럼 극화하기 위해 극단적으로 보여주기도 하고. 근데 그건 진짜 1~2세대 이야기다. 사실 우리도 요즘 변했다. 옛날엔 진짜 매너 없었고, 시노 때도 없이 숙소 찾아가고 그랬는데 지금 우리도 그렇게 안 한다. 우리끼리도 룰이 생기고 많이 변했다. 1세대도 변했는데 3~4세대가 변하는 건 당연한 얘기 아닌가? 요새는 되게 신사적인 거로 알고 있다. 매체가 좀 옛날 모습을 자꾸 이끌어 가는 것 같다. 실제로는 변했는데 매체가 변하지 않았다는 거지.

재회 : 뉴스는 안 좋은 것만 회자가 되니까 사생 같은 것도 20년 전 얘긴데 고착화 된 것 같다. 덕질 하면서 열심히 사는 사람들이 더 많고 보통 사람들은 다 그렇게 사는데, 너무 안좋고 자극적인 것만 기사회 되니까 그런 것 같다. 내가 아는 덕후들은 자기 일 열심히 하면서 덕질 하는 사람들이다. 왜냐면 열정이 있는 사람만 덕질할 수 있어.

미지 : 매체에서는 아무래도 자극적인 것을 다뤄야 하니 어쩔 수 없다고 생각한다. 평범한 팬들 보여주면 무슨 재미가 있겠나. 그런데 워낙 안 좋은 것들만 보여주다 보니 사람들 인식에 '아이돌 팬 = 이상한 사람들'이라는 인식이 박힌 것 같다. 사실 평범한 사람들이 대부분이고 극소수의 극단적인 사람들이 뉴스에 나오는 건데 안타깝다.

도연 : 아이돌 덕후에 대한 이미지가 '무질서한 모습' 그리고 '사생' 이런 이미지인 것 같다. 연예인을 따라다니면서 하염없이 쫓아다니고 자기 시간과 돈을 다 바치고. 그게 덕후에 대한 이미지고 그래서 빠순이라는 얘기가 나오는 것 같고. 미디

어에 그려지는 그런 모습들 때문에 옛날부터 그런 이미지가 강했던 것 같다. 보고 싶은 것만 보고 말하고 싶은 것만 말하니까 결국엔 그렇게 되는 것 같다. 근데 그게 일부고 전부가 아닌데 그런 것들만 비치니 그것이 아이돌 덕후의 본질이라고 생각해버리니까. 내가 덕판에 들어오고 실제로 만난 덕후들은 다~~ 자기 일 잘하고 멀쩡하게 잘 살아가는 그런 사람들이었거든. 콘서트나 공연장에서도 질서가 잘 지켜지는 편이고. 최애를 가까이 보려고 할 때도 줄 서서 보고. 매너가 좋고 건강하게 하는 사람이 많다. 미디어에 압축적으로 보여지는 것과 실제 아이돌 덕후들이랑 좀 차이가 있다.

민정 : 그거는 매체가 가지는 성격이라고 생각한다. 매체에서 뉴스가 안 되는 부분을 보여주진 않을 거잖아. 아주 긍정적으로 팬 생활을 하는 사람들은 다른 사람들한테 흥미가 없다. 사건도 아니고. 매체라는 건 극단적으로 좋아해서 무슨 사고가 터졌을 경우에 보도하는 거지. 그래서 팬들 문화가 다 그렇다고 오해하겠지만 그건 매체의 성격상 어쩔 수 없는 거다. 그리고 그건 극복할 수는 없는 문제라 생각한다. 우리끼리 아니다 라고 아는 거고. 뉴스를 쫓는 매채에서 정상적인 건 별 의미가 없는 거잖아 사실.

Q 아이돌 팬에 대해 이야기할 때 가장 많이 나온 이야기는 사생이었다. 사생 비율이 20~30% 정도 될 것 같다고 적은 머글도 꽤 있었다. 사생에 대해 어떻게 생각하나?

서아 : 사생은 정말 극소수밖에 없다고 생각하는데. 2~3% 정도 있는 것 같다. 내가 바라봤을 때도 엄청 한심하고, 그 사람은 자기의 생활을 안 하나? 싶은 생각이 든다. 사생은 아이돌 덕질이 아니고 뭘 해도. 실제 연애를 해도 그런 행동을 했을 것 같다고 생각한다.

유성 : 팬들도 사생은 정말 극!혐! 한다. 아티스트한테 피해를 주는 팬은 팬이 아니라고 생각하고 사생은 범죄자다. 건전하게 덕질하는 팬들과 같다고 생각하지 말아줬으면 좋겠다.

지수 : 사생… 이해가 안 되고 어린애들이 그러면 어려서, 뭘 몰라서 실수할 수 있다 가르쳐주면 된다. 이게 상식적인 일이 아니고 잘못하는 거다, 이건 좋아하는 것도 아니다 그런 걸 가르쳐주고 싶은 마음이 크다. 그렇지 않은 나이의 사람들은… 범죄이지 않나. 스토킹하는 거 범죄이듯이 똑같이 범죄인데 사생은 팬이라고 안 붙였으면 좋겠다. 사생팬이라고 하니까 어쨌든 팬으로 묶이는 거라. 그렇지 않은 사람들하고 묶여버려서 편견이 또 생긴다. 사생은 팬이 아니라 생각하고 그런 사람들이 없어졌으면 좋겠다. 팬에 대한 인식이 예전보다 많이 좋아졌는데 팬 문화가 앞으로도 점점 성숙해지지 않을까 기대한다. 왜냐면 계속해서 아이돌들이 나오고 있고, 팬들도 그만큼 많이 생기는 거니까 옛날에는 그랬을 수 있더라도 앞으로는 좀 없어지지 않을까, 없어졌으면 좋겠다는 그런 마음이다.

지은 : 근데 되게 의외네? 사생은 내 주변에 한 명도 없는데. 팬 비율에 사생이 20~30%면… 큰일나는데?? 일단 사생 뒤에 팬을 붙인다는 거 자체가 진짜 말이 안 된다고 생각한다. 그건 스토커고 병이라 생각해서. 매체에서 사생을 팬이라고 붙여서 아이돌 팬들 전체를 다 끌고 나오는데. 일단 워딩부터 수정이 되어야 할

것 같다. 사생이라는 단어 자체가 사생팬으로 굳혀졌기 때문에 좀 다른 용어를 써야 하지 않을까. 스토커라던가 그런 식으로 바꿔서 붙여야지 사생이라고 하면 약간 가벼워지는 느낌? 범죄인데 범죄가 아닌 것 같은 느낌이 들어서. 사회적으로도 이게 범죄라는 걸 명확하게 규정하고 팬과 스토커도 명확하게 분리할 필요가 있는 것 같다.

수영 : 방금 얘기한 것처럼 사생은 팬이 아니라고 생각한다. 사실 어떻게 보면 안타깝기도 하다. 그 사람에게 어떤 이유가 있겠지? 정말 그 대상을 위해서 본인의 모든 일상을 내려놓고 그의 삶이 곧 나의 삶인 것처럼 살아가는 사람이잖아. 심지어 한국 사람도 아닌 경우를 보면서 저 사람의 인생은 뭘까? 이런 고민을 했던 것 같다. 실제 한 다리 정도 건너서 사생이었던 분을 경험하기도 했었는데… 사실 일반적인 사람이 쉽게 이해하기 어려운 것 같기는 하다. 나의 일도, 가족도, 친구도 없고 그가 또는 그녀가 나의 모든 게 된다는 삶을 사는 게 일반적이지 않잖아. 그래서… 이건 사실 덕후라서의 문제라기보다 사생은 별도의 문제라고 생각하고. 그것 때문에 괴로워하는 많은 아이돌들이 안타깝지. 그래도 이제는 예전만큼 무방비하지 않고 대처할 수 있는 체계가 그래도 엔터 쪽에 있으니까. 어떻게 보면 좀 다행이지만.

혜인 : 사생이 그렇게 많나? 내가 팬질을 이렇게 오래 했는데도 사생을 그렇게 많이 본 적이 없다. 극~~~~단적이거든. 진~~~짜로 1~2%거든. 너무 옛날 모습을 많이 기억하는 것 같다.

재희 : 사생은 많아야 1~2% 정도 있고 98% 일반 팬들은 사생을 싫어한다. 우리도 사생이 싫다. 왜냐면 아티스트한테 해를 끼치고 외부 사람들한테 전체 이미지를 깎아 먹으니까. 그리고 우리는 구분짓는다. 사생은 사생이고 팬은 팬인 거다. 일반 팬들도 사생을 배척한다.

미지 : 사생을 일반 사람들보다 더 심각하게 생각하고 싫어하는 게 팬들일 것이다. 누구보다 걱정하고 싫어하는 게 팬이다. 팬들이 사생팬이라고 부르지 말아라,

사생은 팬이 아니고 스토커 범죄자라는 얘기는 한참 전부터 해왔다. 외부에선 "그래도 팬 맞잖아!"라고 얘기하겠지만 그 말이 스토커들에겐 팬이라는 이름 뒤로 숨을 구실을 만들어주는 것이라 생각한다. 팬이라는 이름이 붙으면 회사에서도 강하게 대응하기 어려워질 것이다. 사생은 회사에서 강력하게 대응해줬으면 좋겠다. 안전이 걸린 문제다. 사생은 팬들이 더 싫어하는데 아이돌 팬 하면 사생부터 떠올리는 것 같다.

경진 : 사생은 안 좋아한다. 사생이 하는 깃은 소비 안 한다.

도연 : 사생은 범죄라고 생각한다. 스토커다. 그 사람 일거수일투족을 따라가고 집 앞에 진치고 있으니까 스토커가 맞잖아. 근데 20~30%면 10명 중 2~3명이라는 소린데 사생을 실제로 본 적이 한 번도 없는 것 같다. 한 번도 못 봤다. 그래서… 스읍…? (갸우뚱) 20~30% 절대 아닐 것 같은데.

민정 : 사생은 한 1%도 안 될 것 같다. 가끔 이런 생각도 든다. 어떤 결핍이 있길래? 재정적인 결핍이 있을 수도 있고, 정서적인 결핍이 있을 수도 있고. 어떤 결핍이 있길래 저렇게 극단적으로 생활을 할까. 과연 자기 생활은 있는 사람들일까. 그리고 도덕이라는 게 있는 사람들일까. 그런 생각이 들긴 하더라. 좀 안타깝다.

Q 일부 머글은 1~2세대 팬덤과 지금 팬덤의 분위기가 많이 달라진 것 같다고 한다. 요즘엔 많이 정돈된 게 느껴진다고 하는데 실제 덕질 하는 사람들은 어떻게 변했다고 느껴지는지 궁금하다.

지수 : 옛날에 덕질을 해본 적이 없어서 잘 모르지만, 그때 머글의 입장에서 보았던 팬 문화는 지금보다 조금 더 군대식 같은 느낌이었다. 근데 그렇지 않은 팬들도 있지 않았을까 지금은 그렇게 생각한다. 내가 본 지금의 덕후들은 모두가 친구 같고 좀 더 자유로운 느낌. 그리고 앨범 사려고, 콘서트 가려고 모았던 돈을 기부했다거나, 선한 일을 함께 할 수 있는 기회를 자발적으로 만들어서 한다거나, 좋아하는 아이돌을 위해서 하고 싶어도 하지 말아야 하는 일들을 잘 정리해서 공유한다거나. 그런 걸 정말 많이 봤다. 덕질한지 오래되진 않았지만 그사이에도 팬 문화가 점점 성숙해지는 걸 느꼈다.

지은 : 옛날에는 진짜 범접할 수 없었고 우리 오빠 절대 까면 안 되고 약간 이런 게 있었던 것 같다. 팬덤마다 분위기가 다르긴 하지만 요즘엔 잘못한 게 있으면 좀 단호하게 쳐내는 것 같다.

수영 : 나는 1세대부터 4세대까지 함께 하고 있는데 정돈됐다는 부분이 있지. 근데 그건 어디나 마찬가지지만 시간이 지나면서 과거에 좋지 않았던 것을 답습하지 않게 된 우리 나름의 규칙들이 생겼기 때문이라고 생각한다. 팬들 입장에서도 이렇게 하는 게 나쁜 거라는 걸 인지하지 못했던 때가 분명히 있었고, 그랬기 때문에 진짜 오빠들 집 앞에서 기다리는 게 한 번쯤은 해보고 싶은 일이었던 때도 실제로 있었던 것 같다. 그때는 인터넷이 없으니까 볼 수 있는 방법이 없어 더 그런 방식으로 표출이 되지는 않았을까 싶기도 하다. 근데 이제는 엔터에서도 이런 행동하면 블랙리스트에 오른다는 그런 것들을 팬들에게 규칙으로 제시하고, 팬들 내부에서도 서로가 서로를 감시하는 역할을 할 만큼 이 문화가 성숙해진 부분이 분명히 있는 것 같다.

혜인 : 옛날엔 진짜 룰 없고 매너 없고 지금 생각하면 말도 안 되는 행동들이 많았다. 아직 체계화되지 않았던 것들이 많았고 이게 내가 잘못된 행동인지도 모르고 했던 행동들도 많았고. 이제는 서로의 룰이 생기니까 여기까지는 우리가 팬으로써 할 수 있는 행동 이런 게 정해지다 보니까 서로에게 매너가 생긴 것 같다.

미지 : 1~2세대 때 덕질을 해보고 10년 넘게 쉬다가 다시 덕질을 하게 되면서 놀랐던 게 정말 많은 게 바뀌어 있더라. 이전에는 아이돌 문화라는 것 자체가 폭발적으로 성장하던 시기라 회사에서도 제대로 관리를 못 하는 것처럼 느껴졌었는데, 요즘은 이전에 겪었던 문제들을 보완해서 새로운 규칙을 세웠고 팬들도 그 규칙을 잘 따른다. 대부분의 팬덤이 질서도 잘 지키고 우리 팬덤도 그러한데, 정말 아주 가끔 오프에서 질서가 무너질 때가 있긴 하다. 그러면 바로 그날 트위터나 공카에 오늘 잠깐 질서가 무너진 순간이 있었고 위험할 수 있으니 다음부터는 조심하자는 글들이 올라온다. 이런 걸 보면서 정말 많이 바뀌었다는 생각이 들었다.

도연 : 나 초등학교 때 생각해보면 팬덤끼리 사이가 안 좋았다. 그게 내가 초등학생이었기 때문인지 그 시절 정서가 그랬던 건지는 모르겠다. 근데 지금 보면 팬덤끼리 되게 존중하는 느낌이다. 물론 일부 몇몇은 무개념한 댓글을 달긴 하지만 웬만한 분들은 상대 팬들을 굉장히 존중하는 분위기이고. 상대 가수를 지칭할 때도 '누구누구님' 이런 식으로 쓰기도 하고. 간혹가다 팬덤들이 태클 거는 게 목격되긴 하는데 그런 건 굉장히 일부일 뿐이고 잠깐 스쳐 지나가는 그런 느낌이다. 전반적으로는 서로 조심조심하고 존중하는 느낌이다.

민정 : 과정 중에 있고 계속 성숙해 나갈 거라고 생각한다. 우리나라가 옛날에 어글리코리안이었던 것처럼 계속 나아지는 모습을 보이는 거지. 지금 있는 것이 고착화 된 상황이라고 보지 말았으면 좋겠다. 4세대는 좀 더 정돈될 것이고, 5세대는 더 정돈될 것이고. 다각화되고, 다분화되고, 안에서 양식들이 생기고. 우리가 모자라서 지금 이렇게 있는 것도 아니고 항상 나아가고 정리될 것이고 좋아질 것이라 생각한다.

아이돌 덕질은
비생산적인 취미활동?

- Play list -

• 색안경 - 스테이씨
• 아파 - 2ne1
• 차라리 때려 - 샤이니

그림은 그림 실력이 남고,
운동은 운동한 몸이 남겠지.
그 소비는 뭐가 남아?

- 머글 N

Q 스포츠 취미는 몸이 건강해지고, 그림 같은 취미는 그림 실력이 남는데 덕질은 남는 게 무엇이 있느냐. 비생산적인 취미로 느껴진다는 의견이 많았다.

서아 : 친구들이 다 좋아하는 아이돌이 있다 보니까 서로 좋아하는 아이돌이 똑같으면 더 친해질 수도 있고. 그걸로 인해 가까워지는 경우가 되게 많은 것 같다. 그리고 다른 취미를 할 때 약간 힘들거나, 갑자기 재미없어질 때가 오는데 덕질은 그런 게 없는 것 같아서 좋다.

유성 : 그것과 관련한 추억이 남지. 친구와 함께 코인 노래방에서 좋아하는 아이돌의 노래를 불렀던 추억, 콘서트 현장에서 팬분들과 이야기를 나누며 소통했던 추억, 학창 시절 때 그 아이돌의 노래를 들으며 학업 스트레스를 풀고 위로받았던 추억, 그 아이돌을 좋아해서 썼던 블로그 글, 예전에 쓰던 핸드폰을 켰을 때 배경 화면에 있는 그때 그 시절 최애의 사진. 지나고 나서 생각하면 가슴 한켠이 아련해지고 뭉클해진다. 그 당시의 공간과 공기가 막 머릿속에 그려지고. 그리고 꼭 무언가 남아야만 생산적인 일은 아니라고 생각한다. 그냥 그 순간에 행복했고 그 순간에 즐거웠으면 된 거지. 그러려고 취미 생활을 하는 거지 꼭 뭐가 남아야 한다고 생각하면 그건 취미가 아니라 또 하나의 스트레스 거리가 된다고 생각한다.

지수 : 흐하하하하하하 하아… 그래? 나는 직업이 디자이너니까 트랜드를 알아야 한다는 강박이 있다. 그게 제일 잘 나타나는 게 패션이랑 아이돌이라고 생각하는데 그래서 아주 많은 공부를 하게 되는 것 같다. 음악, 옷 스타일, 앨범 디자인 등 어떤 주제를 갖고 어떻게 기획했고 음악과 가사와 마케팅으로 어떻게 끌어냈는지를 볼 수 있는 좋은 수단으로써 나는 접하게 되는 것 같다. 그리고 글쎄 나는 그냥 덕질 하면서 기쁨과 행복을 얻고 내 정신건강이 좋아지는 건데 왜 그거는 생각을 못 하는건지 싶다. 그리고 취미가 꼭 생산적인 것이어야만 하는 건지도 잘 모르겠다. 생산적이지 않은 취미를 가져도 괜찮다.

지은 : 나의 경우는 진짜 아니다. 덕질로 배운 게 너무 많다. 예전부터 비공굿 만들면서 포토샵, 일러스트 배웠고 언어도… 일본어 같은 경우도 일본 연예인을 좋아해서 배웠다. 그리고 사회적인 네트워킹도 자산처럼 생기고. 남는게 없다는거에 진짜 동의를 못 하겠다.

수영 : 실력의 측면으로 취미생활의 가치를 볼 수 있는지 잘 모르겠다. 여가의 의미라는 건 가장 큰 게 기쁨과 즐거움이거든. 통계청에서 전 국민을 대상으로 진행한 국민 여가 활동 조사에서도 여가 생활의 의미 1순위는 즐거움이지, 자기 계발은 완전 아래 순위이다. 취미생활 하면서 기쁨과 즐거움 없이 미술 실력을 늘리고 싶어서 클래스를 듣진 않을 거잖아. 내가 무슨 입시하는 것도 아닌 데 운동해서. 뭐 물론 건강이라는 것도 중요하겠지. 실력과는 다르게 얻게 되는 효능감이 있겠지만, 덕질은 기쁨과 즐거움을 주는것만으로도 가치가 있다고 생각한다. 기쁨과 즐거움이라는 가치 이외에 다른 게 있어야 한다고 생각하는 것 자체가 편견이라고 생각한다.

혜인 : 나도 예시로 그림 실력 늘려서 뭐 할거야? 그림 할 거 아닌데? 꼭 생산적인 취미만 할 필요가 있나? 이게 한국 사람들의 강박이다. 뭘 꼭 생산적으로만 움직여야 하나. 비생산으로 움직이더라도 그냥 내가 즐거우면 된 거 아닌가? 자기 계발 강박이다. 그럴 거면 학원만 다녀야지.

재희 : 건강해지고 미술 실력이 늘었는데 우리는 행복이 늘었다. 그리고 난 좋은 친구들도 많이 만났다. 사람이 남고 내 추억도 남았다. 비생산적이다? 그리고 덕질 활동도 되게 다양해서 생산적인 덕질을 하는 분들도 많다. 손재주 좋은 사람은 팬아트하고, 사진 찍는 애들은 홈마 하고. 단편적인 예를 들면 아시는 분은 그림계를 운영한다. 회사 일로만 하다가 덕질로 그림을 그리는 거다. 다른 사람들이 즉각적으로 반응을 해주니 입시 때 이후로 이렇게 많이 그림을 그린 적이 없대. 이걸로 수익 창출도 한다. 그림계는 그림 실력도 늘릴 수 있는 거지. 어쨌든 나는 추억이 남았고 내 행복이 늘었고 되게 좋은 사람들을 만난 게 큰 수확 같다. 내가 덕질

안 했다면 이렇게 마음 맞고 좋은 사람들을 어디서 만나나. 성인 되고 나서는 만날 기회가 없지 않나. 난 사람이 남았다. 우스갯소리로 친구도 만들어준다고 한다.

미지 : 클래식 공연이나 페스티벌을 보러 다녀도 결국 남는 게 없는 것은 똑같지 않은가? 야구 경기 보는 거 좋아하는 것도 결국 즐거움이 남는 것 아닌가? 그리고 취미생활인데 꼭 무언가 남아야 하는 것일까? 취미는 행복하려고 하는 것 아닌가? 무언가 능력이 향상되고 남아야 한다면 그건 취미보다는 자기 계발에 더 가까운 것이 아닌가 싶다. 덕질하면서 충분히 행복하고 즐거운데 여기서 뭐가 더 필요할까?

경진 : 덕질을 하려면 체력이 있어야 해서 그거에 맞는 운동을 시작하게 된다거나, 나는 원래 진짜 게으른데 덕질하면서 다이어리를 쓰기 시작했고 더 많은 취미생활을 하게 되었다. 주변에도 덕질하다가 자기도 음악 배우고 싶어서 피아노를 배운다거나, 사진을 배운 친구도 있고, 포토샵을 배운 친구도 있다. 덕질하면서 더 생산적이게 된다고 생각한다.

민정 : 그 사람들에게 몸이 아픈 건 병이고, 마음이 아픈 건 병이 아닌가를 제일 먼저 물어보고 싶다. 우울증이 매우 큰 병이거든? 정신이 무너지면서 나중에 몸까지 안 좋아지는 케이스인데. 혼자서 하는 스포츠를 하는 사람이 우울증이 있어. 진짜 건강해지는 걸까? 갉아 먹은 정신이 나중에는 육체를 지배할 것이고. 건강한 상태로 뭔가 안 좋은 일이 생길 수도 있는 거잖아. 그런 걸 생각하면 나는 정신건강을 유지하는데 굉장히 좋다고 생각한다. 어디에서 그렇게 웃고, 행복감을 느끼고, 아드레날린이 솟구칠까. 그거를 어디에서 할 수 있을까 나는? 난 정신건강이라고 생각한다. 정신적 만족감을 주는 게 육체적 만족감만큼이나 중요하다! 왜 스포츠를 하면서 근육을 강화하는 것에만 의미를 둘까.

아이돌에 대한 편견

아이돌은
애새끼들이
좋아하는 연예인.

- 머글 U

Q 박효신 같은 가수나 배우 덕질은 괜찮아 보이는데 아이돌 덕질은 '아이돌…?' 이라는 생각이 들기도 하고, 이상해 보인다는 의견도 있다. 아이돌은 애새끼들이 좋아하는 연예인이라고 말하던 머글도 있었다. 이 이야기들이 어떻게 보면 우리 사회가 가지고 있는 아이돌에 대한 편견을 보여준다는 생각이 드는데 어떻게 생각하는가?

유성 : 박효신 같은 솔로 가수를 좋아하는 사람들은 실력이 좋아서 좋아한다고 생각 할거고. 아이돌을 잘 모르는 사람들이 봤을 때 아이돌 팬들은 얼굴만 보고 좋아한다고 생각할 텐데, 진짜 실력이 좋아서 좋아하는 사람들도 있거든. 그런 걸 모르기 때문이라 생각한다. 요즘 아이돌은 진짜 상향평준화 돼서 다 잘한다. 얼굴만으로 살아남을 수 없다. 노래, 춤뿐만 아니라 예능도 잘해야 하고.

지수 : 내돌들이 무대에서 얼마나 몸이 부서져라 춤을 추고 노래하는지, 무대에 얼마나 진심을 쏟아서 임하는지 보여주고 싶다. 그럼 그런 소리 못할 것 같은데. 내가 무언가를 저렇게 온 힘을 쏟아서 해본 적이 있었나 생각해 보게 된다. 아이돌이 일하는 모습을 제대로 잘 본 적이 있는지. 다른 가수나 배우와 비교했을 때 정확히 어떤 점들이 그런 생각을 가지게 했는지, 생각해 본 적이 있는지 묻고 싶다. 그걸 편견 없이 잘 따져보았을 때도 똑같은 생각이라면 어쩔 수 없는 일이지만, 그저 아이돌이라는 이유만으로 그런 편견을 갖고 있는 사람들은 안타깝다. 편견이 없다면 세상의 더 많은 것들을 함께 즐기고 누리면서 살 수 있을 텐데!

지은 : 내가 봤을 때 요즘 아이돌들의 실력이 진짜 어마어마하다. 생라이브를 할 수 없는 수준의 퍼포먼스를 가져오니까. 근데 그 와중에 라이브 하는 친구들은 또 한다. 내가 제일 싫어하는 말이 망돌이라는 말이다. "쟤네 망돌이잖아." 라고 아이돌 팬들도 많이 쓰지 않나. 스물 몇 살만 넘어가도 늦었다고 하는 시장이다 보니 정말 어린 나이에 자기 꿈을 위해서 인생을 던지는 그 용기가 너무… 그렇게 데뷔까지 했지만 안타깝게도 시장이 너무 포화상태고, 기획사가 대형이 아니라 주목받지 못해 잘 풀리지 못하더라도 뭐라도 할 친구들이라 생각해서 개인적으로 되게 존경

노력 자체도 다르지.
축구는 3~4시간씩
몸을 써가면서 운동을 하는 건데.
아이돌 해 봤자
콘서트 얼마나 한다고.

- 머글 H

한다. 결과적으로 엄청난 아이돌이 됐든 안됐든 정말 대단하고. 그런 거를 사람들이 너무 몰라주는 것 같아서 좀 안타깝다는 생각이 든다. 왜냐면 요즘 아이돌들은 춤도 잘해야 하고, 노래도 잘해야 하고, 외국어도 할 줄 알아야 하고 정말 많은 게 요구된다. 내가 예뻐서 아이돌 시켜준다고 해도 나는 못 할 것 같다. 아무래도 연예인이라는 직업 자체가 사람을 대상화해서 셀링하는 직업이다 보니 사람들이 전반적으로 판따라…? 옛날 용어지만 되게 쉽게 평가하는 것 같다. 자기를 그렇게 평가하면 진짜 기분 나빠할 거면서. 연예인은 아이돌뿐만 아니라 노력이나 이런 것들을 너무 쉽게 평가하는 느낌? 그건 좀 아니지 않을까.

수영 : 늘 생각했던 게 아이돌은 아티스트가 될 수 없는가. 그러니까 우리가 얼마나 아이돌이라는 존재를 아티스트로 생각하지 않는가 라는 생각을 좀 하는데. 이게 BTS가 우주 대스타가 됐다고 해도 해결되지 않는 숙제인 것 같다는 생각을 요즘 한다. 이렇게 세계적으로 인정받을 수 있고 아티스트로 불릴 수 있는 사람임에도 BTS를 좋아하는 아미들은 여전히 아이돌 팬으로 남아있는 상황인데. 그니까 아이돌에 대한 편견이 깨지는 것 보다 덕후에 대한, 그 아이돌 팬에 대한 편견이 어쩌면 더 심한 것 같다는 생각을 요즘 하고 있다. 우리가 맨날 그 얘기 하잖아. "나 누구 좋아하냐면 박효신, 아이유, (아이돌)" 막 이렇게 방어막처럼 쓴다. 근데 모르겠다. 최애 노래가 진짜 좋은데 그게 아이돌이라서 인정받지 못하는 거라면 최애가 억울해야 하는 건지, 내가 억울해야 하는 건지. 애들 무대 보면 진짜 솔직히 어려운 거 알잖아. 저만큼 춤추면서도 음이 흔들리지 않을 만큼 해내려면 얼마나 많이 노력했는지 생각해 보면 너무 대단한 거잖아? 아티스트로서도? 근데 단순히 아이돌이라는 타이틀 때문에 인정받지 못하고. 그래서 내가 좋아하는 것도 인정받지 못하는 거니까. 이건 쉽게 해결되지 않는 숙제지만. 근데 편견이라는 게 그렇지만 편견은 사실 이해하려는 마음이 없는 사람들이 가지는 거라 생각한다. 조금이라도 왜 저렇게 말하는지를 이해하려는 마음을 가지면, 그래 나는 저렇게 생각 안 하지만 저런 배경이 있으면 저렇게도 말할 수 있겠다고 한 번이라도 이해해 보려고 시도했다면. 편견이라는 것까지는 생기지 않았을 텐데. 자신의 어떤 가치관으로서 내세울 수 있는 주장과 편견은 결이 다르다고 생각하거든. 편견은 어

떤 편에서만 바라보는 시선이기 때문에 좀 더 열려있는 시각을 가지게 되면 좋겠다? 라는 생각을 한다.

재희 : 몰라서 그럴 수도 있다고 생각한다. 아이돌에 대해서 모르고 프레임만 가지고 비난하는 거지 않나. 그 아이돌이 어떤 사람이고 어떤 노래를 하고 이런 것들을 충분히 아는 사람이 그렇게 말하면 납득이 될 수 있지만 그냥 아이돌이라는 이유만으로 이렇게 말하는 사람들이 말하는 거는 타격이 없다. 본인도 몰라서 무지해서 생긴 일이니까.

미지 ; 아이돌 팬에 대한 편견이 결국은 아이돌에 대한 편견과 같이한다는 생각이 든다. 내가 머글 이었을 때도 복면가왕에 아이돌이 나오면 "아이돌인데 저렇게 노래 잘하는지 몰랐다."라는 평이나 댓글들을 보면서 아직도 이런 편견이 있구나 싶어 놀랐었다. 실제로 1세대 아이돌도 인터뷰에서 멤버들이 작사작곡, 프로듀싱도 했었는데 아이돌에 대한 선입견이 20년 전에도, 지금도 존재한다고 답했더라. 요즘은 특히나 아이돌 시장이 워낙 치열해서 실력이 상향평준화 되어있는데 잘 모르는 것 같다. 보컬, 퍼포먼스, 안무 창작, 작사작곡, 프로듀싱 등 모든 능력이 뛰어난 친구들이 정말 많다. 아이돌은 관심 없으면 굳이 음악을 찾아 듣거나, 방송이나 영상을 찾아보진 않으니까 잘 몰라서 왜 좋아하는지 이해를 못 하는 것도 있는 것 같다. 그래서 외모만 보고 좋아한다고 생각할 테고. 또 배우는 불특정다수에게 노출되기 쉬운 편인 것 같다. 드라마나 영화 볼 때 좋아하는 배우의 작품을 골라서 보는 경우도 있지만 대다수는 재밌으면 그냥 보지 않나. 그러다 보면 배우의 연기력도 자연스럽게 보게 되고, 왜 저 배우를 좋아하는지 이해가 가지 않을까? 아이돌 오디션 프로그램이 엄청난 대박을 터뜨렸고 그 프로그램으로 만들어진 그룹들이 엄청난 규모의 팬덤을 가지게 됐는데 그게 배우들의 드라마나 영화 같은 역할을 했다고 본다. 궁금하지 않았던 아이돌의 서사를 쉽게 보게 되면서 보컬, 퍼포먼스, 성장, 매력까지 모두 확인할 수 있었기 때문에 엄청난 팬덤을 가지게 된 것 같다. 실제로 그 시기에 머글로만 살던 사람들이 갑자기 덕후가 된 것을 굉장히 많이 봤다. 방탄소년단 같은 경우도 긍정적인 모습으로 매스컴에 오르내리다 보니 왜 저렇게 인기가 많지? 하면서 영상 찾아보다가 입덕하게 됐다는 얘기도 많이 들었다. 결국 머글들도 아이돌의 실력과 서사를 알게 되면 언제든 덕통사고 당할 수 있다는 거다. 당신들도 언제 덕후가 될지 모른다.

경진 : 박효신도 그렇고 배우들도 그렇고 본인들이 아는 사람들이니까 그렇게 생각하는 것 같다. 아이돌은 직접 찾아보지 않으면 모르니까 그런다고 생각한다. 무지에서 나오는 발언 같다.

도연 : 진짜 편견이 있는 것 같다. 와 되게 말 심하게 했네? 편견이 굉장히 심하네. 진짜 심하네. 박효신과 아이돌을 구분하는 거는 뭐 박효신은 발라드를 부르는 가수고 가창력을 인정받는 가수인데, 아이돌과 비교하면 그 반대라 생각하는 것 같다. 실력 없고 얼굴 잘생겼는데 애들 얼굴 파고 좋아한다 약간 요런 느낌으로. 박효신이나, 클래식 하는 사람들이나, 아이돌이나 다 아티스트인데 차별이 심한 것 같다. 근데 이건 진짜 사람들이 아이돌 판을 안 와봐서 그런 것 같다. 자기들이 안 좋아해 봐서 모르니까. 모르면 아무 말이나 할 수 있잖아. 그리고 단적으로 보면 아이돌이라는 직업 자체를 굉장히 폄하하고 있는 것 같다. 어쨌거나 아이돌도 직업이잖아. 직업인으로서 최선을 다해서 하고 있고 어떤 일이든지 간에 존중받아야 할 권리가 있는데 너무 함부로 얘기하는 것 같다. 그거를 좋아하는 사람들도 애새끼들이나 좋아하고 이런 식으로. 남의 일에 대해서 그리고 남의 취미에 대해서 함부로 얘기하는 것 같다.

극단적인 의견들

그 사람들은
생활 없이 아이돌만
좋아하는 사람.
인생을 잘 살지 못하는 사람.
약간 그런 느낌?

- 머글 C

Q 아이돌 팬들을 보면 막연히 일상생활에 지장이 있을 것 같고, 생활 없이 아이돌만 좋아하는, 인생을 잘 살지 못하는 사람이라는 느낌이 든다고 한다.

서아 : 오히려 열심히 살고 있는... 콘서트 가서 스트레스 풀고 이러면서 성적도 잘 나오고 유지하는 경우가 더 많은 것 같다. 덕질 하면서도 할 애들은 다른 것도 다 하는데... 나도 잘 조절해서 하는데 학교에서는 아예 안 본다. 학원 가기 전까지는 집에서 밥 먹고 조금 보다가 그다음에 숙제하고. 자기 전에 조금 보고. 할 일을 끝내기 전에는 안보는? 쉬는 시간일 때만 본다. 덕질 때문에 인생을 잘 살지 못하는 사람은 아무도 없는 것 같다.

유성 : 수업도 열심히 듣고 학점도 열심히 관리하면서 남는 시간에 아이돌 좋아하는건데… 일상생활에 크게 지장 없다. 주변에도 아이돌 좋아하면서 갓생 사는 사람 너무 많다.

지수 : 편견이다. 그런 사람들 있을 수 있지만 그렇지 않은 사람들도 많다. 내 주변만 봐도 자기 일을 진짜 멋있게 잘하는 사람들이 너무 많다. 그리고 나도 평범한 일상생활을 한다. 내 일도 잘해 나가고 있고, 그래서 상상도 못 해본 좋은 일들이 벌어지기도 한다. 내 아이돌을 보면서 자극받아 열심히 산다. (스스로 좀 나태해졌다 싶을 때 내 돌들의 무대를 봐요.) 내가 꿈꾸던 것들도 많이 이루었고, 앞으로도 계속해서 이루어내고 싶다. 덕질을 하기 전에 비하면 마음도 굉장히 건강해졌다. 매일 매 순간을 잘살아 보려고 노력한다. 나의 중심을 내 안에 만들어두고 내가 좋아하는 것들에 둘러싸여 풍요로운 마음으로 행복하게 산다. 덕질을 시작할 때의 나는 지금과 많이 다른 모습이었다. 우울과 무기력으로 내 생활은 회사와 상담과 덕질이 거의 전부인, '잘사는' 인생은 아니었어도 그런 나를 보고 덕질을 하니까 저런 인생을 사는 거라고 할 사람은 아무도 없었을거라고 생각한다.

지은 : 내 주변에 덕후들이 진짜 많은데 정말 다들 멀쩡하게 갓생 살고 있다. 좀…

아이돌 팬이 아니신 분들은 팬들 머릿속에 365일 최우선 순위 1위가 아이돌이라고 생각하는 것 같다. 그래서 그렇게 말씀하시는 것 같은데 다들 자기만의 삶이 있고 우선순위를 정하고 덕질을 하고 있거든. 너무 소수 1%의 사람들을 보고 판단하는 게 아닐까.

수영 : 사실 그래서 나는 일코를 하지 않는다. 응칠에서 이주연이 의사인데 동방신기 콘서트 보려고 일본 가고, 덕질을 열심히 하는 케이스로 나오는데. 내 주변에 그런 분들 많거든. 시니어 상사이신데 덕질하시는 분들도 계시고. 기업 운영하시는 분인데 해투도 가시고. 그렇게 생각하는 이유도 모르지는 않겠지만 그렇지 않은 사람이 더 많다? 사실 그렇지 않나? 20대까지는 진짜 할 일 없을 때 내 일보다 덕질에 쓰는 시간이 더 많을 수도 있을 것 같다. 나도 그런 때가 있었겠지. 근데 실제로 해야 하는 일이 많은데 계속 덕질을 하고 있을 수는 없잖아. 그러니까 편견이라는 게 그런 것 같다. 덕질을 하는 사람은 일상의 1순위가 덕질일 것 같다는 게 어쩌면 근저에 깔린 것 같다. 생각해보니까 지금 모든 질문이 그런데? 돈을 쓰는 1순위도 덕질, 관계의 1순위도 덕질이어서 가족이나 친구도 챙기지 않고(웃음) 시간 1순위도 덕질이어서 다른데 시간을 소홀히 하고. 생각해보니 덕질 하는 사람은 인생의 1순위를 덕질로 삼는다! 라고 생각하는 이미지가 있는 것 같다.

혜인 : 너무 막연하잖아. 그러니까 구체적으로 어떤 일상생활 ㅋㅋㅋㅋ 어떤 일상생활에 무리가 있을까? 뭐 아이돌땜에 지각을 할까? 잠을 못잘까? 정신병이 올까? 뭐 할 말이 없다. 그렇게 생각하고 살라 그래 ㅋㅋㅋㅋㅋ 이런 사람들한테 뭐라 설명하겠나.

재희 : 우리가 바보는 아니다. 이런 이야기 자체가 약간 사지 분간 못하는 그런 사람들한테 하는 말 같긴 한데. 그리고 그렇게 분간 못 하는 거는 대중들의 선입견이지. 덕질도 돈이 있어야 하기 때문에 다들 사회생활 열심히 한다. 전제 자체가 잘못됐다.

미지 : 이런 게 정말 편견 아닐까 싶다. 아이돌 팬들을 생각 없는 사람 취급하는 것 같아 솔직히 별로다. 전체 팬덤 규모가 대체 몇 명인데. 상상 초월할 만큼 많은데 만약 팬들 대부분이 그렇다면 어떻게 되겠나. 상식적으로 생각해봐도 말이 안 되는 이야기다.

경진 : 그렇지 않은데… 인생을 잘 살지 못할 뻔한걸 구제해줬는데… ㅋㅋㅋ 나는 특히 더 그런 것 같은데 뭔가 힘들고 아무것도 하기 싫고 이럴 때 활기를 찾아줬다. 집 밖으로 나가기도 싫은데 덕질을 하려면 나가야 하고, 공연을 보려면 나가야 하고 하니까. 집순이를 밖으로 나갈 수 있게 해주는 유일한 창구다.

도연 : 왜 그렇게 생각할까… 실제로 아이돌 덕후가 돼서 본 사람 중에는 한 명도 그런 사람이 없었다. 다 자기 인생 열심히 살고, 오히려 내가 좋아하는 가수의 행보를 보고 응원을 받아서 더 열심히 사는 사람은 봤어도. 아니면 자기가 우울증이 너무 심했는데 최애를 보면서 생기를 되찾았다는 이런 글은 본 적 있다. 일상생활이 무너지는 정도는 못 봤다. 오히려 사람이 데드라인이 있으면 뭐든 열심히 하게 된단 말이야. 얘 공연을 보려면 이때까지 뭘 해놔야 해. 그런 동력이 될 수 있는 것 같다.

민정 : 내 주변에는 그런 사람 하나도 없다. 어린 덕메들도 그렇고. 서로 격려되는 말을 하고 긍정적으로 나아가려고 하는 모습들이 보이지. 우리가 늘상 하는 말. 내 아티스트 먹칠하는 행동은 하고 싶지 않고, 그에 걸맞은 사람이 되고 싶다 라고 생각하는데. 누구를 예로 들고 하는 말인지 모르겠다. 사생을 예로 들고 하는 말인지. 증거를 대라고 증거를!!! ㅋㅋㅋㅋㅋㅋㅋ

Q 운동선수를 좋아하면 선수 경기력을, 가수를 좋아하면 음악을 좋아하는 게 주가 되어야 하는데 특정 대상을 인간으로서 맹목적으로 좋아하는 것 같아 한심해 보인다고 한다.

서아 : 아이돌을 좋아하는 것도 아이돌의 외모, 가창력, 춤 실력 이런 게 다 합쳐진 능력을 보고 좋아하는 거다. 그래서 축구선수를 좋아하는 것과 똑같다고 생각한다. 사람마다 가진 재능은 다 다른 거니까. 운동도 재능, 실력이 있어야 할 수 있는 것처럼 아이돌의 외모도 운동 실력과 같은 능력이라 생각한다.

유성 : 아까 말했던 것처럼 노래가 안 좋으면 아예 관심이 안 생기는 사람이라 실력이 받쳐줘야 좋아하는 것 같다. 본업이 좋고, 잘해야 한다. 우리를 너무 한심하게만 보는 것 같다는 생각이 든다.

지수 : 하아…(한숨) 그냥 좋아하는데 꼭 그렇게 뭐가 있어야 좋아할 수 있는 건가? 꼭 경기력을 보고 좋아해야 하는 건가? 싶다. 음악이 구려도 뭔가 그 아티스트한테 끌리는 게 있으면 충분히 좋아할 수 있는 거고, 사람이 구려도 그 사람이 뭔가 있으면 좋아할 수 있는 거지 않나. 한화 이글스 팬들은 왜 한화를 좋아하고 응원할까? 세상 사람 모두를 공감시킬 수 있는 이유는 없지 않을까? 그래서 별로 상관없는 것 같다. 생각해보면 운동선수는 경기력을, 가수를 좋아하면 음악을 좋아하는 게 주가 되어야 한다는 것은 편견이라는 생각은 들지 않는지??? (웃음) 이거 진짜 어이없어서 답 못하겠다. (이마짚) 뭐라고 말해야 할지 모르겠다. 얼탱이가 없어서 말을 못 하겠다. (웃음)

지은 : 음 그래서 특별한 거 아닌가? 맹목적이라는 표현이 조금 부정적이어서 다른 거로 바꾸고 싶긴 한데… 나는 이렇게 열정을 쏟아 좋아할 수 있고 내가 행복할 수 있는 대상을 다른 데선 찾지 못했거든. 그래서 더 특별하고 좋은 건데 라고 얘기해주고 싶다. 맹목적이라기보다는… 더 깊이 사랑을 할 수 있다? 사랑이라는 표현도 너무 과하다고 느낄 수 있긴 하겠지만… 그 대상에 몰입할 수 있고 나도 몰

랐던 나의 진심을 계속 꺼내줄 수 있어서 난 너무 행복하거든. 그래서 아이돌 덕질이 특별한 것 같다. 가끔 그런 생각도 한다. 어디서 이런 애정과 힘이 나오지? 신기할 때가 있다.

수영 : 원래 아니 땐 굴뚝에 연기가 날 리 없다는 생각과 편견이라는 게 되게 비슷하다고 생각한다. 그런 사례가 없지 않기 때문에 편견도 생기는 거겠지. 그런데 정말 다 그렇지 않다는… 어떻게 보면 진부할 수 있지만 그런 것 같다. 나는 되게 매력적으로 생겼어도 무대가 별로면 좋지 않을 것 같다. 그리고 아이돌을 하나의 장르라고 봐야 한다는 이야기도 있는데. 클래식을 좋아하는 사람이 있고, 재즈가 좋은 사람이 있고, 트로트가 좋은 사람이 있는데 아이돌을 좋아하는 사람에게만. 아이돌들이 굉장히 다양한 장르의 음악을 함에도 그러한 음악성에 대한 이야기는 전혀 없이. 그러니까 정말 그들의 매력?만 가지고 모든 것들을 이해하려고 하니까 그걸 좋아하는 사람들에 대한 이해도 그 수준에서 논의 되는 것 같다. 근데 그렇지 않지. 아무리 잘생겼어도…퍼포먼스가 좋아서 봤는데 그중에 누군가 하나가 눈에 띌 수는 있지만, 애초에 얼굴이 잘생겼다고 사진만 보고 되게 좋다? 나 개인적으로 그래본 적은 없는 것 같다.

재희 : 글쎄 맹목적으로 좋아한다? 단적인 예로 이 사람이 연습도 안 하고, 막 춤도 갈수록 엉망진창이고, 무대에서도 열심히 안 해. 그럼 그 사람은 팬이 없을걸? 노래 실력이나 춤이 향상되는 것도 보고, 열심히 하는 모습, 외모 관리 등 다 그런 복합적인 모습을 보고 좋아하는 거다.

미지 : 아이돌을 좋아하면 아이돌의 음악성, 퍼포먼스 등 여러 가지 모습을 보고 좋아하는 것이라는 생각을 못 하는 것 같다. 가끔 아이돌 프레임만 가지고 비난하는 사람들을 보면 정말 아이돌에 대해 잘 아는 사람이 맞을까? 아이돌 노래나 영상들 제대로 다 본 적은 있을까? 제대로 알게 되면 절대 비난할 수 없을 텐데 하는 생각을 한다. 어쩌면 이 이야기도 아이돌에 대해 잘 몰라서 외모 말곤 볼 게 없고, 팬들은 외모만 보고 맹목적으로 쫓아다닐 거라는 생각 때문에 할 수 있는 말

이 아닐까 싶기도 하다. 여기저기 방송 자주 나오고 다른 활동 많이 해도 앨범 자주 안 내면 결국 탈덕하는 팬 많다. 인간으로서만 맹목적으로 좋아한다면 앨범 안 내도 다른 거 봐도 충분한데 왜 팬 화력이 줄어들겠나? 팬들도 결국 무대 위에 있는 아이돌의 모습을 제일 사랑하는 것이다. 근데 생각해보면 인간으로서만 좋아하면 또 안되는 것인가?? 내 전 재산 갖다 바치는 게 아니라면 그건 그거대로 그러면 안 될 이유가 있나 싶다.

경진 : 처음부터 사람을 좋아하는 건 아니고 실력을 기본으로 시작한다. 실력이 좋으니까 얼굴도 잘생겨 보이고 다 좋아하게 되는 것 같다. 최애가 무엇을 하든 모든 것이 다 좋지만 그래도 본업 할 때 제일 좋고 멋있다.

도연 : 한심해 보인다면 어쩔 수 없다고 생각한다. 실제로 난 인간으로서 최애를 좋아한다. 가수로서도 좋아하지만, 걔의 생을 응원하고 싶다. 인간으로서 잘살았으면 좋겠고 행복했으면 좋겠고. 한심해 보인다면 어쩔 수 없는데 나는 사람이 완전한 타인을, 그리고 심지어 걔가 날 알지도 못해. 그런 타인을 진짜 이렇게 한없이 응원하고 잘 살길 바라는 마음이 진짜 순수한거라 생각하거든. 이게 쉽게 들 수 있는 감정이 아니다. 어떻게 보면 되게 소중한 마음인데 이거를 그냥 한심하다고 (웃음) 얘기를 하니 좀 마음이 아프네. 그런 마음을 한심하다고 말 하고 싶다? 그 사람은 그렇게 생각하게 내버려 두고 싶다. 그거에 대해서 덧붙일 말은 없는 거 같다. 그렇다는데 어쩌겠어.

민정 : 우리가 맹목적으로 좋아하진 않았던 것 같다. 우리끼리 모이면 얘는 뭐가 싫고, 얘는 뭐가 싫고 이러면서 까고 놀기도 하거든. 이런 모습이 모자라긴 하지만 그럼에도 불구하고 이런 모습을 내가 더 좋아한다는 거지. 그리고 음악도 너무 좋아한다. 난 타이틀곡 위주로는 별로 안 좋아한다. 타이틀곡은 그냥 대중에게 알리고 히트를 할 뿐이지 사실 수록곡들이 더 좋고. 내 차에 최애들 음악 틀어놓으면 다들 이게 걔들 노래냐고 놀란다. 그런 거 보면 난 노래 입덕이 맞는 것 같다. 애들 노래를 좋아하고.

Q 50대 이상의 아예 나이가 많은 분들은 결혼도 했고 어느 정도 자신의 자리를 잡은 사람들이기 때문에 오히려 덕질 하는 게 좋아 보인다. 그런데 20~30대의 사람들은 아직 자기 일을 이루거나, 가정을 꾸리는 일이 중요한 사람들인데 이런 나이에 덕질 하는 것을 보면 밑에 단에서 움직이는 사람들 같아 철없어 보인다고 하는데 어떻게 생각하나?

지수 : 성공과 결혼 같은 것들만이 인생이라고 생각하는 사람인 걸까…? 인생을 구성하고 있는 많은 것들이 있지 않나. 살면서 다양한 것들을 경험하고, 좋아하고, 실패도 해보고 그런 게 다 과정의 일부이고 자연스러운 것 아닌가. 덕질도 인생을 구성하는 것 중 하나이고, 누군가에게는 아무 의미 없을 수도 있고, 누군가에게는 아주 큰 의미가 될 수 있다고 생각한다. 모든 것이 과정인 삶에서 중요하지 않은 것은 없다고 생각한다. 다른 사람한테 피해만 주지 않으면 되는 거지. 업적과 가정을 꾸리는 것이 20~30대의 중대 사항이라 생각한다면 그걸 모두 이루어내는 20~30대를 살아가시기를. 대신 자기와 다른 모습의 삶을 깎아내리지 말자!

지은 : 조선시대에서 오셨나?? 음… 왜 50~60대는 자리 잡았을거라 생각하지? 못 잡은 사람들도 있을 텐데. 그것부터 조금 이상하다. 그리고 20~30대는 왜 무조건 결혼해야 한다고 생각하는지 그것도 신기하고. 자리 잡고 덕질 하시는 분도 엄청 많은데. 그러니까 기본적으로 생각이 그런가 보다. 시간을 엄청 많이 쓸 거고 자신의 무엇보다 우선순위가 돼서 다닐 거라고 생각을 하시는 것 같은데 적어도 내 주변에 그러신 분은 없다. 다 자기 생활 열심히 하고 삶에 동기부여도 엄청 많이 받거든. 회사에서 힘들고 이래도 얼굴 한번 보면 엄청 힘 나고, 버블로 오늘 수고했다 한마디 오면 그게 동력이 돼서 살아갈 수 있는 건데. 근데 또 이렇게 얘기할 수도 있겠지. 모르는 사람한테 그렇게 힘을 받는 게 너무 이상하다. 근데 어쨌든 결과적으로 너무 좋은 영향을 받는 거니까. 그거를 왜 자기들이 한심하네 어쩌네 판단하는지 잘 모르겠는…?

수영 : 그럼 좀 더 기다리지 뭐 ㅋㅋㅋㅋㅋ 그러니까 정말… 편견 그 자체구나 ㅋ ㅋㅋㅋㅋㅋ 정말 다른 것도 안 하고 덕질만 하는 것 같이 보이나 보다. 이런 편견 을 가지게 된 이유를 물어보고 싶다는 생각이 드는데 매체 때문이다? 매체 탓으로 돌릴 수도 있겠지만. 사실 덕후라는 말이 어원 자체가 긍정적인 이미지로 만들어 지지 않았다. 단어 자체가 세상과 분리돼서 히키코모리적인 성격을 가진 사람들을 덕후라 불렀고. 그걸 우리가 그대로 답습하고 있어서 어쩌면 단어가 주는 것도 있 을 것이고. 사회적인 통념이 이런 방향으로 이미 형성되어 있는 것도 사실이어서. 개인적으로 내가 일코를 하지 않는다고 했는데. 이 문화가 세상이 말하는 것처럼 되게 음지의 것도 아니고, 그렇게 막 맹목적으로 자신의 일상을 버려가면서 하는 것도 아니고. 오히려 다 같이 만들어 내는 굉장히 긍정적인 에너지들이 있고 합리 적이라는 것들을 보여주기 위해서는 우리 스스로가 개선해 나가야 하는 부분도 있 다고 생각한다. 그렇지만 이 안에서도 모든 사람이 다 똑같은 마음으로 움직일 수 없지. 실제로 너무나 다양한 사람들이 있으니까. 그래서 내가 할 수 있는 수준의 것 은 나 역시도 어떤 생산물들을 통해서 그렇지 않다. 우리가 이런 식으로 생각해봐 야 한다고 끊임없이 이야기하는 것. 그리고 내 주변 사람들에게만큼은 아무도 나 를 보면서 덕질하느라 일상을 제대로 살지 못한다? 라고 이야기하지 않게 노력한 다. 이게 하나의 문화적인 공동체라고 생각한다면 우리 스스로를 생각해봐야 하는 부분도 있는 것 같다. 실제로 이런 편견을 가지고 계신다는 거니까.

혜인 : 가정을 꾸리고… 으으 난 그 말부터가 너무 싫다. 가정을 왜 꾸려야 해? 난 그 편견 자체가 너무 싫다. 왜 모든 사람이 가정을 꾸릴 거라고 생각하고 그 판단을 자기가 하나? 나는 내 일 하면서 취미생활 하는 건데 내 평생 취미를 왜 자기가 판 단을 하나? 난 지금부터 내 평생 취미의 기초를 다지고 있는 거다.

재희 : X소리야? 그냥 내 시간을 내꺼 다 하고 남는 시간 쪼개서 하는게 덕질인 거 지 이것만 맹목적으로 쫓지 않는다. 보통은 다 자기 할 일 하면서 하는 거다. 안그 런 사람들도 있겠지만 그거는 정말 1%도 안 되는… 되게 편협한 생각이다.

미지 : 원하는 삶은 모두 다르다. 누군가는 결혼해서 아이를 낳는게 인생에 중요한 부분일 수도 있고, 누군가는 사업을 크게 확장시키는게 중요한 목표일 수 있지만 또 어떤 사람들은 결혼을 원하지 않고, 결혼을 했어도 아이를 원하지 않을 수도 있다. 직장생활을 평탄하게만 하기를 원하는 사람도 있다. 일에 성공한 사람, 결혼한 사람, 애까지 다 낳은 사람이 덕질을 하면 괜찮은 것이고 그걸 원하지 않거나, 원했음에도 아직 못한 사람들이 덕질을 하면 한심해 보이고 철없는 행동인 것인가? 너무 편협한 생각인 것 같다.

경진 : 그렇게 생각하면 똑같을 것 같은데? 20~30대도 일상생활 하면서 취미생활로 하는 거다. 그렇게 생각하면 연애하고 결혼한 20~30대가 덕질하는건 또 다르게 보는 건가? 그냥 20~30대의 취미생활일 뿐이다.

도연 : 철없어 보인다? 철 있는 취미 활동이란 뭘까? 진짜 모르겠다. 그리고 성공하지 않았으면 취미활동도 없어야 한다는 말인 건지. 뭔가를 완벽하게 이루기 위해서 앞만 보고 달려야 한다는 것인지 모르겠다. 사람한테 잠시 숨 쉴 구멍도 필요한 거 아니겠나. 이뤘든 안 이뤘든 자기한테 완전히 즐거움만 주는 활동도 하나는 해야 하잖아. 그 활동이 실제로 철없어도 본인에게 유용하면 의미 있다고 생각한다. 유치하고 철없다는 걸 동심이라고 바꿔 말하면 그걸 잃은 쪽이 더 슬픈 거 아닐까?

민정 : 덕질 같이하는 사람들 연령대가 되게 다양하다. 30대 중반부터 50대 중반까지. 30대 중반의 결혼 한 사람은 애를 길러야 하니까 지금 다 휴덕중이다. 그 사람들이 선택한 거지. 자기가 같이 살고 있는 파트너와 대화하면서 적정선을 만들어 나가는 게 중요하고. 또 같은 30대인데 어떤 사람은 아직 아이를 낳지 않고 고양이 기르면서 여전히 열심히 덕질 하는 사람이 있다. 각자 다른 모습인 거지. 이거를 했다고 현명한 판단이다, 저거를 했다고 현명하지 않은 판단이라고 생각할 수 없고. 그거를 밖에서 보는 사람들이 잣대를 들이미는 건 명절에 어른들이 젊은 사람들에게 "너 왜 결혼 안 하니?" 하는 거하고 똑같은 것 같다. 어른들이 하면 꼰대고 자기들이 하면 꼰대가 아니라고 생각하는 게 이해가 안 된다. 꼰대다.

전인격적으로 알지도 못하면서
페르소나 하나만 좋아하는 거잖아.
그건 되게 바보같이 보여.
그거부터 이해할 수가 없어.
멍청하고 한심해 보여.

- 머글 E

Q 연예인이 매체에서 노출되는 건 그냥 이미지일 뿐이고 페르소나인데 그걸 보고 좋아하는 게 멍청해 보인다. 만나보지도 않았으면서 인간적인 모습을 어떻게 알 것이며, 다 비즈니스이고 가식 아니냐는 의견도 있다.

서아 : 만들어진 이미지라도 그 이미지로 힘을 받으면 충분하다고 생각한다. 그리고 사람들이 살아갈 때도 자기 모습을 다 드러내지 않잖아. 학교에서, 학원에서 만나는 사람들도. 우리가 처음 만난 사람이나, 많은 사람이 모여 있을 때 내 인간성, 실제 모습 그 자체로 보여주진 않는데 아이돌도 똑같은 것 같다.

유성 : 음… 근데 너무 인간적인 모습이면 사람들이 연예인으로 생각할까? 아이돌이 우상이라는 뜻이잖아. 연예인은 춤이든, 노래든, 태도든 뭐든 한 분야에서 사람들이 존경할 수 있는 사람이 되어야 한다고 생각한다. 그리고 연예인들은 자기가 행동하는 것 하나하나가 대중에게 큰 파장을 일으킬 수 있기 때문에 오히려 조심하고 자기 자신을 관리하는 게 맞다고 생각한다. 그 꾸며진 모습이 오히려 아이돌들에게는 어느 정도 필요하다고 생각하고 나는 그 꾸며진 모습이 오히려 좋다. 아이돌이 끝없이 자기관리하고 그런 이유가 본인을 더 사랑해달라는 거니까. 그렇게 이미지 관리를 하는 만큼 그 모습을 사람들이 좋아해 주는 거지. 그렇게 본업도 열심히 하고 자기관리도 잘하는 이미지였다가 가끔 나오는 일반인스럽거나 바보스러운? 모습에 팬들이 심쿵하고 귀여워하는 반전 매력의 요소가 되는 거고.

지수 : 으하하하하하(진짜크게웃음) 글쎄 그럼 이렇게 말하는 사람들은 존경하는 사람들이 다 대면으로 만나본 사람들만 존경하고 그러나?? 우리가 어렸을 때부터 접해본 위인들도 다 만나보지 못한 사람들이고, 내가 만난 사람보다 만나보지 못한 사람이 많은데 어떻게 그렇게 확언하는지 모르겠다. 나도 한때는 그런 생각을 하긴 했었다. 이게 진짜 그 사람을 좋아하는 건지, 그 사람이 만들어낸 이미지를 좋아하는 건지. 근데 그 이미지를 좋아하는거라고 해도 크게 상관은 없겠다고 생각했다. 왜냐면 만화 캐릭터를 좋아하거나, 작가가 쓴 책을 좋아하거나 하는 것도 다

만들어진 뭔가를 좋아하는 거고 영화를 좋아하는 것도 만들어진 걸 좋아하는 거지 않나. 그래서 아이돌도 그 페르소나를 좋아하는 거라고 해도 상관이 없다. 그 사람 자체를 이성으로 사랑하는 게 아니고, 그 사람이 나에게 준 위로나 행복, 기쁨이 내가 실제로 느낀 것이기 때문에 난 그거면 됐다고 생각했다. 그리고 나는 진심이 느껴졌다고 생각해서 여태까지 좋아하는 거라고 했는데 근데 그게 진짜 팬이 돼서 봤을 때 진심으로 느껴지는 뭔가가 있긴 있는 것 같다. 팬이 아니었을 때는 나도 몰랐던? 그런 게 있는 것 같고 이건 어떻게 설명해도 직접 느껴보지 않으면 알 수 없는 것들이고. 그래서 지금 내가 어떻게 설명해도 그렇게 생각하려면 그렇게 생각해라 난 페르소나를 좋아하는 것이라 해도 상관없다. 그 사람이 범죄를 저지르지만 않는다면 나는 계속해서 그 사람을 좋아할 것 같다는 생각이 든다. 그 사람은 나의 연인이나 배우자가 아니고, 내가 좋아하는 아이돌이니까.

지은 : 하핫 왜?? 나도 다 알거든. 걔 실제 성격을 내가 어떻게 다 알아. 그건 정말 너무 당연한 거 아닌가. 나는 이런 이야기 하는 사람들이 너무 짜증 나는 게 계몽주의자 같은 느낌? 네가 모르는 걸 내가 깨우쳐 주겠다는 심리로 이야기하는 것 같다. 그런다고 걔가 너 알 것 같아? 걔가 너랑 사귀어줘? 라고 하는 말이랑 지금 이런 말. 다 연기고 이미지고 분칠하는 애들 믿는 거 아닌데 왜 그러느냐. 그런데 대부분은 다 인지하고 좋아하고 있다고 생각한다. 사실 페르소나라는 게 나도 회사에서의 페르소나가 있고 집에서의 편한 내가 있는 건데. 나는 집에서 완전 게으르고 엄마한테 방 안 치우냐고 혼나지만, 회사에서는 체면을 차리려고 빠릿빠릿한 척을 하지 않나. 그래서 상사가 나한테 칭찬하면 그 상사는 바보인 건가? 그건 아니지 않나. 아이돌도 아이돌 자아가 있는 거고 나는 그 모습이 좋아서 좋아하겠다는 건데 허상을 좋아해서 멍청하다? 그건 좀 아닌 것 같다. 사람마다 각자의 페르소나가 있는 건데 나는 그 사람의 아이돌 적인 면모의 페르소나를 좋아하는 거다. 근데 질문을 받을 때마다 계속 그러면 안 돼? 라는 생각이 든다.

수영 : 우리도 알지. 화면의 앞과 뒤가 똑같을 수 없고. 카메라 뒤의 모습이 어떤지 모르는데 내가 그것까지 좋아한다고 말할 수 없는 거고. 근데 우리가 좋은 드라마

나 영화를 보고 감동하는 사람한테 너는 왜 저걸 보고 감동을 받아? 이렇게 말하지 않나? (웃음) 인생작을 얘기할 때 그걸 연기한 사람에 대해서도 되게 좋게 생각하잖아. 공유가 도깨비로 여전히 이야기되는 것처럼, 그 역할을 굉장히 잘 해낸 배우에 대해서 여전히 많은 사람이 이야기하고 좋아하잖아. 근데 그거에 대해서 페르소나를 좋아하는 바보 같은 모습이라고 이야기하는 사람은 보지 못한 것 같다. 편견이 낳은 편견인 것 같다는 생각이 들고. 영국의 커뮤니케이션 학자 로버트라는 사람이 비대면적인 커뮤니케이션에서 사람들이 얼만큼까지 애정을 가질 수 있을까에 대해 연구했는데 예를 들었던 게 팬의 사례였다. 물론 전인격적인 모습을 알아야만 그 사람을 좋아할 수 있다고 생각하는 사람이라면, 만나지 않은 사람에게 그만큼의 애정을 갖는 게 이상하다고 생각할 수 있는데, 애초에 나는 그 전제가 맞나? 싶다. 굉장히 친하게 지내는 베스트 프랜드라고 해도 그 사람의 모든 모습을 알 수 있을까. 그런 차원으로 생각해보면 어차피 관계라는 게 모든 것을 다 알고 그 사람에게 호감을 가질 수 있나? 싶고. 우리가 정기결연을 하는 아이가 있고, 그 아이를 한번도 만나보지 않았지만, 사진만 보고도 애틋한 마음이 들기도 하잖아. 애정의 형태가 일방적이라고 해서 생기지 않는 것도 아니고, 양방향으로 매우 밀접하게 물리적으로 가깝다고 해서 그 관계가 모두 다 좋지 않은 것처럼 그게 덕질에도 똑같이 적용된다고 생각한다.

혜인 : 나는 20년을 봤는데? 20년 동안 연기 할 수 있으면 그럼 이 정도면 존경해도 되는 거 아닌가? (웃음)

재희 : 나는 이 사람들 평생 만날 일 없다. 그래서 그 이미지만 보고 좋아하는 게 나쁜 건가? 어차피 사적으로 평생 만날 일 없는데. 그리고 내가 7년을 봤다고 친다면 7년 동안 보여준 게 많지 않나. 그게 진정성이 있었기 때문에 좋아한다고 생각한다. 그게 가식이었으면 이 정도로 좋아하지 못했다고 생각한다. 진정성을 느꼈고 난 그게 다 가식이라고 생각하진 않는다. 사람들이 그 가식도 모를까 봐. 우리도 다 백프로 안다고 생각하진 않지만 어쨌든 그런 진정성을 다양한 모습을 통해서 느꼈는데 난 그 모습들이 다 가짜라고 생각하지 않는다 절대. 그리고 페르소나

를 보고 좋아하면 또 어때. 사고만 안 치면 땡큐지.

미지 : 지하철에서 노약자에게 자리를 양보해도 길에 쓰레기 버릴 수 있는 게 인간이라 생각한다. 사람은 다양한 모습을 가지고 있고 우리 모두 페르소나가 있지 않나. 직장, 친구, 가족, 연인 앞에서 우리의 모습이 다 다르지 않나? 연예인도 똑같겠지. 카메라 뒤의 모습과 대중들에게 보이는 모습이 다른 건 당연한 건데 왜 그걸 보고 좋아하면 멍청한 사람이 되는 건가? 물론 그 차이가 너무 크다면 문제겠지만 다를 수밖에 없는 게 당연하다고 생각한다. 그리고 모든 연예인이 동일한 이미지로 노출되는 것도 아니고 결국 개인 성향이나 가치관을 기반으로 노출된다고 생각 하는데, 그 모습이 좋으면 좋아할 수도 있는 것이다. 개인적으로는 가식도 꾸준하게 계속 떨면 그것도 그 사람 일부의 모습이라고 생각한다. 가식도 결국 내가 할 수 있는 범위 내에서 떨 수 있기 때문이다. 그리고 그 가식조차도 제대로 유지 못 해서 팬들에게 상처 주거나 범죄를 저지르는 연예인들이 얼마나 많은가. 당연히 가식이라도 떨어야지. 난 내 최애가 지금 팬들에게 해주는 말들이 이미지 관리이고 가식이라 해도 상관없다. 가식이라면 오히려 '이렇게까지 정성 들여 가식을 떨어준다고??? 엄청난 프로인데??' 하면서 존경스러울 것 같다. 문제 안 일으키고 가식이라도 꾸준히 유지한다면 뭐가 문제겠나?

도연 : 질문을 듣는데 너무 아프네ㅋㅋㅋㅋㅋㅋㅋ 식도가 찔리는 느낌이었다. 숨이 콱콱 막힌다. 근데 이미지를 좋아한다? 배우도 어떤 역할을 해서 좋아하게 될 수 있고, 무대에서 어떤 모습만 보고 좋아할 수도 있고. 우리가 책을 읽으면 그 작가에 대해서도 좋게 생각하는 경향이 있단 말이야. 심지어 연인 간의 사랑도 그렇다고 생각하거든. 처음 봤을 때 풍겨오는 이미지에 꽂혀서 그 사람을 좋아하고 빠져들게 되고. 실제 내 옆에 있는 사람도 이미지라는 게 있다고 생각하는데. 이 말을 한 사람이 그렇게 사람의 본질, 실제 인간의 본질까지도 그렇게 잘 꿰뚫을 수 있는 사람인지도 모르겠고. 페르소나, 이미지를 보고 좋아하는 게 나는 잘못된 거라는 생각도 안 하거든. 내가 그 이미지가 좋아서 취하겠다 그럼 난 취할 수 있다고 생각한다. 그게 왜 잘못된 건지 모르겠다. 범죄를 했다거나 이중생활을 했다 그렇게

되면 문제가 되겠지만 그건 이중생활을 한 연예인이 문제지 그를 좋아한 내 문제라곤 생각 안 한다. 행실을 잘못한 연예인의 잘못 아닐까? 사람이 사람을 좋아하는 걸 멍청이라고 하다니 세상에. 마음도 없는 사람이야 그런 사람은. 얼마나 순수한 마음이야. 우리가 걔한테 바라는 게 뭐가 있어. 그냥 건강하게 노래해주고 무대에 서는 거, 팬들이랑 소통하는 거 요거 하나 바라는 건데.

민정 : 완~전 별개라고 생각하지 않는다. 어느 정도 자기 안에 있는 모습의 일부를 보여주는 것이고. 그쪽을 좀 더 보여주려고 노력을 하는 거지 없는 모습을 지어내서 보여줄 순 없다고 생각한다. 어디에선가 그거는 탈이 나기 마련이고, 보이기 마련이고. 다 티가 나잖아 사실은. 그 사람의 일부인 거지. 숨길 거를 잘 숨기고 보여준다고 해야 하나? 이 사람이 이 부분이 좀 매력 있다고 하면 그 부분을 보여주는 거고. 내가 직장에 있을 때 모습이 다르고, 남편과 있을 때 다르고, 친정에 갔을 때 보이는 모습이 다르다고 내가 가식적인 건 아니잖아. 그것도 마찬가지인 것 같다. 그게 가식일까? 가식은 아니라는 거지.

Q 최애가 사회적인 문제를 일으켰을 때 영향을 받아 상실감을 느끼고, 탈덕을 하는 게 이상하게 보인다, 내 삶이 아니라 알지 못하는 다른 사람에게 영향을 받는다는 게 주체적이지 못하고 한심해 보인다고 한다.

서아 : 그 사람의 다른 이미지를 보고 좋아한 건데, 그 이미지가 깨졌으니까? 내가 좋아하는 부분이 없어진 거니까? 탈덕 하는 게 맞는데... 그거를... 부정적으로 보고 한심하다는 말은 맞지 않는 것 같다. 왜냐면 자기가 어떤 취미를 할 때도 이 부분을 보고 좋아하기 시작했는데, 다른 단점이 보이거나 그 장점이 없어지면 그 취미를 안 하잖아. 그거랑 똑같은 것 같다. 그리고 뉴스나 그런거 볼 때도 우리 사회 전체가 다 모르는 사람한테 영향을 받는 거 아니냐는 생각이 든다. 일반 사람들과 다르지 않고 주체적인 거랑은 관련이 없는 것 같다.

유성 : 진짜 좋아했던 사람이니까 어쩔 수 없는 거라고 생각한다. 그렇다고 뭐 범죄자를 좋아할 수는 없는 거잖아ㅋㅋㅋㅋㅋㅋㅋ 그러니까… 왜… 탈덕을 하는 게 오히려 현명한 사람 아닐까? 범죄를 저질렀는데 좋아한다면… 더 이상한 사람이잖아.

지수 : 이 질문 속의 주체적이라는 단어는 고립을 의미하는 것처럼 들린다. 사람이 사람한테 영향을 받는 건 당연한 일이다. 아이돌이 아니라 응원하던 운동선수, 좋아하던 작가, 친한 친구가 해서는 안 될 일을 했다는 소식을 들었을 때도 우리는 똑같은 감정을 느끼지 않을까? 나는 최애가 사회적인 문제를 일으켰을 때 상실감을 느끼고 탈덕을 하는 게 자연스럽다고 생각하고, 그럼에도 불구하고 계속해서 응원하고 좋아하는 게 이상하게 보인다.

지은 : 에에?? 굉장히 신박한 사고네…? 오오…? 진짜 희한하네…? 사람들은 알게 모르게 내가 모르는 사람이라도 영향을 받을 수밖에 없거든. 특히 매체에서 나오는 사람들. 그럼 영화를 볼 때 만약 배역이 죽어서 울어. 한심한건가? 실제로 죽

은 것도 아니고 그냥 연기를 한 것뿐인데. 내가 모르는 사람이잖아. 이걸 한심하다 하는 사람 아무도 없지 않나. 내가 거기에 감정을 담고 공감을 했기 때문에 영향을 받아서 울 수밖에 없는 건데 되게 공감 능력이 떨어지시나…? 하하하 좀 터무니없는 질문이어서….

수영 : 덕질 경험이 없는 사람은 팬과 아이돌의 관계에서 형성되는 감정적인 유대의 폭을 이해하지 못하기 때문에, 나에게 상실감도 줄 수 있는 돈독한 마음이라는 걸 이해하지 못할 수 있다. 그런데 예를 들어 아이돌이 아닌 정치인이 사회적인 물의를 일으켰다고 했을 때, 그 정치인을 지지하던 사람들은 굉장한 실망감 그리고 상실감도 느낄 수 있지. 그 상실감이라는 게 그냥 나를 잃는 것 같다는 이런 상실감이 아니라 내가 지지했던 이유는 여러 가지 이유가 있을 거잖아. 그런데 내가 믿었던 그 사람이 좋은 사람이 아니었고, 사회적인 물의를 일으켰고, 그 사람을 지지했던 나도 어떻게 보면 약간 연대의 책임감까지도 느꼈을 것 같다. 저런 사람인 줄도 모르고 지지했던 나에 대한 실망감도 있을 거고. 그러니까 한마디로 설명하기 어려운 복잡다단한 감정을 느꼈을 건데… 그러니까 참 이런 건 설명하기 어렵긴 하다. 그 감정을 애초에 이해하지 못하니까.

혜인 : 그냥 가족같이 생각하는 거다. 우리 가족이 그랬을 때 실망감이 들고 가슴 아프고. 그만큼 마음 깊숙이 그 사람을 생각한다는 거다. 그래서 아까도 사업 시작했다고 하면서 걱정했잖나. 그냥 이슈가 생길까 봐 걱정되고 행복했으면 좋겠다. 나는 20년이 넘으니까 옆집 삼촌 같다.

재희 : 나는 일반인도 똑같다고 생각하는데. 이게 대상이 연예인이라서 부정적인 감정이 드는 거지. 연예인이라는 전제만 빼고 본인이 되게 믿고 좋아하던 친구가 범법행위를 저지르면 그걸로 인해서 충격받고 그 사람이랑 멀리하지 않겠나. 그건 모든 사람이 동일하다고 생각한다. 주체적인 삶이 아니라고 생각하면 안 될 것 같은데? 본인도 본인 친구가 그러면 같이 안 놀걸? 연예인이라는 전제조건이 붙어서 그런 거지 네 친구가 그랬으면 너도 영향 받고 안 놀았을 거다.

미지 : 물건이든, 사람이든, 취미든 무언가 한 가지에 집중하거나 좋아했던 일이 잘 안되면 실망하고 아쉬워하는 것은 당연한 감정이라고 생각한다. 친구 사이에도 무언가에 실망하면 주체적으로 손절하듯이, 덕질 하다가도 실망하면 주체적으로 탈덕 하는 거다. 최애가 아니더라도 정말 좋아하는 영화감독이나 작가가 사회적인 문제 일으키면 난 상실감 느낄 것 같은데? 실망스러워서 작품 쳐다보기도 싫을 것 같다. 근데 아이돌이 물의를 일으켰는데도 탈덕 안 하고 계속 좋아하면 그건 그거 대로 또 주체적이지 못하다고 비난하지 않을까? 그냥 아이돌 팬들을 한심하다고 말 하고 싶어서 이런 말도 안 되는 명분을 찾는 건 아닐까.

도연 : 크크크크 아~ 그럼 어떻게 하라는 말인지 모르겠네? 덕후에 대한 편견이 꽝 장하네?? 다 뭐 멍청하고 한심하고 계속 이런 거네? 근데 본디 사람은 영향을 받는 존재잖아. 사회적인 동물로써 관계를 맺고 영향을 받는 존재인데. 그러면 다른 정 치인, 운동선수, 다른 음악 하는 사람들 팬은 안 그럴까? 덕후들한테만 그렇게 기 준을 두는지 모르겠네? 그리고 연예인이 문제를 일으켰는데 탈덕 안 하는 게 더 이 상한 거 아닌가? 어떤 삶을 살아야 주체적인지 모르겠다.

Q 자기 삶보다 우선시하거나, 본인보다 아이돌에 더 투자하거나, 경제 수준에 맞지 않는 덕질을 하거나, 본인은 굶어가며 밥차를 보내는 등의 사례를 들며 부정적으로 보이고, 특정 인물에 너무 감정을 투여하는 취미 자체가 선을 넘을 수 있겠다는 생각이 든다고 한다.

유성 : 아까도 말했지만, 난 절제를 잘하는 사람인데 특정 사람들만 보고 전체로 일반화하는 것 같다는 생각이 든다. 그 안에서 갓생을 사는 사람들도 많다. 주변에 이런 사람은 없었다. 다 자기 할 일 하면서 산다.

지수 : (한숨) 그런 사람들도 있을 수 있겠지. 세상엔 다양한 사람들이 사는 거니까. 근데 굶어가면서 밥차를 보내는 사람이 진짜 있나? 처음 들어봤다. 그게 진짜로 자기가 들은 건지, 자기가 상상해서 그렇게까지 한다고 스스로 만들어 낸 건지 우선 잘 모르겠다. 다 처음 들어봤다. 그런 사람들도 진짜 있을 수도 있는데 거의 없지 않을까… 답변 끝!

지은 : 이런 사례들은 과했을 때 예시 같은데. 계속 말하는데 뭐든 과하면 안 좋은 게 맞으니까. 근데 이런 분들 내 주변엔 없다. 자꾸 주변을 얘기할 수밖에 없다. 내 주변엔 일단 없고, 사실 그런 위험이 다른 취미보다 높은 건 맞는 것 같다. 아무래도 사람한테 감정으로 대하는 취미이다 보니 본인의 자제력이 부족하다면 다른 취미보다는 과해질 수 있는 경향성은 있다. 그러나 모든 사람한테 해당되는 것도 아니고 일단 내 주변엔 없습니다. 내 밥이 더 중요한데.

수영 : 실제로 그런 사례가 얼마나 있는지 모르겠고… 굶어가며 밥차를 보낸다…? 스읍… 우선 밥차를 그렇게 쉽게 아무 때나 보낼 수 있는 것이 아니고… 하하하하하하하(크게 웃음) 보낸다고 늘 받아주는 것도 아니며~ 소속사의 신청과 선착순에 들어야 하고~ 허허 내가 밥을 굶으면서 돈을 모은다고 해서 밥차를 보낼 수 있는 게 아니라는 것을 ㅋㅋㅋㅋㅋㅋ 말씀드리고 싶고. 그니까 나의 삶을 버릴 수도 있게 하는 게 덕질이다 라고 생각하는 편견이 진짜 있는 것 같다. 이 질문들이 나오

게 된 과정을 생각하면 다들 그런 생각을 하고 계신 것 같은데… 진짜 다 사생처럼, 사생의 수준에서 덕질을 생각하는 것 같다. 근데 그런 케이스 적어도 내 주변에서는 본 적 없다. 20년간 하면서도 한 번도 본 적이 없고. 물론 그런 건 있다. 콘서트 비용이 싸지는 않잖아. 올콘 하고 싶은데 그럴 수 없으니까, 알바하는 친구들도 있었거든. 근데 그게 나쁜가? 생각하면 또 그건 모르겠다. 뭐 해외여행 가고 싶어서 학기 중에 열심히 알바해서 가는 거 가지고 "어우 기특하다."고 하지 아무도 한심하다고 하지 않잖아. "어휴 고작 해외여행을 가려고 학기 중에 저렇게 일을 하다니." 아무도 이렇게 말하지 않잖아. 그런 자원인 것 같다. 해외여행 기는 것 보다 콘서트 3시간이 나의 1년을 살게 하는 힘이 될 수 있다는 경험을 해본 사람이라면. 그거에 대해서 누구도 나쁘다고 말할 수 없을 것 같고. 물론 건강하지 않은 방법으로 한다거나, 알바도 할 수 없는 상황이고 돈도 쓸 수 없는 상황인데 그런 결정을 한다면 잘한다고 당연히 나도 말할 수 없는데. 근데 적어도 내 주변에서 그런 케이스는 보지 못한 것 같다.

혜인 : 주변에 그런 사람이 있었다고 하나? 20년 넘게 팬질 하면서 주변에 그런 사람을 본 적이 없는데 그런 사람 본 적 있다고 하나?

재희 : 우선 그런 사람들은 정말 일부. 정~~말 일부고. 그리고 인생에서 한 번쯤 그렇게 살아보면 안 되나? 그게 범법은 아니잖아. 다 그렇게 한번 하고 나면 모든 사람은 깨닫는 게 있지 않을까? 인생에 그런 시기 한 번쯤 있으면 어때 경험되고 좋지. 근데 어쨌든 일부라는 거지. 그리고 진~~짜 인생이 빡빡하고 돈 없으면 덕질 안 한다. 못한다.

미지 : 정~~말 극단적인 사례 중에서도 극단적인 일부 사례를 들고 전체 팬덤을 이야기 하는 게 맞다고 생각하나?

경진 : 내 주변엔 그런 사람 한 명도 보지 못했는데…? 너무 극단적인 거로 얘기를 한 것 같다. 밥을 못 먹는데 애를 위해서 서포트한다거나 이런 건 진짜 말이 안 되

는 것 같다.

도연 : 자기 밥 굶어가면서 밥차를 보내는 사람이 있나 실제로? 그 사람 그거 어디서 들은 얘기지? 난 그런 얘기 처음 들어봤다. 자기 생활 파탄 날 정도로 무리해서 덕질 하는 사람은 일단 내 주변에선 한 명도 못 봤다. 다 버리고 그 사람만 쫓아다니고 이러면 문제가 될 수 있겠지만 그건 그 사람 자체의 문제인 거지 아이돌을 좋아한다고 해서 생기는 문제는 아닌 것 같다.

민정 : 100에 한 명 1000에 한 명을 보고 절대 평가하면 안 된다고 생각한다. 모든 직업군도 마찬가지고. 경찰도 대부분 열심히 하는데 어쩌다가 부정 경찰이 한 명 있고, 교사도 현장에선 정말 힘든데 뉴스에 나오는 건 그렇지 않잖아. 뭔가 안 좋은 일로 나오고. 100에 하나 있는 것으로 전체를 파악하면 안 된다고 생각한다.

Q 다른 취미들에 비해 아이돌 덕질을 안 좋게 보는 경향이 있는 것 같다는 이야기에 테니스는 테니스공을 사랑해 이런 게 아니고 내가 직접 땀 흘리는 취미인데 아이돌 덕질은 감정선이 다른 것 같다, 인물에 한정되어 있고 인물에 매몰되어 있다는 느낌이 들어서 좀 다르게 느껴진다고 한다.

서아 : 인물만 보는 취미가 아니라 노래를 듣고, 영상을 보고, 콘서트에 가서 응원하고. 이런 것들이 합해진 취미이다.

유성 : 너무 인물에만 초점이 맞춰있는 건 아닌가? 난 무대를 좋아한다. 콘서트 무대 효과도 마법 소년 이미지에 맞게 되게 잘 되어있고. 콘서트 갔을 때 눈이 즐거웠다. 인물들만 보고 좋아하는 건 아니고 무대 퀄리티도 보고 즐긴다.

지수 : 자꾸 사람 자체에 매몰되고 맹목적으로 된다고 하는데, 아이돌은 사람이다. 다른 취미 활동과 특성이 다르다. 그리고 아이돌의 얼굴이나 좋아한다고 생각하는 것 같으니 내가 좋아하는 것들을 풀어봐 주면 이해가 될까? 나는 그 사람들의 노래도 좋아하고, 가사의 메시지도 좋아하고, 안무도 좋아하고, 보이지 않는 곳에서 했을 노력들을 좋아하고, 치밀한 기획을 좋아하고, 한 개의 곡, 앨범, 영상, 콘서트를 만들기 위해 참여한 수많은 분야의 사람들이 쏟은 노력과 작업물을 좋아하고, 콘서트장의 모두가 행복과 기쁨에 차 있는 그 분위기도 좋아하고, 처음 보는 사람인데도 팬이라는 이유로 조금 더 편하게 즐겁게 대화할 수 있게 되는 것도 좋아하고, 다음에 어떤 노래가 나올지 설레는 기분도 좋아한다. 다 쓰지 못할 정도로 다양한 좋아하는 이유가 있다. "어쨌든 그 사람이 하는 건 다 좋다는 거잖아!"라고 말한다면, 그냥 그렇게 생각하고 살아야지….

지은 : 매몰되어 있다…? 되게 극단적인 단어 선택들이 많네. 매몰… 맹목적… 근데 아까도 말한 것처럼 그래서 아이돌 덕질이란 취미가 조금 더 특별한 거고. 너무 기능적인 면만을 따지는 것 같네? 테니스나 골프를 하면 건강해지는데 아이돌

덕질은 감정만 쏟는다! 근데 거기서 내가 받는 게 정말 크다고 생각한다. 진짜 이런 진심이 어디서 나오는지 모르게 계속해서 내가 주고 있고, 요즘 아이돌들은 소통을 많이 해주려고 노력한다. 그게 눈에 보이거든. 그래서 더 특별한 것 같다. 어쨌든 진짜 아는 사이가 아니지 않나. 직접적으로 아는 사이가 아님에도 큰 에너지를 주고받을 수 있다는 게 너무 특별한 것 같다. 좀 경험해 보셨으면 좋겠다 다들 하하하 좋은건데….

수영 : 근데 당연히 다른 게 맞지. 여가의 범주 안에 들어가는 게 미용실 다녀오는 것도 포함이고. 외모를 가꾸는 것과 스포츠 활동과 TV를 보는 것은 다 다르잖아. 그런 것처럼 다른 거지. 당연히 같다고 할 수 없을 것이고? 그게 잘못은 아니잖아? 하하하하 감정선이 다른 게 맞지. 쓰는 에너지의 형태가 다른 것도 있고.

혜인 : 아우 나 너무 피곤해… 아니 테니스고 뭐고 자기애가 너무 강한 거 아닌가? 질문들 자체가 어후 '운동을 해서 내가 땀을 흘렸어. 내가 너무 사랑해.' 너무 자기만 사랑하는 사람들 같다. 다른 사람도 좀 사랑해주면 안 될까? 내가 좋아하는 연예인을 좀 사랑하면 안 될까? 그냥 다른 사람도 사랑해 봐!

재희 : 나는 덕질하는 내 모습이 좋은데? 덕질은 일방적인 거지 않나. 절대적인 사랑이라고 생각한다. 그들한테 내 이름을 알아달라는 것도 아니고, 돈을 달라는 것도 아니고 되게 절대적이고 순수한 사랑이라고 생각한다. 그렇게 순수하고 열정적인 사랑을 하는 내가 너무 좋다. 평생 언제 이렇게 해보겠나. 사실 지금 남자친구를 만나도 직업부터 다 따지고 들 텐데. 이건 사랑의 개념이 다르다. 이렇게 순수하게 누군가를 좋아할 수 있는 나의 순수함이 좋다. 사실 덕질은 돈 줘도 못 한다. 월급 준다고 해도 못 할걸?

미지 : 덕질이라는 행위 자체도 즐긴다는 걸 모르는 것 같다. 테니스 취미로 하는 사람들이 공을 사랑하는 건 아니지만 테니스하는 행위 자체를 즐겁고 행복해하는 것처럼 덕질 자체로 즐거울 수 있는데 그걸 전혀 생각 못 하는 것 같다. 같은 팬들

이랑 만나서 생일 카페에 가고, 이야기를 나누고, 나눔을 주고받고, 공연을 보러 가고 이 모든 것이 덕질이다. 인물만 좋아하는 게 아니라 그 인물이 작사작곡한 노래도 사랑하고, 어떤 일이든 노력하는 모습도 좋아한다. 너무 인물 하나에만 초점을 맞춘다는 생각이 든다. 휴덕은 있어도 탈덕은 없다고 덕후들이 대상은 바뀌어도 계속해서 덕질을 하는 이유는 덕질이라는 취미 자체가 즐겁기 때문이라 생각한다.

경진 : 운동은 해봤으니까, 운동에 대해선 잘 아는데 덕질은 안 해봤으니까 덕질에 대해 몰라서 그러는 것 같다. 넉질을 하면시 이치적으로 할 수 있는 무언가가 생긴다고 생각한다. 덕질 하면서 운동을 하게 되고, 여행도 갈 수 있고. 한가지 취미생활이 아닌 여러 가지 취미생활을 할 수 있는 게 덕질이라 생각한다. 더 좋은 취미인 것 같다.

도연 : 그거는 맞는 말인 거 같다. 테니스랑 덕질이랑 본질적으로 다르니까. 우리는 실제로 인물을 좋아하는 거고, 테니스는 자기가 운동하는 느낌을 좋아하는 거잖아? 근데 모든 활동이 똑같을 수 없고 특징이 다른 거니까 뭐가 옳다? 그르다? 이렇게 얘기는 할 수 없을 것 같고. 그렇게 얘기하는 사람들은 일단 덕질은 본질적으로 나쁘다! 잘못됐다는 생각이 전제로 깔린 것 같다. 그래서 스포츠나 다른 거로 비교하는데, 본질이 다른 두 개를 놓고 뭐가 나쁘다 그르다? 그건 어불성설이지 않나 싶다.

민정 : 근데 그것도 하나의 다양한 측면 아닌가? 라고 생각한다. 같은 테니스를 좋아해도 테니스 플레이어를 좋아하는 사람들도 있거든. 손흥민 경기 보러 갔는데 남자들도 다 똑같더라. 손흥민 나오니까 미친 듯이 환호하고. 그중에 축구를 좋아해도 뛰는 건 싫어하지만, 보는 걸 좋아하는 사람도 있을 수 있고. 좋아하는 걸 한가지 측면으로서만 좋아하는거는… 땀 흘리는 것을 좋아하는 사람도 있고, 감정을 즐기는 사람도 있고. 좀 다양성을 제발 인정해 줬으면 좋겠다. 왜 획일화된 모습으로만 좋아해야 하는지. 그리고 난 음악도 좋아하고, 그 사람이 가진 사상도 좋아한다. 정말 고마운거는 그림 보러 다니는 거. 나는 그 멤버한테 너무 고맙게 생각한다.

Q 일반 취미는 내 생활에 무리가 있을 것 같다 싶으면 잠시 중단하기도 하는데 덕질은 그게 불가능할 것이라고 보는 시각도 있었다.

서아 : 일반 취미 멈추듯이 덕질도 멈추면 되는 것 같은데? 별다르지 않은 것 같다. 자신이 모르는 분야에 관심이 너무 없어서 무지한 것 같다. (웃음) 나는 전에 콘서트에 당첨됐는데 시험이 2주밖에 안 남아서 일부러 안 갔다. 당첨 정말 힘든데 콘서트 갔다 오면 여운이 남고, 그다음부터 공부에 집중할 수 없을 것 같기도 하고. 현생은 어떡하지? 하는 생각 때문에 안 갔다.

유성 : (갸우뚱…) 덕질도 마음이 내킬 때 하는 거인데… (웃음) … 왜 덕질은 그럴 수 없다 라고 생각하는지 잘 모르겠다. 돈 많이 쓴 것 같으면 굿즈 안사고, 과제 해야 할 거 있으면 과제만 딱 하고 끊고. 알아서 잘 중단한다.

지수 : 휴덕이라는 단어 자체가 있지 않나. 단어 자체가 있다는 것은 실제로 있다는 거다. 그리고 나는 내 일정이 바쁜데 내가 가고 싶은 스케줄이랑 겹치면 그냥 포기한다. 어쨌든 내 일상을 최우선 순위로 두고 있는 거고 그건 그냥 취미니까. 다른 취미랑 똑같이 내 일상에 무리를 준다거나 하면 나도 그건 스킵한다. 이번에 멤버들이 다 솔로를 내기 시작했다. 멤버가 많으니까 그걸 다 사면 지금 나의 수입에 비해서는 부담이 될 것 같더라. 그래서 아예 스타트 끊은 멤버부터 마음먹고 안 샀다. 왜냐면 하나 사면 또 하나 사고 싶고 그러다 보면 다 사고 싶을 게 뻔하고. 근데 내가 현실적으로 감당이 안 될 거라는걸 아니까 나도 그냥 마음먹고 아예 포기를 했다. 이런 게 그렇지 않다는 예가 될 수 있지 않을까?

지은 : 스읍… 아니요? 덕질도 물론 그런 건 있겠지. 보고 싶으니까 계속 트위터를 들어가는 건 있겠지만 내가 건강이 안 좋고 힘이 없어서 콘서트를 못 가겠다? 그러면 안 갈 수도 있는 거다. 돈이 딸려서 이번에는 스킵 해야겠다 하는 사람들도 있고. 무슨 마약중독자… 시각이 좀 그런데? 질문이 종합적으로 봤을 때 엄청 극단적으로 현생을 살지 않고 여기에 뭔가 중독되어 있어서 계속 뭔가를… 거의 마약중

독자처럼 보시는 것 같은데 그런… 게 아니라는 걸 조금 아셔야 할 것 같은 느낌?

수영 : 덕질을 하는 사람들이 정말 되게 주체성도 없고, 덕질에 모든 것을 내어놓고 산다고 생각하기 때문에 이런 말을 한 것 같다. 선택적이지 않고 나의 모든 것을 좌지우지하게 된다고 생각하니까 이렇게 생각하시는 걸 거잖아. 음… 굉장히… 이렇게…까지 덕질을 심오한 것으로 생각하신다는 게 오히려… 허허허 진짜 사생처럼 생각하시니까 그런가 보다. 사생은 그럴 수 있지. 근데 멈출 수 있지 않나. 내가 일이 바쁘면 못하는건데… 근네 나는 덕질을 오래 했고 이제 막 시작한 친구들을 만나면 그런 얘기들을 하는데. 애들이 되게 많이 좋아지고 즐거움이 너무 크다 보면 실제로 내 일상생활보다 얘들이 더 중요하게 보이는 순간이 생길 수도 있다. 계속 그것을 통해 즐거움을 얻고 싶고 나에게 피로감을 주는 것들은 외면하고 싶은. 정말 현실도피를 하고 싶은 생각이 들 때라면 실제로 그럴 수도 있는 거지. 근데 그렇지 않게 되는 게 중요하고. 지금 내가 좋아하는 최애들이 어린대도 그런 얘기를 많이 한다. "자기들은 즐거움을 주기 위한 존재이지 가족이나 일을 넘어서는 1순위가 자기들이 되지 않았으면 좋겠다." 그게 건강하게 오래 함께 가는 방법이라는 걸 우리는 이미 알고 있는 거지. 근데 그렇지 않고 그 도가 넘어가려고 할 때 우리 안에서도 서로를 자중시킬 수 있는 거고. 그런 걸 전혀 모르시면 그렇게 생각하실 수도 있겠다는 생각이 든다.

혜인 : 너무 극단적으로 그렇게 생각하는 것 같다. 극단적으로 따라다니는 사람 아니고서야 선택지는 당연히 있다. 일정이 있으면 '안되겠다 이번에는 스킵해야지' 하겠지.

재희 : 덕질도 중단을 한다. 그래서 휴덕이라는 말이 있다. 휴덕이라는 말이 괜히 나온 게 아니다. 다 자기 현재 상황에 맞춰서 유동적으로 덕질을 한다. 모르니까 이건 알려주는 거다. 사람들한테. 휴덕, 탈덕이라는 말이 왜 있겠나. 다 주체적으로 움직인다. 얼마나 주체적이야 사람들이.

미지 : 왜 이렇게 생각하는지 잘 모르겠다. 스케줄이 있다고 모든 스케줄 다 가는 것 아니다. 내가 시간과 형편이 되면 가는 것이고 그게 안 될 것 같으면 굳이 가지 않는다. 휴덕이라는 말은 왜 있겠나? 주변에도 중요한 일을 앞두고 있어서 휴덕하고 있는 덕메들도 많다. 얼마든지 내가 잠시 쉬었다가 다시 시작할 수 있는 취미인데 왜 그렇게 보는지 모르겠다. 덕질 하는 사람들을 바보들이라 생각하는 걸까?

경진 : 나는 중단 했었다. 얼마든지 중단할 수 있고 주체적이지 않다는 가정이 계속 깔려있어서 그런 것 같은데 충분히 주체적으로 할 수 있다.

도연 : 트위터 같은데 보면 자기가 잠깐 바빠져서 쉬다 오겠다 rest 거는 경우도 있잖아. 그런 거 보면 요즘에는 다들 자기 생활이 더 중요한 것 같다. 나도 재작년까지는 공방, 콘서트, 서울에서 하는 행사 갈 수 있으면 무조건 가려고 하는 편이었는데 작년에 아기가 생기면서 태아의 안전이 우선이었으므로 다 포기했다. 콘서트, 뮤지컬도 온라인으로 즐겼다. 덕메들이 보내주는 사진 등 간접적으로 덕질을 했지. 직접적으로 안 보더라도 되게 좋았고 힘이 됐다. 그렇게 해서 살짝 휴덕 아닌 휴덕을 하고 있는데 인생의 리듬에 맞춰서 함께 하는 거라고 생각한다. 또 이러다가 아이 조금 키워놓고 다시 갈 수 있겠지.

민정 : 으으으웅(절레절레) 나 지금 회사가 너무 정신없다. 못한다 덕질을. 라이브 나온 거 계속 밀려있다. 보고 싶지만 밀려두는 거다. 내 시간이 나고 할 때 봐야 하니까. 조절할 수 있다고 생각한다.

그건 타자화 되어 있는 거니까.
군대 가면 할 수 있는 게 뭐가 있어?
그러니까 그 부분이
주체적이지 못하다는 거야.

- 머글 H

Q 운동이나 캠핑 같은 취미는 내가 언제부터 언제까지 할지 선택하고 내가 주체적으로 결정할 수 있는데 덕질은 그럴 수 없다. 어떠한 대상 한테 영향을 받아 할 수 있는 것이라 주체적이지 못한 취미로 보여 부정적이라고 하더라. (예 : 군대 가면 할 거 없지 않은가, 최애가 코로나 걸렸다고 콘서트 취소되면 못 가지 않은가.)

서아 : 다른 취미도 똑같은 것 같은데. 만약 조깅이면 나가서 해야 하는 거잖아. 근데 비가 와서 나갈 수 없는 상황이 되는 거랑, 최애가 코로나에 걸려서 콘서트가 취소되는 거랑 별다르지 않다고 본다.

유성 : 요즘에 생일 카페나 전시회도 하잖아. 그런 것도 다 자기가 주체적으로 기획하고 컨셉도 정하고 해서 하는 것들인데 주체적이지 않다…? 는건 아닌 것 같다. 생일 카페도 다녀오고, 아이돌 인형 옷도 사서 입히고, 폴라로이드 꾸미기도 하고. 덕질로 할 수 있는 취미가 많다. 최근에 트위터에서 아이돌 인형 안감이랑 봉제선을 예쁘게 정리해 주시는 분도 봤는데 입소문을 타면서 엄청나게 유명해지셨더라. 봤는데 정말 실력이 엄청나다. 인형 실이 터져서 솜이 막 튀어나오는데 그런 것도 말끔히 정리해 주시고. 덕질과 관련해서 본인도 몰랐던 재능을 발견하시는 분들도 많아지는 것 같다.

지수 : (웃음) 사람이 하는 일을 좋아하는 거라 그 사람의 상황에 영향을 받는 건 어쩔 수 없는 부분이다. 그걸 주체적인 것과 묶는 이유를 잘 모르겠다. 아이돌과 소속사가 조종하고 덕후들은 그대로 움직인다고 생각하는 걸까? 모든 것을 다 포기하고 덕질만 우선순위로 두고 하지는 않는다. 나에게 힘이 없으면 덕질도 못 한다. 결국엔 나에게 힘이 있어서, 내가 선택해서, 시간을 만들어서 한다. 그건 다른 취미와 다를 게 없다.

수영 : 주체성의 기준이 뭔가 잘못 설정된 것 같다. 내가 내 시간을 잘 쓸 수 있는가! 내가 나의 것을 결정할 수 있다 없다가 주체성의 개념인데. 내가 만약 오늘 이

시간을 쓰기로 했는데 최애가 뭘 해서 내가 못 했다? 이런 개념이 아니잖아. 왜냐면 그건 내 선택이지. 이번 주말에 가족들이랑 여행이 있는데 최애가 그날 어디서 행사를 한다. 내가 선택할 수 있잖아. 그가 나를 선택하는 게 아니지. 허허허 주체성의 개념을 잘 못 이해하고 계신 것 같다 ㅋㅋㅋㅋㅋㅋ 하하하하 ㅋㅋ 뭐 코로나 때문에 내가 보고 싶었던 오페라 공연이 취소됐는데 내가 주체적이지 않아서 공연이 취소된 건 아니잖아. 하하하하 그런 거지.

혜인 : 난 그래서 더 좋은데? 1년 동안은 내 생활 하다가 몰아서 하니까. 내 생활 하면서 원기옥 모으듯이 모았다가 한 번에 확 터트려서 3~4일 동안 거기에 미쳐있는 게 좋다. 그럼 확 풀린다. 그리고 선택할 수 없다는 거 자체가 말이 안 되는 게 내가 다음 주에 산에 가야지 했는데 비 오면 못 간다. 다음 주에 캠핑하러 가야지? 내가 코로나에 걸리면 못 간다. 그런 변수들 생각하면 다 자기 맘대로 선택하는 건 아니라고 생각되는데.

재희 : 난 아이돌 덕질하는 사람이 가장 주체적이라고 생각한다. 진짜 덕질만큼 주체적인 게 없지 않나? 내가 선택해서, 내가 좋아하겠다고, 어디 가고 싶다 이렇게 플랜을 짜고. 주체적으로 내가 계획을 짜는 거지 않나. 회사도 아니고 진짜 내 시간 만들어서 하는 거다. 그렇게 따지면 운동 경기도 다 주체적이지 못한 취미인 거네? 운동경기 시즌이 떠야 하는 거잖아. 그리고 몰라서 그러는데 비수기가 더 바쁘다. 회사가 바보가 아니다. 비수기 때 팬들의 마음을 잡아놓기 위해 엄청난 콘텐츠의 양을 뿌린다.

미지 : 일단 취미생활 하면서 주체적이다, 주체적이지 못하다는 말까지 나올 일인지 잘 모르겠다. 주체적이지 못하다는 얘기가 나올 정도면 가기 싫은데 누가 강제로 오라고 해서 억지로 가거나, 돈 쓰기 싫은데 최애가 돈 쓰라고 해서 억지로 쓰거나, 덕질을 그만두면 욕을 먹을까 두려워 억지로 한다거나 이런 경우에나 주체적이지 못하다는 말이 나와야지. 작가를 좋아하면 작가가 작품 안내면 감상을 못하고, 해외 밴드를 좋아하면 내한 올 때까지 기다리거나 그 나라로 직접 가야만 콘

서트에 갈 수 있는데 과연 이것도 주체적이지 못하다고 할까? 아이돌이 군대 가서 덕질 못 한다고 식음을 전폐하고 앓는 것도 아니다. 오프가 없어서 아쉽긴 하겠지만 음악 듣고 영상만 봐도 된다. 그게 내 인생에 큰 영향을 미치는 것도 아니다. 내가 어떤 것을 하면 행복한지 명확히 나 자신을 잘 알고 직접 선택한 취미인데 이게 진짜 주체적인 것 아닌가?

경진 : 질문하신 분들 약간 그런 것 같다. 공연을 안 가면 아예 못 만난다고 생각하고 그렇게 얘기하는 것 같은데 전혀 그렇지 않다. 공연 안가도, 군대 가도 덕질할 수 있다. 더 많이 영상을 보면서 덕질 할 수 있는 거고. 그거는 진짜 주관적인 생각이다.

도연 : 좋아하기로 한 것도 내 선택. 걔 공연을 보러 간 것도 내 선택인데. 연예인이 하라고 해서 하는 거 아니잖아. 누가 밀어붙여서 하는 것도 아니고. 어떤 것보다 주체적인 게 덕질이라 생각한다. 이 말을 한 사람이 생각하는 주체와 내가 생각하는 주체의 뜻이 다른가 그런 생각이 든다. 그리고 실제로 이번에 내 아이돌이 군대에 갔다. 우리가 소비하는 콘텐츠가 현저히 줄어든 건 사실인데 그래도 다들 덕질을 이어가고 있다는 거에 나는 되게 놀랐고 감동이었다. 훈련소 식단을 식판에 합성해서 노는 그 문화. 되게 좋아 보였다. 왜냐면 그런 식으로 자기들끼리 문화 자체를 향유하는 느낌? 걔가 군대에 가든 뭘 하든 간에 우리는 우리대로 놀겠다~ 이런 판이 계속 이어지는 거 같아서 보기가 좋고. 그 판을 이어가는 건 결국 팬들이고 아이돌이 활동을 잠깐 중단한다 해도 팬들의 활동은 중단되지 않더라. 그래서 주체적이지 않다고 하는 말이 과연 맞는 말일까? 하는 생각이 든다.

민정 : 뭐… 왜? 질문 자체가 이해가 안 되는데? 콘서트만 덕질이 아니잖아. 옛날에 찍어놨던 것도 보고 친구들끼리 모여서 우리 아티스트에 대해서 이야기하고. 이런 것들이 다 덕질이지. 콘서트 가서 노래 듣는 것만 덕질이라고는… 노래를 듣는 거는 계속 들을 수 있잖아. 이 사람의 질문 자체가 이해가 안 된다.

인생에 다른 일을 제쳐두고
옆에 없는 사람에게
환장하는 모습이
현실도피 같다.

- 머글 J

Q 현실도피 같다는 의견들도 있었다.

유성 : 현실도피?? 그냥 공부하다가 힘들 때 영상 한번 보면 힘이 나고 그러는데 그게 현실 도피?? 나쁜 현실도피가 아니다.

지수 : 어째서… 어째서 현실 도피라고… 왜지? 어떤 부분이 현실도피인 거지? 어떻게 현실도피로… 왜 그렇게 되지? 나는 그냥 질문 듣는 순간 현실도피 같은 이유를 전혀 못 찾겠다. 전혀 공감이 안 되고 아예 감을 못 잡겠다. 그래서 대답하기가 어렵다. 진짜 전혀 모르겠다.

지은 : 나의 경우엔 맞는데 이분이 말하는 현실 도피와 내가 말하는 현실도피의 정의가 다른 것 같다. 이분이 말하는 현실도피는 진짜 아예 현생을 놔버리고 거기에 빠져 지내는 것 같다는 느낌이 드는데. 내가 말하는 거는 일상의 스트레스를 잠깐 잊는? 스트레스받다가도 최애 사진 한번 보면 O. 몇초 만큼은 뇌가 팍 트이는 느낌? 일상에서 조금씩 즐기면서 삶을 영위하는 게 나쁜 건가? 라는 생각이 든다.

수영 : 현실을… 현실을 도피?? 현실을 어떻게 도피하는걸까? 그 시간 동안 잠시 현실에서 느낄 수 없는 즐거움을 느끼는 걸 도피라고 말할 수는 없다고 생각한다. 도피는 현실을 외면하고 어딘가에 가야 도피인데. 덕질은 현실을 도피하는 수단으로 쓰기에는… 여행같이 물리적으로 떠날 수 있는 것도 아니고. 퇴근하고 저녁에 그림 그리면서 잠시간 일에 대해서 생각하지 않고 내가 쉰다. 개념으로 생활하는 것과 연장선에서 생각한다면 덕질도 그런 거지. 도피하기 위해 덕질을 선택할 수 있을까. 그런 분들도 있기는 하겠지. 다른 거 보기 싫고 이것만 보겠다. 근데 그거는 덕질이어서 현실도피를 하는 게 아니라 현실도피를 하고 싶어서 덕질을 선택한 거겠지.

혜인 : 이것도 할 말이 없다. 이렇게 생각하는 사람들한테는 말 해봐야 소용이 없을 것 같다. 말이 안 통하는 것 같다. 그냥 그렇게 생각하고 살라고 하고 싶다.

재희 : 현실도피? 이거라도 해서 현실도피 할 수 있으면 이것보다 더 좋은 도피처가 있을까? (웃음) 물론 현실도피는 아니지. 근데 그거 보는 순간은 되게 행복함이 커서 잠시 잊어서 현실도피라 할 수 있겠지만 어차피 동영상 끝나면 현실이고. 덕질을 하려고 해도 돈을 벌어야 하니까 현실이고. 하지만 덕질이 도피처가 된다면 세상에 이보다 더 좋은 도피처가 어디에 있을까? 너무 행복한 도피처 아닌가? 영상만 보면 돈도 안 들고. 회피 좀 하면 어때 이렇게 빡빡한 세상에.

미지 : 음악 페스티벌 가서 잠깐 현실을 잊고 즐기다가 다시 현실로 돌아오지 않나? 여행 가서도 잠깐 현실을 잊고 즐겁게 놀다 와서 더 열심히 현실을 살아가지 않나? 어떤 의미로 현실도피 같다고 하는지 모르겠지만 덕질도 다른 것과 똑같다고 생각한다. 덕후들이 현생을 잘 살지 못할 거라는 전제를 깔고 생각하는 것 같다.

경진 : 처음엔 현실 도피를 위해서 시작한 건 맞긴 하다. 나는 현실을 피하려고 덕질을 시작하긴 했는데 덕질을 하면서 현실로 다시 돌아왔다. 덕질을 하면서 일상생활을 더 잘할 수 있게 됐으니까. 확실히 긍정적인 효과를 준다.

민정 : 현실도피? why 현실도피인가요? 계속 질문을 한 사람들의 의도가⋯ 현실도피? 테니스 치는 건 현실도피가 아닌가? 왜지?? 아이돌이 우리랑 사는 세계가 다르다 라고⋯ 그래서 그런가?? 나는 현실도피가 전혀 아니라고 생각하는데 왜 현실도피라고 생각할까 궁금하다. 내가 그 사람을 좋아하고 이 감정이 현실적인 건데 어떻게 현실도피라고 할 수 있지? 우리가 폭풍의 언덕을 읽으면서 주인공에게 "오~" 이렇게 할 때도 있고, 영화나, 드라마 도깨비를 볼 때? 그것도 그러면⋯ 실물을 두고 좋아하는 감정만 인정하는 사람인 것 같다. 항상 다양성을 좀 인정해 줬으면 좋겠다. 결론은 그건 거 같다.

Q 덕질은 사진 저장부터 시작하게 되는 것 같다. 대부분 핸드폰에 사진이 많이 저장되어 있을 것 같은데, 머글들은 핸드폰에 최애 사진 100장~1,000장 이상 저장되어 있는 게 이상하고 정상은 아닌 거 같다고 하더라. 어떻게 생각하나? 핸드폰에 사진 몇 장 저장되어 있는지도 궁금하다

유성 : 핸드폰 터지려고 하는데??ㅋㅋㅋㅋㅋ 2만 장 있는데?? 진짜 3분의 2는 아이돌 사진. 그냥 예쁜 사진 있으면 보이는 대로 저장 하는거라… 정상이 아닌 것 같다는… 말넘심… 나는 저장 공간을 늘려서라도 최애 사진을 더 담고 싶다.

지수 : 나는 달마다 사진을 정리하는 스타일이라서 지금은 거의 없다. 대략 한 50장? 정리한 지 얼마 안 됐다. 근데 사람들이 카페 가서 자기 사진 찍고, 여행 가서 사진 찍고 하는 거랑 똑같은 것 같다. 그냥 예쁜 사진 있으면 저장하는 거랑 똑같고 그거에 대해서 막 집착을 하고, 모아야겠다, 뭐지 이것밖에 안 되네? 막 그렇게 생각하면서 변태처럼 모으진 않는다. 보다가 저정하고 이런 게 쌓이고 쌓여서 이렇게 되는 거지 한 번에 막 몇천 장씩 저장하고 이러진 않는다.

지은 : 나는 그렇게 많진 않다. 4~500장 정도? 오프 나가서 먹은 거 찍고 이런 게 더 많은데? 덕질하면서 나의 일상을 찍은 사진이 훨씬 많은 것 같고 그런 게 한 천오백 장 정도? 그게 좀 크리피 하다고 생각될 수 있구나. 왜 돈 드는 것도 아닌데? 그냥 예뻐서 저장하다 보니 그렇게 모이는건데… 사람이라서 그런가? 모르는 대상을 이렇게까지 좋아할 수 있나에 대해서 크리피 하다고 생각하고 그런 건가 보다. 뭐 모르시면 그렇게 생각할 수도 있긴 한데 내가 얘 사진 만장 저장하는 목표로 일상 하나하나 놓치지 않겠어! 이거라기보다는 트위터 보다가 어 이거 예쁘다, 예쁘다 하다 보면 쌓여있는 거라서….

수영 : 나는 저장을 많이 하는 편이 아니어가지고… 근데 이것도 그렇잖아. 활동기 때 사진이 많이 나오고 아닐 때 아닌데… 사진 몇장…? 한 이주 사이에 저장한

건 3장 정도? 나는 그렇게 많이 저장하는 편은 아니고 어차피 트위터 계정이 있기 때문에 거기다 리트윗을 해놓고. 근데 진짜 똑같은 사진도 10장씩 저장하게 되는 사진도 있기는 하니까. 이상하… 이거는 개인 차이가 큰 것 같다. 실제로 다 저장해서 날짜별로 저장하는 게 굉장히 큰 즐거움인 컬렉터 형 사람도 있고. 나 같은 경우는 그렇지 않은데 왜냐면 오랜 덕질을 통해 저장해도 다시 안 본다는 걸 알았기 때문이지. (웃음)

혜인 : 애초에 선체 사진이 몇 장 안 되는데 전체 사진이 250장 중에 89장 정도? 근데 이거는 내가 연예인을 좋아하니까 그 사진이 많은 거고 내가 만약 패션을 좋아했으면 패션에 관련된 사진이 많지 않겠나. 그거랑 똑같은 거 아닐까? 내 관심사에 대해서 사진이 많은 거는 당연한 거 아닐까?

재희 : 나는 지금 거의 없다. 옛날에는 저장 많이 했는데 앨범 관리를 못 해서. 이건 내 성격 문제인 거고. 근데 예쁜 것 보면 저장하고 싶지 않나? 강아지나 고양이 좋아하면 막연하게 저장하듯이. 그냥 그게 대상이 아이돌이라서 그런 거지 자기애가 강한 사람들은 셀카 많이 찍지 않나. 그런 차이다. 이야기하신 분들 사진첩에도 분명 특정 뭐가 엄청 많이 저장되어 있을 텐데. 그건 편견인 거지.

미지 : 최애 사진 3천 장 정도 저장되어 있다. 3천 장이라는 숫자만 보면 엄청 많다 싶은데 이게 한 번에 3천 장을 저장한 게 아니고 그냥 몇 년에 걸쳐서 새로운 사진 있을 때마다 한두 장씩 저장하다 보니 이렇게 됐다. 단순 숫자만 보면 이상해 보일 수 있겠구나 싶긴 하다.

경진 : 7천 장~1만 장 정도 있는 것 같은데? 그런 생각을 한~~번도 해본 적이 없다. 사진을 저장하는 게 그런 비중을 가지고 맞다 아니다 한다는 것 자체가… 취향 차이일 뿐이지. 정상이다 아니다 나누는 건 아닌 것 같다.

도연 : 아하하하하하하하하항 정상이 아니라고 하니까 뭐 어쩔 수 없는데 한번 볼

까. 일단 사진이 1,949장, 영상이 56개, 짤이 579개 있네. 정상… 우리는 미쳤어요? 아하하하하학 네~ 저희는 미쳤습니다~ 미쳐버렸습니다~ 사진은 다시 보면 되게 기분이 좋은 것 같다. 보다 보면 너무 힘이 되고 비타민 같고. 내가 좋기 때문에 저장하는 거니까 미쳤다고 하면 할 말은 없지만 내가 좋아하는 거를 눈치 봐야 하나 싶다.

민정 : 나는 2만 장 정도를 이미 외장에 옮겼다. 카테고리가 두 개인데 최애를 제외한 다른 멤버가 만장, 최애가 만장 정도 됐을 때 외장에 옮기고 지금 다시 시작하거든. 가족사진보다 많았던 것 같다. 왜냐면 같은 컷이라도 어떻게 편집했느냐, 필터를 뭘 썼느냐에 따라서 다르기 때문에 여러 개 들어가 있을 때도 많고. 그리고 추억을 하는 거다. 이때 이 옷을 입었을 때 애들이 이런 걸 했지. 식구들은 지금 내 옆에 바로 보이니까 볼 수 있지만 이 친구들은 실제로 못 보니까 옛날에 예뻤던 모습을 보는 거고. 예쁜 거 있으면 다시 못 보니까 습관적으로 계속 저장해 두는 거다. 우리 집 애들도 예쁠 때 저장하는 거랑 똑같지 않나. 그리고 식구들은 사진을 찍어야지만 얻을 수 있지만 이건 다른 사람들이 찍어서 올려주는 걸 저장만 하면 되니까 당연히 저장 해두는 게 맞지.

연인이 아이돌 덕후면
덜떨어져 보여서
정이 떨어질 것 같다.

- 머글 K

Q 연인이나 배우자가 아이돌 덕후이면 이해해 줄 수 있냐는 질문에 머글 대부분이 어려울 것 같다고 답변했다. 덕질 취미에 부정적이지 않던 머글도 막상 이 질문에는 싫다고 답변했다. 가장 많은 이유로 〈 질투 난다, 시간 뺏길 것 같다, 만나자고 했는데 콘서트 간다고 다음 에 보자고 하면 싫을 것 같다〉 그 외에는 〈한심해 보인다, 심하게 빠 지면 이혼할 것 같다, 덜떨어져 보여서 정떨어질 것 같다〉는 답변도 있었다. 이에 대한 의견과 괜찮다고 하다가도 자기 연인으로 대입하 면 싫다고 하는데 어떻게 생각하나?

유성 : 질투가 날 수도 있긴 한데 여자친구가 그걸로 행복해하면 이해해 줄 수 있는 부분이라 생각한다. 현실에서 일반인 남자를 두고 좋아한다고 하지 않는데 연예인을 두고 그렇게 생각한다는 게 약간… 연예인도 그냥 일반인을 좋아하는 것처럼 그런 계열이라고 생각하는 것 같다. 내 친구는 연애하면서 덕질 하는데 남자친구가 엄청 잘 이해해 준다. 맨날 인스타에 자기 좋아하는 아이돌 올리는데도 남자친구는 아예 별로 신경을 안 쓰는 것 같더라. 연애랑 덕질이랑 분리해서 생각하는 것 같다.

지수 : 왜 그럴까?? 으하핫 그냥 다 편견에서 온 것이 아닐까? 그리고 진짜 만나보기 전엔 모른다고 생각합니다. 진짜로 덕질 하는 사람을 사귀어보기 전에는 모르는 거지 않나. 그냥 다 자기 상상이고 진짜로 그런 사람이 있을수도 있고, 안 그런 사람이 더 많을 것 같은데. 다 사바사인것 같고 다 그럴 것 같다고 미리 생각해서 싫다고 하는거는… 그냥 좀… 자기 자신이 좋은 사람을 만날 기회를 자기가 끊어 버리는 게 아닌가? 그런 생각이 든다. 나는 아이돌 덕질 하는 사람들이 좋아하는 힘이 있다고 진짜 믿는다. 그래서 그 힘이 굉장히 큰거고. 뭔가를 좋아하고, 정성을 쏟을 수 있고, 마음을 쓸 수 있다는 것 자체가 자신한테 좋아하고 사랑하는 사람이 생겼을 때 그 이상을 할 수도 있다는 의미로 생각한다. 그만큼 좋은 사람도 있을 텐데 그걸 스스로 놓치게 되는 게 아닌가 그런 생각이 든다.

수영 : 근데 내가 만약 이런 이미지, 이런 편견을 가지고 있어서 실제로 덕후들을

이렇게 본다면, 나라도 싫을 것 같다. 이렇게 자기 삶을 살지 못하고, 주체성도 없고, 모든 걸 그 사람에게 맞춰서 사는 사생 같은 삶을 생각하면서 덕후를 생각한다면 나라도 싫을 것 같고. 그래서 나는 꼭 아이돌이 아니더라도 자기가 진짜 좋아하는 게 있는 사람이면 좋겠다고 생각하게 되는 것 같다. 근데 솔직히 덕질 해본 사람은 알겠지만 그렇게 모든 약속을 깰 만큼 애들이 스케줄이 많지도 않아. 내가 무슨 회사를 빼먹어 가면서 쫓아다니거나 그런 것도 아니고.

혜인 : 왜 그럴까…? 왜 그럴까? 나도 궁금하네! 왜 그럴까? 자기가 경험을 안 해봐서 그런 거 아닐까? 팬덤 생활을? 크게 문제가 없는데 그냥 똑같은데… 뭐 바보들이 모이는 줄 아나…? ㅋㅋㅋㅋㅋㅋㅋ

재희 : 그냥 바로 드는 생각은 이 사람들은 이미 약간 팬을 사생이라고 생각하나? 이미지 자체가 안 좋지 않나. 그래서 그냥 막연하게 싫다는 거부감이 있는 건가. 자기 연인이 갑자기 덕질을 시작하면 바뀔 수 있다고 생각한다. 내 주변에 커플들은 티켓팅 도와주고 이것 땜에 헤어져! 이런 경우는 없었다. 막상 그 상황 되면 그것 때문에 헤어지는 사람 아무도 없을걸?

미지 : 아니라고 하지만 결국 마음속 깊은 곳에 편견이 자리 잡고 있기 때문 아닐까? 생각해 보면 나도 남이 하면 괜찮지만 내 가족이나 연인이 하면 싫을 것 같은 일들은 결국 맘 깊숙이 그 일에 대한 편견이 있기 때문이더라. 근데 그냥 연인이 즐겨하는 취미가 있는 것 정도일 뿐이다. 똑같은 돈과, 시간을 들이는데 덕질이 아니라 다른 취미였어도 이런 반응이었을까? 연인이라고 취미가 항상 같을 수 없고 다들 이번 주말에 일정 있으면 다른 날 보자 하지 않나? 근데 그게 아이돌 공연이 사유인 거면 기분이 나쁘다?? 물론 매번 친구 만난다고 약속 미루면 기분 나쁜 것처럼, 공연 때문에 약속을 미루는 일이 잦다면 기분 나쁘겠지. 중요한 건 아이돌이 매주 공연 스케줄이 있는 것이 아니라는 것이다. 아이돌 덕질이라는 것 자체 때문에 그냥 거부감을 느끼는 것은 아닌지 한번 생각해 보는 것도 좋을 것 같다. 질투는… 나를 기준으로 이야기 하면 덕질하는 최애보다 여진구나 공유를 질투하는

게 더 맞을 것 같은데?

경진 : 질투는 이성 덕질이 아닌 경우도 있는데? 그리고 콘서트는 맨날 있는 게 아니다. 그냥 내가 한 달에 한 번 취미생활 한다고 생각하는 거다. 같이 가도 되는데 한번 가서 싫다고 하면 안 가도 된다. 연애하면서 덕질도 했었는데 그때 전혀 그런 문제가 없었다. 같이 티켓팅도 해줬다.

도연 : 상대가 좋아하는 거를 존중하지 않으면 그 둘의 관계라는 것이 의미가 있을지 모르겠다. 도박처럼 살림 다 끌어다가 바치고 이러면 당연히 문제가 되고 지탄받아야 마땅한데… 사람마다 기준이 너무 달라서 하나의 정답을 내릴 순 없는 것 같다. 그런데 너무 덕후들을 하나의 이미지로 매몰시키려는 느낌인 것 같다. 한심해 보이고, 덕후는 이럴 것이다! 너무 부정적으로 단정 짓듯이 말하는 게 있어 불쾌함이 있네. 다른 취미에 대해서도 이렇게 얘기했을까 싶고.

민정 : 상대방의 개인적인 공간을 인정하지 않는 것 같다. 사귄다는 의미를 모든 측면을 다 컨트롤한다고 생각하는 것 같은데. 난 그 관계가 옳다고 생각하진 않는다. 서로서로 좀 인정을 해주고. 아이돌 콘서트 간다고 나를 안 만나 줄 것 같다고 하지만 남자들이 친구랑 술 먹으러 가는 것과 똑같다고 생각하거든. 나한테 많은 기쁨을 주는 사람들인데 그걸 가는 게 당연하고. 친구 만나러 가는 것과 똑같은 무게를 두고 생각해야 하는데. 그리고 우리가 항상 붙어있을 필요는 없거든. 왜 서로 그렇게 붙어있으려 하고, 다 알아야 하는지. 서로 간에 좀 인정을 해줬으면 좋겠다.

내 아내는 아이돌 덕후

실제 아이돌 덕후를 배우자로 둔 사람들은 어떤 기분일까?
도연, 민정 덕후 남편을 만나 직접 물어보았다.

- Play list -

• 한걸음 뒤에 서서 - **AB6IX**
• 사랑하면 안될까 - **2am**
• 잘할게요 - **브라운아이드걸스**

Q 처음 배우자가 아이돌 덕후라는 것을 알았을 때 어땠나?

도연의 남편 : 어… 사실 결혼하기 전부터 아이돌 덕후는 아니었다. 별 감흥은 없었다. 왜냐하면 예전 직장 상사분들이 아이돌 덕후였고, 지금 직장에도 덕후들이 되게 많다. 아이돌 덕후분만 아니라 온갖 덕후들이 많은데 그런 걸 많이 봐서 별 감흥은 없었다.

민정의 남편 : 처음에는 팬이라는 게 어느 정도인지 징확힌 개념이 없으니까 그냥 어떤 팀을 좋아한다, 적당히 좋아하고 즐겁게 지냈으면 한다 그런 희망, 바람 정도?? 뭐 이제 우린 중년이니까 어디에 지나치게 몰입된다든지 생을 팽개치고 끝장을 본다든지 이렇게 될 리는 없으니까. 어느 정도 사회생활을 했던 사람들이고. 오히려 생활에 좋은 양념이 될 것 같다는 그런 생각을 했지. 거부감은 없었다.

Q 배우자가 어느 정도의 덕질을 하고 있는지 알고 있나? 어떤 마음으로 이해해 주고 있나?

도연의 남편 : 대충 알고 있지. 자기 방에 포스터 범벅이니까(웃음) 일단 동일한 앨범이 여러 장 배송되어 온다, 방송을 챙겨 본다, 덕메들 소모임도 있고, 임신하기 전에는 콘서트도 챙겨 다니고. 그리고 트위터를 끊임없이 보고. 비효율적이라고 느끼는 게 연말에 보면 항상 시상식 같은 걸 챙겨 보더라. **(도연 : 내 연말연시 행사라고)** 근데 그 연예인이 나오는 건 2시간 방송 중 3분 정도밖에… **(도연 : 으하하하하하확하하확하하확ㅋㅋㅋㅋㅋㅋ)** 이렇게 영양가 없는 덕질이 세상에 어디 있는지… 이런 비효율적인걸 왜 하는 거지? 라고… 생각하거든. 근데 주변에 보면 기상천외한 덕질 하는 사람들이 많거든. 직장에 여자인데도 불구하고 키보드 덕후인 분이 있다. 그래서 일본에 키보드 사러 가기도 하고, 30~40만 원 짜리 키보드를 4~5개씩 들고 있고, 직접 납땜질해서 키보드 조립도 하고. 솔직히 만 원짜리 키보드 써도 아웃풋은 똑같잖아. 그런 걸 자주 보다 보니 취미를 이해해 주는 스펙트

럼이 생긴 건지는 모르겠다. 그리고 중요한 건 와이프도 내 취미를 인정해 주잖아. 우리 집에 레고 진열장이 따로 있고, 플스 4, 5도 있고, 다스베이더도 세워져 있고, 스타워즈 블루레이도 다 있다. 나도 한 덕후 하는데 동성 친구들도 내 취미를 이해 못 하기도 하거든. 나도 만약 이런 취미에 선을 넘는다면 문제가 생기는 거지. 예를 들어 방 가득 똑같은 레고로 가득 채우고 이걸로 재테크를 하겠다고 하면 이해의 영역을 넘은 거고. 우리 와이프도 만약 아기가 있는데도 불구하고 생방을 봐야 하니 아기를 뒷전으로 하고 있다, 아이돌 스케줄 따라서 같은 비행기에 항상 타고 다닌다 이런거는 사회적 물의를 일으킬 수 있는 부분이니 이해하고, 하지 않고 영역이 아닌 해서는 안 되는 영역이고. 근데 뭐 2시간 중 3분 나오는 거 보기 위해 혼자 1시간 57분을 앉아있고 이거는 뭐(웃음) 사실 내가 힘든 건 아니니까. 이해의 영역이라기보다는 좋아하는 거니까 특정 선을 넘지 않으면 되는 거 같다.

민정의 남편 : 전곡을 다 듣고, 추천하고, 음원 숫자 올리기 위해 광클릭 하시는 거 뭐 그런 기본적으로 사람들이 하는 거 할거고. 이제 교육이나 가정에서 어느 정도 해방이 된 나이니까 본인의 일에 지장 없는 범위 내에서 최대한 쥐어짜서 장기 콘서트. 그 뭐라 그러지? 올콘! 올콘 하는 거로 알고 있고. 성지순례 가면 내가 운전병으로 따라가서 사진 찍어 주고. 아주 소녀들이 하는 짓인 줄 알았는데 내 부인이 하더라고. 그리고 애들 장난감 같은 굿즈 사 모으는 거~ 이상한 뭐~ 장난감 같은 거 사는 거 보면 한심하기도 하지만 귀엽기도 하지 흐흐흐흐. 웬만한 젊은 친구들이 하는 걸 다 하고 거기다 젊은 친구들이 못하는 돈, 시간 들어가는 것도 할 수 있는 특권을 가진 층이라 볼 수 있고 그건 나도 전혀 반대 의견 없다. 당연히 그건 뭐 대한민국 남자가 부인한테 어떻게 말을 함부로 하겠습니까. 속으로 '아이 좀 심하다~' 심하게 말하면 "밥도 안 차려 주고 가느냐." 이럴 수도 있을 건데. 집에 와서 얼굴도 못 보면서 친구들하고 그런 거 하러 가고 이러면 문제가 있겠지만 그게 아닌 범위 내에서는 대화의 소재거리도 되고 나로서는 나쁜 면보다 좋은 면이 훨씬 많은 것 같다. **(민정 : 왜 그거 있다고 했잖아 당신을 옭아매지 않아서 좋다고)** 마지막에 제일 좋은건 내가 해방 된다는 거! 부인의 덕질을 적극 권장하는 이유는… 적극 권하진 않았지만… 뭐 다 하라고 하거든 어디 멀리 가서 하는 거 아니니까. 덕질을

하므로 인해서 내가 밤에 술 좀 먹어도, 친구들하고 놀아도, 간혹 몇 박 놀러 간다고 해도 이 사람이 나한테 뭐라 하지 못하는 아주 굉장히 큰 메리트기 있지. (웃음)

Q 덕질하는 연인 & 배우자가 싫은 이유로 '이성이기 때문에 질투 난다'는 내용이 가장 많았다. 질투 나지 않는가?

도연의 남편 : 뭐 사실 질투를… 나봐야 어떻게 해결책이 있는 것도 아니고. 그렇다고 우리 와이프가 갑자기 "나는 최애를 만나러 나가야겠어." 그렇게 할 것도 아니니까. 주변에도 아이돌 덕후이신 분이 결혼하셨는데 처음에는 와이프가 왜 그러냐고 그랬는데 점점 이해를 해주시더라. 선을 넘지 않으니까 형수님도 다 이해를 해주고.

민정의 남편 : 우리는 이제 늙었으니까 그런 건 초월했고. 나도 뭐 미안하지만 젊은 여자 보면 예쁜데 이 사람이라고 젊은 남자 보고 예쁘지 말란 법 있겠냐고. 근데 이게 구름 속에 있는 왕자를 보는 거지 옆에 있는 게 아니잖아. 옆에 있다 한들 뭐 밥 한 끼 하고, 차 한잔하는 정도가지고 그걸 뭐 그렇게… 스읍… 거부감을 가진다 그럴 것까진 없을 것 같고. 차라리 이 사람이 좋아하는 유형, 무형의 사람이 있으면 그 사람의 장점이 뭔가, 이 사람이 왜 그 사람을 좋아할까, 그런 쪽으로는 내가 배울 게 있는가 라는 생각을 할 때는 있다. 착하다든지, 말을 잘한다든지, 겸손하다든지 심지어 춤을 잘 춘다! 그러면 '아씨 나도 춤...? 이건 안 되겠는데?' ㅋㅋㅋㅋㅋ 이런. 어쨌거나 내가 혹시 부족한 게 있어서 그럴 수도 있겠다 그럼 나는 그런 면은 좀 채워야지! 그런 생각도 없지 않아 있다.

Q 아이돌 덕질을 이해해 주는 배우자나 연인은 그만큼 애정이 없기 때문에 질투도 안 나는 게 아닐까 하는 의견도 있었다.

도연의 남편 : 그거는 조금 잘못된 게 아닌가 라고 생각을 하는데. 굳이 아이돌뿐만 아니라 그냥 영화배우 영역에서도 생각할 수 있는 거고. 나는 예전에 제니퍼 코넬리를 너무 좋아해서 싸이월드에 사진을 다 모아놓기도 했다. 직업군만 다르다 뿐이지 나도 그 배우를 좋아해서 신작을 되게 많이 챙겨봤거든. 그럼 옆에서 질투해야 한다고 하는 건 되게 웃긴 거잖아. 그래서 좀 약간 과도한 게 아닌가. 근데 그렇게 과민하게 반응하시는 분들은 과했던 사람을 만난 적이 있는 게 아닌가 싶기도 하다.

민정의 남편 : 뭐 우리 지금 30년? 가까이 살았지? 30년 가까이 살았는데 애정이 없다고 하는 말은 나한테 해당 안 되는 것 같고. 내가 뭐 여자 가수 누구를 좋아한다고 해서 이 사람이 나한테 뭐 사랑이 식었니 이런 얘긴 안 할 것 같다.

사진이
많으면 많을수록
거부감 느껴질 듯.

- 머글 S

Q 아이돌 사진을 저장하는 게 정말 싫고 사진이 많으면 많을수록 거부감이 들 것 같다고 한다. 사진을 저장하지 못하게 했다는 사례도 있었다. 배우자가 최애 사진 저장하는 것에 대해 어떻게 생각하나?

도연의 남편 : 사진 저장하는 건 자기 핸드폰인데 뭐 허허허허허. 사실 우리 와이프도 애 태어나기 전까지는 카톡 프로필이 항상 최애였거든? 내 얼굴이 올라가 본 적이 한 번도 없다. 근데 집에서 맨날 보는데 핸드폰은 다른 거 해놓을 수도 있지 않나 그렇게 생각한다. 그런 부분까지 터치해서 감시의 영역으로 끌고 가는지 나는 조금. 원래 사람은 자기 개인의 영역이 되게 중요한 법이잖아. 그것까지 침해하려고 한다는 건 조금 위험한 거 아닌가.

민정의 남편 : 내가 모르는 이상한 남자라면 뭐 거의 이혼감이 되겠지만, 다 알고 덕질 하는데 좀 엉뚱한데 에너지를 쓴다! 이런 데 대해서는 조금 불만이 있다. 눈도 잘 안 보이면서 사진 막 저장하고 그렇게까지 할 필요는 있나. 깔린 게 영상매체인데 그때그때 보고 지워버리면 되지. 굳이 저장하고. 저장한다고 잘 보지도 않잖아? ㅋㅋ **(민정 : 외장하드에 옮기지)** 그니까 나중에 보면 가족사진, 결혼사진도 잘 못 보는데 굳이 그거 해봐야 "아이고 내가 저거 세 번 열어보나 봐라~" 예를 들자면 ㅋㅋㅋㅋㅋㅋ 막 그걸~ 모아가지고~ 뭐 이렇게 보고… 스으읍… 차라리 아들딸 사진이나 좀 더 보고 하하하하하하 하는 게 안 낫겠느냐~ 그런 생각은 있지. 근데 뭐~ 싫다는 게 아니라 (속삭이며) 한심하다~~~ 싫다는 건 아니다. 저 에너지에 쉬지. ㅋㅋㅋ 몰라~ 리프레쉬가 많이 되어서 영양소라고 주장을 하겠지만 내가 봤을 때 피곤하고 눈 벌겋고…ㅋㅋㅋㅋㅋㅋ 다 큰 사람 혼낼 수도 없고. 뭐 미운 정도는 아니다. 그냥 불쌍한 여동생 같은 그 정도지.

Q 비교 대상이 될 수 있다는 게 싫다고 한다.

도연의 남편 : 아이돌 특성이 워낙 비쥬얼적으로 강조된 영역이다 보니 그렇게 생각할 수도 있을 것 같다는 생각은 한다. 근데 내가… 제니퍼 코넬리와 우리 와이프를 비교한다는 생각은 한 번도 해본 적이 없거든. 허허헛. 하면 뭐할 거야. 만약에 정말 내가 제니퍼 코넬리가 좋아 죽겠어서 비교를 했어. 그래서 내 인생에 해결될 수 있는 건 아무것도 없잖아. 마찬가지겠지. 우리 와이프가 노래 부르는 것도 좋아하는데 와이프 최애는 춤도 잘 주고 노래도 살하셨시. 근네 나는 공내생이다 보니 춤도 진짜 못 추고 음치에 박치다. 노래를 진짜 못한다. 이 상황에서 나랑 최애랑 비교해서 나한테 개선점을 요구한다거나, 개선이 있어야 한다고 해서 그 상황에 개선할 수 있는 게 하나도 없을 거거든. 그러면 그게 의미가 있을까. 의미가 없어 보인다.

민정의 남편 : 우리가 신혼 때! 만일에 김건모를 좋아했다! 이렇다면 좀 질투가 되겠지만 ㅋㅋㅋㅋㅋ 지금 내가 ㅋㅋㅋㅋㅋ 최애하고 어떻게 비교 대상이 되겠냐고 ㅋㅋㅋㅋㅋㅋ 그런 단계는 넘어갔고. 아까처럼 이 사람이 저 아이를 좋아한다니까~ 저 아이의 장점이 뭘까? 이 사람이 얘기하니까 알지 그러면 그런 면이 좋은 면이겠구나! 그런 거는 나도 좀 본받으면 이 사람한테 안 쫓겨나겠구나. 이 정도 생각은 하고 있지. **<Q 나이대가 비슷한 연예인을 덕질한다고 하면 어떨 것 같으신가요?>** 만일에 뭐 이승환이나 송골매 아저씨 이런 사람을 좋아한다? 글쎄 뭐… 별로 상관없을 것 같다. 신뢰감이 있어서 그런 건지. 이게 실제 생활이 아니잖아. 뭐 좋아할 수도 있겠다. 대신 약간 날라리 계통에, 사생활 안 좋고, 행동거지도 영 아닌 그런 사람을 좋아한다 그러면 '아니 저런 새끼를 좋아해?? 저 새끼가 나보다 낫단 말이야? 실망인데~' 이런 건 있을 수 있지. 근데 그런 얘기는 아마 우리 정도의 부부라면 안 할 것 같다. **(민정 : 내가 좋아한다면 윤상)** 윤상? 윤상같으면 조금 긴장되겠는데??ㅋㅋㅋㅋㅋㅋㅋ 그럴 수 있겠지만 그렇다고 지가 어쩌겠어~ 나를 버리고 윤상한테 가진 못할 거고. 근데 진짜 광기가 있어서 윤상 집에서 매일 뻗치기

한다 이러면 그땐 정신 차려라 문제제기 할 수 있겠지만. 중년 덕질 하시는 분들은 그런 시기는 다 떠난 분들이니까.

Q 자신은 접근할 수 있는 범위에 있으니 만나는 것인가? 아이돌은 접근 가능하지 않은 범위에 있기 때문에 자신을 만나는 것인가? 아이돌을 만날 수 있으면 자신을 안 만나고 아이돌을 만나겠네? 하는 생각이 들기도 한다던데 어떻게 생각하나?

도연의 남편 : 그분들에게 물어봅시다. 엄청 아름다운 여배우를 만날 수 있으면 여배우를 만날래 여자친구를 만날래. 그 사람도 여배우를 만나겠지. 근데 우리는 알잖아 만날 수 없다는 거. 허헛 현실적으로. 현실적으로 만날 수 없다는 거 아니까. 스읍… 굳이 너는 그럴 거라고 규정 짓는다거나, 의심하는건 너무 좀… 그렇게 되면 대한민국 그 누구의 어머니는 나훈아랑 바람이 나야 해. 남진은 누군가와 바람이 나야 하고. 그래서 너무… 좀… 과도한… 거의 있을 수 없는 일을 가지고 와서 한다는 게. 오히려 나는 아까 말한 선을 넘어가면 되게 화를 낼 것 같다. 비행기 따라 탄다거나 그러면 큰일 나지. 벽장 한가득 씨디를 가득 채운다 이러면 되게 문제가 크다 생각을 하는 건데. 굳이 뭐… 해봐야 씨디 한두 장 사고, 콘서트 1년에 한두 번 보고 하는데 어떻게 만나 ㅋㅋㅋㅋㅋㅋ 못 만나지 ㅋㅋㅋㅋㅋ 말 같지도 않은 소리를 하고 있어 ㅋㅋㅋㅋㅋㅋ 말이 안 되는 영역이다. 좀 잔인하게 말하면 우리 각자 주제를 알고 있잖아. **(도연 : 으하하하하하하하하하황ㅋㅋㅋㅋ)** 우리는 우리 주제를 알고 있지.

민정의 남편 : 그걸 극단적으로 얘기해서 그러는 건데. 나 어릴 때 김완선이라 그러면 춤 잘 추지, 노래 잘하지, 예쁘지, 최고였다. 그걸 본다고 해서 그 사람이 내 짝이라고 생각하는 거 아니잖아~ 그냥 예쁘고 잘생기고 노래하는거 들으면 스트레스 풀리고 그래서 좋아했던 적이 우리도 있었겠지. 그게 연애하고, 가족, 부부생활 하는데 방해가 된다고까지 염려하는 건 너무 아닌 것 같다. 내가 이 사람 12시에

MBC 앞에 데려다줬는데. 오픈스튜디오에서 하는 거. 그런 거 한두 번은 보고 싶잖아 가끔~ 실제 어떻게 생겼는지도 보고. 그 정도는 뭐~ 괜찮은데 매일매일 그런다! 그렇게 되면은 못살지~ 그건 이 사람에 대한 신뢰, 가정을 버리고 맨날 거기서 피켓 들고 그것만 한다고 그러면 안 되잖아. 근데 대부분 그럴 리가 없을걸~ 대부분 없을 것 같고. 그거를 오해하는 사람은 그 남자가 찌질이지~ㅋㅋㅋ 뭐 그걸 가지고~ㅋㅋㅋ **(민정 : 난 사귄다면 생활인으로서의 면을 봐야 하는 거거든. 최애의 생활인으로서의 모습은 보고 싶지 않아. 생활인으로서 신뢰감, 나를 절대 버리지 않겠다, 우리에 대한 책임감 이런 선 당신한테만 있는 거거든. 생활인으로서 좋아하는 건 당신이라는 거)** 누가 물어봤어요? **(민정 : 아니 그니까 여기서 보충 설명이 필요할 것 같아가지고. 절대 네버!)**

Q 함께 즐길 수 없는 취미여서 싫고, 함께하는 시간이 없어져 쇼윈도 부부가 될 것 같다는 의견도 있었다.

도연의 남편 : 함께 해도 쇼윈도 부부 되지. 허허허허. 약간 너무… 삶을 단편적으로 바라본 게 아닌가. 그냥 좋아하는 거 각자 하면 그게 제일 평화롭거든. 취미는 두 가지 영역이 있다. 액티브한 영역과 패시브한 영역. 액티브한 영역은 일주일에 한 번, 한달에 한 번 나가서 활동하는 거고. 패시브한 영역은 집에서 내 스스로 휴식을 취할 수 있는 거. 독서라든지 영화 감상이라든지. 평상시 나를 온화하게 만들어 줄 수 있는 것들. 사실 아이돌 덕질 이런 건 패시브 영역이고. 굳이 공통 관심사를 만들려면 액티브한 영역에서 만들면 되지. 그러니까 너무 단편적으로 본 거 아닌가 그런 생각이 든다.

민정의 남편 : 그런 부분은 오히려 더 좋아졌다. 각자 일 하고 주말에 쉴 때도 이 사람은 집안일을 많이 하고 나는 놀러 많이 가니까 그러면 공감대가 부족해지는데. 덕질을 하니까 "이번 주말에 다른 일 없으면 어디 가자" "어디 갈래" "갤러리 가자" "왜 가는데? 누가 갔던데 구나! 오케이 그럼 가자~" 그럼 내가 운전해 주고, 사진

찍어 주고 나와서 차 한잔 마시면서 감상평 나누고. 가까운 데는 비스비만 가지고 대중교통으로 다녀오고. 어떻게 보면 부부의 우정을 이렇게 많이 나눌 수 있다는 게 오히려 고맙다. 미국 갔을 때도 **(민정 : 애들 갔던데 따라서 여행을)** 간 김에 그런 포인트를 가는 거지. 그다음 완주에… **(민정 : 아 완주에 무슨 고택 하여튼 애들 촬영지)** 그런 데를 가면 오히려 어디 갈까 고민하는데 갈 장소가 있고, 이 사람한테는 그 장소가 의미 있고, 그렇다고 해서 그 장소가 나쁜 장소가 아니니까. 오히려 스케줄 짜는 데 편하다. 시간을 뺏긴다기보다 오히려 그것 때문에 더 접점을 주는 계기가 된다~ 나는 좋은 식으로 본다. 근데 바쁘면 각자 하면 되는 거지. 본인은 덕질 하시고, 나는 나대로 취미생활하고. 서로 터치 안 하니까 더 좋은 거잖아. 젊을 때는 같이 놀고 싶고, 시간을 많이 보내고 싶어서 좀… 그럴 수 있겠지만? 대화하면 돼. 언제나 신랑 각시가 맨날 같이 골프 치러 가고, 스키장 가고 그러지 않잖아. 각자 생활하다가 저녁에 만나서 뭐 했냐 묻고, 나는 뭐 했다 그러면 너는 그런 거 뭐 하러 좋아하노, 그럼 당신은 뭘 좋아하냐 그렇게 티격태격하기도 하고. 어쨌거나 대화할 수 있는 소재거리가 계속 있다는 자체가 좋은 것 같다.

너무 심하게 빠질시
이혼의 위기까지 처할 듯.
존중은 하나
제 연인은 아니기를.

- 머글 K

Q 덕질하는 연인, 배우자를 두면 〈시간을 뺏길 것 같다, 일상에 중요한 스케줄과 아이돌 스케줄이 겹쳐 문제 발생, 계속 아이돌 이야기하고 콘서트 같이 가자고 할 것 같다, 소비하지 않아도 되는 곳에 소비해서 트러블이 생길 것 같다〉 등 여러 가지 문제가 생길 것 같다는 의견이 많았다. 실제로 덕질로 인해 문제가 생긴 적이 있나?

도연의 남편 : 이렇게 얘기하신 분들은 약간 과도한… 선을 넘으려고 하는 분이 주변에 있었다면 어느 정도 이해할 수 있을 것 같다. 뭐든지 선을 넘으면 문제거든. 예를 들어 생방을 보려면 무조건 그 앞에 앉아있어야 하는데 살다 보면 그럴 수 없는 상황이 많잖아. 나중에 녹화방송을 보거나 유튜브 찾아보면 되는데 "아니다 나는 무조건 생방을 봐야 한다." 라고 했을 때는 그런 트러블이 생길 수 있을 것 같다는 생각은 한다. 근데 그게 아니라 뭐 불필요한 지출… 취미중에 돈 안드는 취미 없다. 내가 복싱하고 있는데 복싱장 가보면 아무것도 없다. 샌드백 하나 있는데 글러브가 10~20만 원씩하고. 관비도 내야하고. 사소한 운동을 하려고 해도 돈이 들고 특정 취미의 영역으로 가면 돈이 들지 않는 취미가 하나도 없다. 그리고 딱히 생각나는 트러블은 없고 그런 건 있었다. 사전 약속이 있었는데 콘서트가 나중에 잡혀서 그거 가고 싶다 그래서. 그 상황 자체를 받아들일 수 없는 중한 약속이었다면 트러블이 생기지 않았을까 생각하는데. 일단 그때 한번이었기 때문에 어… 한번쯤은 그래도 괜찮지 않나 라는 생각을 했었다. 물론 이게 계속되면 위험하겠지. 크리스마스 땐 저녁에 같이 놀기로 하고 낮에 팬미팅 보내줬는데 내 성격상 크리스마스 자체에 큰 의미를 두는 사람도 아니고. 외박하는 건 아니니까. 한 번쯤 밖에 나가서 친구들하고 놀다 오는 정도로만 생각한 것 같다. 그리고 나도 혼자 노는 거 좋아한다. (웃음) 그래서 딱히 문제 될 것 같진 않다고 생각했다.

민정의 남편 : 있긴 있는데 우리가 얻는 게 더 많다는 거지. 시간 뺏기면 오히려 나에게 시간이 나니까. 나를 간섭하는 시간이 줄어드니까 좋기도 하고. 그리고 과거에 이 사람은 진짜 일주일 하고 24시간을 나와 가정을 위해 썼단 말이지. 물론 직장생활 했지만 그걸 제외한 모든 시간을 나한테 줬는데 지금 와서 그 시간 좀 가져

간다고 해서 뭐라 그러면… 시간 뺏겨도 좋다! 많이 써라! 단! 눈에 막 핏줄 맺히고 피곤 할만큼 뺏기는 건 싫다! 뭐 싫어도 내가 어떻게 하겠어. 그리고 스케줄 겹치는 건 알아서 할 일이지 뭐. 젊은 사람들은 혼선이 있을 수 있고, 무단결근하고 갈 지도 모르겠지만 뭐 웬만한 이성 가진 사람들이라면 그러진 않을 거고~ 그런 문제 만큼은 잘 극복할 수 있을 것 같다. 쓸데없는 거 많이 사고 그런 거는 그냥 귀엽고 한심하고 약간 그런 정도. **(민정 : 자기 집안일 내팽개치고, 좋지 않은 모습을 보이는 사람은 아이돌 덕질을 하지 않고 다른 어떤것을 하더라도 성실치 않은 모습을 보일 것 같아요.)** 주로 같이 가는 사람들 얘기 들어보면 다 지기 활동 열심히 하는 분들이더라고. 아니 그렇게 열심히 일한다는데 자기 시간 내서, 자기 돈으로 좀 한다는데 충분히 장려할 만한 일이지. 그거 하고 난 다음에 지쳐서 쓰러지면 하지 말아야 할 일이지만. 특히나 우리 세대는 남자들은 좀 대충 살아도 잘 살았는데 여자들은 고생만 했잖아. 그러니까 중년 팬들은 진짜 누릴 자격이 있다고 본다. 마음은 20~30년 전으로 돌아가서 좋아할 수 있는 그런 대상이 생겼다는 게 의미 있는 거지. 갈 곳 없고, 취미생활 없고, 불쌍하게 살았던 대한민국 586 마미들이 안전하게 바람피울 수 있는 그런 걸 줬다고 본다!

머글에서 덕후로

- Play list -

• 나 너 좋아하나봐 - **스트레이 키즈**
• 너 아니면 안돼 - **예성**
• LOVE DIVE - **아이브**

Q 덕후가 되기 이전 머글이었을 때 아이돌 팬에 대한 인식이 어땠나?

지수 : 아이돌 노래도 잘 들었고 아무 생각 없었다. 그 세계에 대해 잘 몰랐다고 해야 하나? TV에서 본 아이돌 팬클럽의 이미지. 그룹마다 색깔이 있고, 응원법을 외치고 하는 모습이 떠오르는 정도였다. 아이돌에 대한 편견도 딱히 없었다고 생각했는데 답변하다 보니 아이돌은 잘생기고 예쁜 사람들이라는 편견을 갖고 있었던 것 같다.

재희 : 본격적으로 시작하기 전에는 나도 편견이 있었던 것 같다. 진짜 몰라서 그랬던 거지. 자기 것 안 챙기고 쫓아다니고, 과연 자기 할 일 할 거는 하면서 하는 걸까? 시간이 남아돌아서 하나? 미디어의 일부만 보고 나도 되게 시간 낭비라고 생각했던 것 같다. 막상 해보면 정말 평범한 사람들이라는 거. 자기 할 일 굉장히 열심히 하고, 덕질도 열심히 하고.

민정 : 처음에는 자기 일 하지 않고 정작 중요한 게 뭔가? 학생 같으면 공부, 대학생은 미래에 대한 준비? 이런 것들이 더 급선무인데 그거를 내팽개치고 한다는 생각을 했었다. 근데 그게 아니고 그걸 더 잘할수 있는 힘을 주는 존재라는걸 몰랐던 거지. 내가 잘못 생각했다는 거지.

Q 덕후가 된 지금은 아이돌 팬에 대한 생각이 어떻게 바뀌었나?

지수 : 알지 못했던 세상의 사람들을 만난 느낌? 그리고 그렇게 열정적으로 뭔가를 좋아하는 사람들도 실제로 처음 봤고. 그래서 아까 말한 좋아하는 힘이라는 것에 대해서도 평생을 한 번도 생각해 본 적이 없는 단어나 개념이었는데 아이돌 팬들을 보면서 '어 이런 것도 어딘가에 따로 존재하는 힘인 것 같다.' 그런 생각도 하게 됐다. 나의 세계가 넓어진 것 같다.

재희 : 완전 바뀌었지. 아이돌 덕질하는 사람들은 열정이 있다고 생각한다. 정말 열정을 갖고 할 수 있는 일이라서 자기 일에도 굉장히 열정 있는 사람들을 많이 봐왔다. 그리고 조건 없이 주는 나무 같은 느낌이다. 적지 않은 사람들이 너 이름도 모르고, 얘가 너한테 돈을 주는 것도 아닌데 왜 좋아해 라고 하는데, 사실 그런 거 바라고 좋아하는 게 아니지 않나. 조건 없이 주는 나무처럼 그냥 절대적인 사랑을 보내는 사람들인 거다. 자기 자신을 사랑하고 되게 그릇이 넓은 사람이 덕질을 할 수 있다고 생각한다. 사랑도 해본 놈이 한다고… 난 대단한 사람들이라고 생각한다. 이런 계산적이고 빡빡한 세상에 어떻게 이렇게 순수하게 누군가를 응원하고 지지할 수 있을까.

민정 : 애가 셋인데 둘째가 덕질을 했었다. 집으로 비공굿이 오고 이러는 게 되게 싫더라. 안에 뭐가 들어있는지 뻔하고, 책상 위에 올려있고 이런 게. 그래서 얘는 자기 할 일, 공부가 더 급한데 왜 이럴까? 했는데 공부를 할 수 있는 원동력이라는 걸 몰랐던 거다. 내가 입덕을 한 뒤에 둘째한테 미안하다고 했다. 엄마가 그때 너의 마음을 너무 몰랐다. 그게 너 살아가는 데 얼마나 힘을 주는지 전혀 모르고 공부만 생각했다고. 참 미안하다고. 우리가 살아가는 데 있어서 한 가지만 중요한 게 아니거든. 내가 좋아하는 여러 가지가 서로서로 상호관계를 이루면서 시너지를 발휘하는 건데. 인생에서 대학 가고, 취업하고 이런 게 중요하지만 계속 뭔가를 잘 해낼 힘을 기르는 게 중요한데 그 힘을 덕질에서 받을 수 있다는 걸 몰랐던 것 같다. 내 주변에서는 덕질이 그 사람의 삶에 긍정적인 영향을 준 경우가 더 많거든. 다만 그게 뉴스가 되지 않을 뿐이고, 매체에 오르내리지 않았을 뿐이지. 어디든지 나쁜 단면이 있을 수 있는데, 그 단면이 다인 것처럼 생각하지 말아줬으면 좋겠다. 좋지 않은 건 극히 일부분이다.

일코는 필요할까?

- Play list -

• 세상에 단 하나뿐인 마음 - **동방신기**
• 행복한데 - **디크런치**
• 모두다 쉿! - **쥬얼리**

Q 덕질 하면서 상처받거나 기분 나쁜 말을 들은 적이 있는가?

서아 : 같은 반 남자애가 "기생오라비같이 생겼는데 왜 좋냐??"라고 했을 때. ㅎㅎ 근데 걔도 여자 아이돌 보면서 왜 그런 말을 하지? 라는 생각이 들었다.

유성 : 그냥 엄마가 맨날… ㅋㅋㅋㅋ 또 영상 보냐고 하면서. 나는 나름대로 공부 한다고 하는데 엄마는 내가 유튜브 볼 때마다 보니까 공부를 안 한다고 생각하시 는 것 같나.

수영 : 아이돌 팬덤의 편견에 대한 이야기들을 많이 들어봤지만, 직접적으로 들어 본 적은 없는 것 같다. 그럴 수밖에 없는 게 나는 일과 관련되어있다고 얘기를 하면 모든 게 설명이 되더라. 근데 그게 되게 웃긴다고 생각한다. 어떻게 보면 그들이 보 기에 나는 생산적인 덕후라고 생각했기 때문일 수도 있고, 많이 배운 덕후라서 그 런 거일 수도 있겠으나. 같이 일을 한 친구 중에 덕질 하는 친구도 많거든? 근데… 어… 그것도 어떻게 보면 일종의 편견이네. 그러니까 내가 아이돌을 얼마나 좋아 하는지, 얼마큼 이들을 위해서 시간과 돈을 쓰는지에 대해서 자신이 가진 어떤 편 견을 이야기하고 싶었을지도 모르지만, "나는 덕질 하면서 이런 것들을 해왔어요." 라고 말하는 순간 "어 그럼 그럴 수 있지." 처럼 돼버리는 것 같다. 그래서 오히려 직접적으로 나에게 안 좋은 얘기를 하기가 또 어렵겠지 아무래도.

재희 : 나잇값 못한다, 돈 낭비다, 돈 벌어서 다 그렇게 쓰냐, 그런다고 걔네가 너 이름 알아줄 것 같아? 이런 거. 근데 나 몰라도 돼. 그냥 가수와 팬의 관계를 하고 싶지 사적으로 친해지고 싶은 마음 1도 없으니까. 아 그리고 "아이돌 안 좋아하게 생기셨는데…" 어떻게 보면 되게 기분 나쁜 말이다. 되게 편견 아닌가. 그럼 아이 돌 덕질 하는 사람은 어떻게 생겼다는 건데?

미지 : 어렸을 땐 걔네 인기 없지 않냐, 걔네 공부 못하는 애들 아니냐, 연예인 좋 아하지 마라 등 이런 얘기 많이 들어봤고. 지금은 주변 대부분이 덕후들이고, 덕후

가 아니어도 네가 행복하면 됐지! 이런 시각으로 보는 친구들이 많아서 안 좋은 얘기 들을 일이 별로 없었다. 근데 한번은 새롭게 동네 친구를 알게 됐는데 나는 일코를 안 해서 자연스레 아이돌 좋아한다고 얘기했다. 그 얘기 하자마자 표정이 순간 확 변하더니 바로 "돈 많이 쓰지 않아요?"라는 말을 하더라. 생각보다 그렇게 돈 많이 안 쓴다고 답하자 "조공한다고 막 돈 쓰고 그러지 않나?"라는 말을 했는데. 그때 기분 나빴다기보다 약간 갸우뚱? 하면서 어이없고 의아했던 것 같다. 이런 말을 하는 사람이 처음이기도 했고 아이돌 팬이라고 했는데 바로 돈 얘기가 나오는 것도 신기하고, 조공을 다 한다고 생각하나? 진짜 그냥 어떻게 생각이 그렇게 흘러가지? 했던 기억이 있다.

경진 : 그건 너무 많다. 기본적인 것부터가 걔네가 밥 먹여주냐, 시간이 아깝지 않냐, 남는 게 뭐냐, 돈 그렇게 써도 되냐, 다른 취미생활을 가져라 등등. 기본적으로 부정적인 생각이 깔린 상태로 주변 사람들한테 안 좋은 말을 많이 들었다. 온라인에서는 멍청해 보인다, 왜 저렇게까지 좋아하는지 모르겠다 등 이런 이야기들을 들으면 마음이 아프고 기분이 상한다. 상처를 많이 받게 된다.

도연 : 친구들이 아직도 걔 좋아하냐고, 걔 별로던데, 걔 뭐가 그렇게 괜찮냐 이런 식으로 얘기할 때. 굳이 내가 좋아하는 대상에 대해서 폄하 발언을 할 때. 친한 친구들이었는데 마음이 좀 상하더라. 그 친구들은 내가 그 정도로 걔를 아끼는 걸 모르는 거야. 솔직히 내가 아끼는 사람을 대놓고 까는 건 굉장히 좋지 않잖아. 최애는 나를 모르지만 내가 응원하고 격려하는 사람인데 친구들은 가볍게 생각하는 것 같다. 그리고 친구가 "남편보다 좋은 거야?" 이렇게 묻더라. 그래서 아이돌을 향한 마음은 완전 다른 거다 얘기 해줬다. 이건 기분 나쁘진 않았고 그냥 조금 황당하고 재밌었던 에피소드. 그냥 머글들은 이렇게 생각하는구나 싶었다. (웃음)

Q 아이돌 덕후의 편견에서 벗어나기 위해 일코를 하는 사람들도 많다. 편견이 아예 없던 머글들은 일코하는 게 더 이상해 보인다, 떳떳하게 더 당당하게 드러내야 편견이 없어지는 것 아니냐 라는 말을 하기도 했다. 현재 일코중이라면 일코하는 이유와 일코가 필요하다고 생각하는지 궁금하다.

유성 : 나는 일코를 안 하는 편이다. 주변에 일코 하는 친구가 있는데 모르는 사람들이 봤을 때 이미 편견들이 형성이 되어있으니까, 그걸 자기한데 대입해서 생각할까봐 그래서 일코 하는 것 같다. 개인의 선택이라 생각한다.

지수 : 일코는 안 하는데 이해는 된다. 사람들 심리가 다 다르지 않나. 일코 안해도 나처럼 아무렇지 않은 사람도 있고. 내가 덕후인 걸 알게 되면 무슨 말을 할지 모르니까 상처받고 싶지 않아서 일코를 하는 사람도 있을 것이고. 여러 이유가 많겠지만 어쨌든 저마다 사정이 있어서 자기에 맞게 하는 거라고 생각한다.

지은 : 나는 한다고 하는데… 티가 나서 다들 알고 있더라. 왜냐면 이러고 다니니까 (핸드폰 그립톡이 최애 캐릭터) 다들 내 최애는 모르지만, 저 인간은 누군가의 팬이다 라는 걸 알고 있기는 한데. 일코는 사람의 성향에 따라 다른 것 같다. 개인마다 편견을 감당할 수 있는 역량과 역치가 다르다고 생각하거든. 그걸 감당할 수 없고 나는 남의 시선이 중하고 그것 때문에 스트레스를 받는 사람인데 떳떳하려면 밝혀야 한다? 그건 좀 아닌 것 같다. 약간 폭력적인 시각인 것 같다. 편견에 맞서 싸운다 까지는 아니지만 어쨌든 직접적으로 대면해야 하는 사람한테 네가 떳떳하면 밝혀야지 이거는 되게 폭력적인 시각이라 생각해서 아닌 것 같다. 나도 그런 생각 많이 한다. 30대가 덕질한다는 것에 대한 프레임이 있으니까 이걸 내가 밝혀서 맞서면 되지 않을까? 숨어서 덕질하는 30대분들한테 용기를 주기 위해서 밝히고 하면 좋지 않을까? 라는 생각을 하긴 하는데. 잘 생각해 보면 난 그걸 견딜 수 없는 사람이다. 내가 엄청 유명한 사람도 아니긴 하지만. 어쨌든 내가 삼십 대고, 초반도 아니고 중반이라는 게 드러났을 때 사람들이 어떻게 생각할까에 대한 생

각을 나 스스로도 굉장히 많이 하면서 스트레스받을 것이고. 그렇기 때문에 나는 조용히 하는 거다. 남이 편견을 말할 때 어쩌라고 할 수 있으면 일코 안 해도 되는 거고, 그런 편견 때문에 자기가 스트레스받을 것 같다면 하는 게 맞다고 생각한다.

수영 : 근데 나는 이게 정확한 관점인 것 같다고 생각하는데. 아무도 편견이 없다면 일코 할 필요가 없지만, 일코를 하지 않으면 상처를 받게 되는 일들이 생기기 때문에 일코를 선택해야만 하는 사람들이 있는 거거든. 본인이 편견이 없어서 "왜 굳이 일코까지해?"라고 하는 게 또 다른 부메랑처럼 다시 상처로 돌아오게 되는 것 같다. 그러니까 팬들이 일상에서 더 어려운 거겠지. 사실 그건 똑같지 않나. 직장에서 남자친구 있다고 하면 괜히 귀찮은 말 많이 듣고, "주말에 데이트했겠네~" 이러면서 괜히 사생활에 관해서 물어보고? 이런 분위기의 직장이라면 있어도 없다고 하는 것 처럼. 만약 주변 사람들이 아이돌 좋아하는 거에 대해 편견이 없으면 그냥 얘기하겠지만, 슬쩍 얘기를 던져봤을 때 부정적인 반응들이 있으면 일코를 선택하는 게 나의 일상을 지키는 방법이 되기도 하니까. 그건 정말 편견을 경험해봤기 때문에 선택하게 되는거라 생각하고. 일코하는 사람들한테 일코하지 말고 나와서 얘기해라 이것도 폭력적이라 생각한다. 편견이 없다면 일코도 없을 거다.

미지 : 일단 나는 일코하지 않고 있다. SNS에도 거리낌 없이 최애 영상이나 사진 올리는데 내가 아이돌 좋아한다는 이유만으로 나를 한심하게 보는 사람이 있다면 그 사람은 그냥 그 정도의 사람이라고 생각한다. 날 욕하면 나도 같이 욕하지 뭐 이런 생각인데. 근데 이것도 내 주변에 대체로 편견 없는 사람들이 많아서 할 수 있는 말일지도 모른다. 주변에 편견을 갖고 있는 사람들이 많고, 그게 아니더라도 상처를 잘 받는 사람이라면 자신을 보호하기 위해 일코해야지. 그리고 아이돌 팬들이 어떤 시선을 받고 어떤 말을 듣는지 잘 안다. 오프 나가면 그런 시선들을 느끼기도 하고. 덕질하면서 대체로 외부에서 받는 시선은 부정적인 시선이 지배적이고, 누군가 우리에게 덕질 관련해서 얘기한다면 높은 확률로 안 좋은 이야기이다. 어느 정도의 수위로 안 좋은 이야기를 듣느냐로 나뉘기 때문에 사람에 따라 일코가 필요하다고 생각한다.

도연 : 일코를 하는 건 이해가 된다. 왜냐면 친구네 회사에 나이 있는 상사가 아이돌 팬인데, 덕밍아웃 당하면서 직원들이 상사 없을 때 뒤에서 욕을 한 거다. 나이 저렇게 먹어서 덕질 한다고. 그걸 보면서 친구도 일코를 하게 됐다. 그니까 내가 떳떳하든 안 하든 그거는 아무 상관 없다. 남들이 그렇게 생각해서 내가 차별 받을 수 있는 확률이 있기 때문에 일코를 하게 되는 거거든. 왜냐면 괜히 사람들 편견에 의해서 내 멀쩡한 능력까지 폄하될 확률이 있기 때문이다. 내 잘못은 아니잖아. 그런 확률이 실제로 있기 때문에 일코를 하게 되는 것 같다.

아이돌 팬들이
듣기 싫어하는 말에
답해보자

- Play list -

• 갑자기 분위기 싸해질 필요 없잖아요 – **스트레이 키즈**
• 내게 아픈 말은… – **유키스**
• 하지하지마 – **갓세븐**

걔네는 너
숨 쉬는 것도
몰라.

- 무수히 많은 머글

"걔네는 너 숨 쉬는 것도 몰라.", "네 존재도 몰라."

지수 : 맞아!!! ㅋㅋㅋㅋㅋ 근데 어쩌라고 내가 좋은데 ㅋㅋㅋㅋ 설 연휴에 집에 갔는데 해외에서 했던 그룹 콘서트를 TV에서 방영하더라. 근데 내가 거기 어딘가에 있었으니까 "아빠 나 저기 어딘가에 있었어!" 하면서 봤다. 정말 많은 사람 중에 한 명 아닌가. "아빠 나 저기 머리통 중의 하나야!!" 하면서도 아무렇지 않았고 그냥 스스로 아무것도 아닌, 존재도 모르는 그중에 하나라는 것을 이미 인식하고 인정하고 그럴 수밖에 없다는 것도 알기 때문에 다른 사람들이 그렇게 말을 해도 영향을 안 받는다.

지은 : 팬싸 가면 알거든!? 진짜 어쩌라고 밖에 할 말이 없는데… 그거 다 인지하고 있는 거거든. 물론 팬싸 여러 번 가면 알게 되고, 어디를 자주 가는 분들은 알아봐 주기를 하는 마음이 있긴 하겠지. 근데 대부분의 팬들은… 그니까 이 태도가 너무 오만하고 싫은 게 너가 모르는 걸 내가 깨우쳐주겠어 이런 마인드인 것 같아서 싫은 건데. 알아 나도 알아. 걔가 나 몰라도 되는데? 걔가 날 알아서 뭐 하지? 진짜 뭘 하지? 개인적으로 걔랑 카톡을 할 수 있는 것도 아니고. 근데 되게 웃기다. 그럼 다들 누군가를 존경하고 좋아할 때 그 사람이 자신을 알아서 그렇게 존경하는 건가? 운동선수 좋아할 때 운동선수가 나 아는 거 아니고 다 비슷한 거 아닌가? 모르는 대상을 좋아한다는 거에 대해서 굉장히 신기하신가 보다….

수영 : 모르겠지. 아는 애도 있었을 거구요. 하하하하 알만큼 자주 본 사람도 있었고. 지금 내 최애들은 내가 있는지 모르겠지만 그게 내가 덕질을 하는 이유는 아니니까 상관없다.

혜인 : 몰라도 돼~ 굳이 알 필요까지는 없어. 내가 오빠 숨 쉬는 거 아니까.

미지 : 당연한 소리를 왜 하나? 내 존재를 아는 게 더 신기하다. 최애가 나를 알았으면 좋겠고, 직접적으로 알고 싶다는 생각도 없다. 직접적으로 알고 싶지 않은 이

유는 무대에서의 모습이 아닌 그 뒷모습까지 사적으로 다 알게 된다면 연예인으로서의 내 최애는 없어지는 거니까 그건 싫을 것 같다. 최애가 나를 알 필요도 없고 나만 알면 된다.

경진 : 서로를 알아야만 할 수 있는 것이라면 이 관계가 처음부터 시작될 수가 없다. 그렇기 때문에 날 몰라도 상관없고 어쨌든 애들은 나를 팬으로 기억하지 않나. 팬덤 명을 불러주면 한 사람만 얘기하는 게 아니고 전체를 얘기하는 거니까 상관없다.

도연 : 마음이 상했어… 근데 내 존재를 몰라도 상관없거든. 아무 상관이 없다. 나를 알리고자 해서 덕질을 하는 것도 아니고. 내 숨 쉴 구멍, 내 공기청정기, 내 정수기이기 때문에 아무 상관이 없어. 근데 뮤지컬배우, 영화배우를 좋아하는 것에 대해서는 이렇게 얘기 안 할 거면서 왜 아이돌 덕후들한테만 그 사람과의 관계를 계속 면전에 세우는지 모르겠네?

민정 : 아 상관없다. 내가 좋아해서 하는 거지 ㅋㅋㅋㅋ 나의 감정이 제일 중요한 거다. 어떻게 보면 타인이잖아. 우리가 생일 카페 하는 것도 생일자는 모르지만, 우리끼리 즐거운 거고. 내가 즐거우려고 하는 건데.

"걔네가 밥 먹여 줘?"

서아 : 어… 너도 취미 하면 밥 먹여주는 거 아닌데 취미 활동 하잖아!

유성 : 앨범에 한정판 카드가 있었는데 내가 당첨된 적이 있었다. 근데 그게 되게 비싸게 팔리더라. 팔고 싶지 않았는데 돈이 없어서 팔았다. 진짜 초반에 팔았으면 200만 원이었는데 나중에 팔아서 30만 원에 팔았다. 돈이 생겨서 그걸로 맛있는 밥 먹었다. (웃음)

지수 : 하하핫!!! 근데 진짜 밥 먹여주는 사람들도 있다는 거! 그리고 밥 먹여주지 않아도 마음이 풍성해진다고 해야 하나? 그런게 있다. 책 읽으면서 마음이 풍성해지는 거랑 나는 똑같은 느낌을 받는다. 앨범 살 때도 돈이 나가지만 오히려 그만큼의 기쁨과 행복을 얻고 있기 때문에 밥 먹여주진 않아도 나는 그만큼의 행복을 느낀다!

지은 : 먹여주는데!!! 나 같은 경우에는 역조공을 받은 적도 있고, 사녹을 갔더니 간식을 주기도 하고, 사진전에 온 친구는 주섬주섬 사탕을 나눠주기도 했다. 그리고 가끔 덕질로 배운 스킬을 통해 돈을 벌 기회도 있다. 물론 이렇게 돈을 버는 게 특수한 케이스일 수 있지. 이런 걸 하고 있으니까. 근데 밥 먹을 힘을 준다. 밥숟가락 들 힘을 주기 때문에. 근데 이 말이 되게 웃긴 게 걔네가 밥 먹여주냐…? 스읍… 대상을 좋아한다는데 왜 걔네가 너 밥 먹여주냐 라는 말이 나오는지 원론적으로 모르겠다.

수영 : 밥 안 먹여 주지. 먹여줘야 하나요? 제 밥을? 제 밥은 제가 알아서 잘~ 차려 먹고 있습니다. 하하하하하하하하 제 밥은 제가 알아서 ㅋㅋㅋㅋㅋㅋㅋ 굳이 그래야 하나요?

혜인 : 밥은 안 먹여 줘두 밥 먹으라고는 해! 뭐 먹었다고도 말해줘! 옷 따뜻하게 입고 다니라고도 해줘! 그럼 된 거 아니야?

재희 : 밥은 안 먹여 주는데 행복하게 해줘. 좀 더 내가 나은 사람이 되게 만들어 줘. 되게 좋은 자극을 받아. 쟤네도 저렇게 열심히 사는데 나도 열심히 살아야지 이런 좋은 동기부여? 사람들이 유튜브에서 동기부여 영상 많이 보지 않나. 우리는 다른 의미로 동기부여가 많이 된다. 좋은 자극도 많이 받고 진짜 좋은 사람이 되려고 노력하는 것 같다.

경진 : 요새는 진짜 밥 먹여준다! 특히 나는 역조공을 진짜 많이 받았다. 팬들이 조

공하는 커피차 이런 것들을 요즘엔 아이돌들이 팬들한테 해주는 분위기다. 공연 끝나고 떡볶이 순대 등 이런 분식차 같은 것도 보내주고 커피랑 빵 군것질거리 등 진짜 많이 받아봤다. 확실히 옛날이랑 문화가 많이 바뀐 것 같다.

도연 : 밥을 먹여주기도 하더라. ㅋㅋㅋㅋㅋ 밥차를 보내주기도 하고~ 실제로 내 최애는 팬싸에서 배민 쿠폰을 줬다. 그리고 밥이 잘 들어가게 해줍니다. 덕질의 효용이다. 덕질 안 하시는 분들 내가 안타까울 정도로 밥맛이 돌게 한다. 밥을 먹여 준다고 할 수 있겠지!

민정 : 밥 먹여줘요!!! ㅋㅋㅋㅋㅋ 너무 기분 좋게 밥 먹여주고. 밥 먹여준다는 말이 꼭 돈을 벌게 해준다는 그 의미가 아니라 내가 살아갈 힘을 준다는 거지.

"진짜 사귈 수 있을 것 같아?"

서아 : 너도 짝사랑하는 애랑 사귈 수 있을 것 같아서 짝사랑해????????ㅋㅋㅋㅋ ㅋㅋㅋㅋㅋㅋㅋ

유성 : 아니 나는 사귈 마음으로 좋아하는 거 아닌데?? 그냥 그 사람이 존재하는 것만으로도 감사해.

지수 : 아니! 아니!!!! 멀리서 좋아하고 싶은 마음인데? 이것도 모르나? 굳이 나를 몰라도 그냥… 행복하게 좋아하는 일 하면서 오래오래 있었으면 좋겠다 그냥 그런 느낌이다. 개인적으로 실제로 알고 싶고 그런 마음은 오히려 없다.

지은 : 아니… 걔가 저랑 왜요… 아하하하 저랑 왜 사귀죠??? 정말 만약에 나한테 누나 저랑 사귈래요 하면 진짜 "야 정신차려… 정신차려 네가 지금 연애할 때야? 너 미쳤어? 또래에 예쁜 애들이 얼마나 많은데 왜 나한테 난리야… 너 돈 필요하

니…? 누나 돈 없어…" 이렇게 얘기할 것 같은 느낌? 와 근데 난 진짜 최애가 남자로 보인 적이 한 번도 없었다.

수영 : 사귀고 싶은… 생각이 없구요. 네… 사귀고 싶은 생각 없어요…!

재희 : 아니이~~~~!!!!! 사겨주면 땡큐지 근데 내가 있는 줄도 모르는데 뭘 사겨 ㅋㅋㅋㅋ

미지 : 안 사귄다고!!! 나는 여진구랑 사귀고 싶다고!!!!! 그리고 내 최애는 요정이다. 인간이 어떻게 요정을 만나나. 우리는 종족 자체가 다르다. 요정은 요정을 만나야지!!!

경진 : 진~~~짜 안 사귀고 싶어 정말…!!! 정말!!! 아니 사겨서 뭐하냐고 대체 ㅋㅋㅋ 아예 처음부터 그런 마음으로 좋아했던 게 아니다.

도연 : 진짜 황당하네. 이 질문은 너무너무 황당하고. 사귀려고 덕질하는게 아닌데. 덕질에 대한 전제가 잘못됐기 때문에 접근법이 잘못된 것 같다. 전혀 접근이 잘못됐다.

민정 : 어우 나한테 보여주는 이상의 모습을 원하지 않아. 그냥 사적으로 커피를 한번 마실 수 있다, 식사를 한번 할 수 있다. 그건 성덕으로서 좋은 거지.

그 나이에 아직도
아이돌 좋아해?

- 무수히 많은 머글

"그 나이에 아직도 아이돌 좋아해?"

지수 : 으흐흥… 아직도! 라기엔… 나는 이제야인데… 이제야 좋아해? 이런 느낌인 것 같고. 그럼 이 나이에는 뭘 좋아해야 하는데? 요즘 젊은 사람들이 극혐하는 20 대에 몇 년제 대학 나와서, 졸업해서, 취업을 몇 살까지 하고, 30살 되면 결혼하고, 몇 살 되면 집을 사고 이런 거. 그런 거에 그럼 그대로 따라야 하니? 되묻고 싶다.

지은 : 100살까지 좋아할거라서… 하하하하하 죄송해요. 제가 100살까지 좋아할 거라서… 아직 60 몇 년이 남아가지고… 약간 원론적인 편견이 다 파생하는 것 같다. 아이돌이라는 직업 자체에 대한 편견, 좋아하는 사람에 대한 극단적인 모습들, 사귀고 싶을 거라는 생각. 그 삽합이 일체를 이뤄서 거기에 계속 파생되는 질문들 인 것 같다는 생각이 든다.

수영 : 아직도 좋아합니다~ 계속 좋아하지 않을까 싶다. 근데 나도 궁금하긴 하 다. 언제까지 아이돌 좋아할지. 지금의 추세로 보면 계속 좋아하지 않을까 싶다.

재희 : 응~ 나중에 바뀔 수 있겠지만 난 입버릇처럼 하는 말이 내 마지막 가수다! 평생 얘네만 팔거고 그 각오로 좋아하고 있다. 70대가 돼도 디너쇼 갈 각오까지. 그 정도의 굳건한 마음으로 사랑한다.

미지 : 10대 때 즐겁게 덕질 했었는데 그 뒤로는 내 마음을 흔드는 아이돌이 나 타나지 않아 머글로 살아왔다. 시간이 지나며 점점 덕질의 형태가 다양해지고, 응 원봉이 생기고 하는 것들을 보면서 너무 부러웠다. 그러다 덕통사고 당해 입덕하 고 처음 응원봉을 가지게 됐을 때 너무 설레더라. 생일 카페 다니는 것도 너무 재 밌었다. 얼마 전에는 최애 잡지 사진들을 잘라서 파일에 정리하는데 어렸을 때 생 각이 나면서 웃기도 하고 또 기분이 너무 좋았는데. 이 나이에도 이런 즐거움을 느낄 수 있다는 게 행복한 것 같다. 나이가 들었다고 내가 하고 싶은 걸 하지 말아 야 할 이유는 없는 것 같다. 아직도가 아니라 이제라도 다시 아이돌 덕질을 하게

돼서 너무 좋다!

경진 : 네!! 그래요 아직 좋아해요!! 나는 솔직히 디너쇼까지 가고 싶은 마음이ㅋㅋ ㅋㅋ 50~60대 돼도 계속 쫓아다닐 것 같다. 함께 늙어갔으면 좋겠다고 이야기 하기 때문에 서로 힘이 되어주고 싶은 그런 마음으로 계속 아이돌 덕질을 할 겁니다.

민정 : 나이는 별 상관없다고 생각한다. 누군가를 좋아하는 마음의 크기는 계속 지니고 가는 깃 같다.

"돈 안 아까워?"

유성 : 나는 그 순간의 두근거림과 즐거움을 사는 거다. 남는 게 있는데 왜 돈이 아깝겠어. 사람마다 소비 가치 기준은 다르다고 생각한다.

지수 : 안 아깝다! 가끔 소속사에서 돈벌이용으로 퀄리티도 굉장히 나쁘게 만드는 굿즈를 살까 말까 고민할 때는 아까울 때도 있는데 대체적으로는 안 아깝다. 얼마 전에 집 대청소를 하면서 공간 차지를 많이 하고 내가 실제로 잘 꺼내보지 않는 앨범들을 당근에서 나눔을 했다. 근데 결심하기 전에는 내가 스스로 아까워할 것 같고 그랬는데 실제로 과자랑 같이 봉지에 담아서 주고 오는 데 내 마음이 너무 기쁘더라. 당근 올릴 때도 이걸 보는 사람 중에 약간 돈이 없어서 못 산 학생들이나 그런 사람들이 갖고 가졌으면 좋겠다는 이런 마음이 들면서 내가 이거를 처음 받았을 때 진짜 설레고, 기쁘고, 행복하고, "예쁘다~!" 이랬던 경험을 다른 사람한테 그냥 선물해 줄 수 있다는 게 스스로 기뻤다. 이러면서 아 내가 앨범들을 돈 주고 많이 사긴 했어도 이걸 꼭 아까워하면서 쟁여둘 필요는 없겠다. 솔직히 돈 받고 팔아도 팔리는데 나눔하면서 느끼는 행복도 있다는 거를 이번에 처음 느꼈다. 그래서 돈은 전혀 안 아깝다!

지은 : 탈덕하면 앨범 산 돈이 제일 아깝긴 하지. 근데 그거 외에… 앨범 산 돈 외에는 진짜 아깝지 않은 게 나는 손민수를 많이 하는 편이어서 손민수는 탈덕해도 계속 입고 쓸 수가 있다. 콘서트 다니다 탈덕해도 그건 내 추억이고 경험이라 생각해서 안 아깝다.

수영 : 안 아깝습니다. 아까운데 돈 못 쓰지. 필수적으로 써야 히는 돈도 아닌데 내가 막 아 아까워~ 이러면서 쓰지는 못할 것 같다.

혜인 : 안 아까워~ 네 돈 아니잖아~~ ^_^ 내 돈이야~

재희 : 응 완전 안 아까워. 나는 내가 얘네한테 얻는 행복감을 따지면 이건 정말 돈을 더 줘야 한다고 생각해. 우리 진짜 소확행이라고 한다. 소소하지만 확실한 행복을 준다고. 너무 힘들 때 4분 동안은 영상 보면서 행복하다. 이렇게 가성비 좋은 취미가 없어요. 난 힘들다는 사람한테 덕질 추천 많이 한다. 그리고 더 큰 추억이 있다. 이 추억이 너무 좋아서 해외투어 계속 가는 것도 있는 것 같다. 가면 스스로가 되게 자랑스러운 것도 있다.

미지 : 난 덕질 하면서 항상 생각하는 게 진~~짜 가성비 좋은 취미라고 생각한다. 돈 이 정도 써서 이렇게 행복할 수 있다니??? 진짜 가성비 최고다.

도연 : 돈… 안 아깝던데? 오히려 덕질을 하면 더 열심히 벌고 싶다는 생각이 들기도 한다. 왜냐면 써야 하니까. 그리고 나는 아까울 정도로 돈을 쓰지도 않았던 것 같다.

민정 : 아아 안 아까워. 왜애. 우리 여행 갔다 오면 추억으로 행복한 것처럼 콘서트도 그 돈 들이고 갔다 오면 그걸로 몇 년 동안 행복한 거거든.

개네 인기 없지 않나?

- 무수히 많은 머글

"걔네 인기 없지 않나?"

유성 : 예전에는 친구들한테 내가 좋아하는 아이돌 얘기하면 멤버가 누구인지도 잘 몰라서 약간 서러웠고, 친구가 걔네 망돌 아니냐 했었던 적도 있었다. 근데 요즘은 앨범도 가뿐하게 100만 장 이상 팔 정도로 잘 되니까 이게 내 가수다 하고 자랑스러워하고 있다. 만약 정말 인기 없는 아이돌이더라도 그 아이돌을 파는 사람한테 "그 아이돌 인기 없지 않나?"라고 말하는 건 정말 무례하다고 생각한다. 팬들은 자기가 좋아하는 아이돌한테 하는 말이 곧 자신한테 하는 말이라고 생각하거든…!

지은 : 지금 좋아하는 친구들이 인기가 많은 친구들은 아니어서… 일단 가슴이 너무 아프고… 좋아하는 친구들 얘기했을 때 누구야? 걔는 누군데? 라는 반응이 제일 많은데. 가슴이 너무 아프고… 뭐라고 대답을 해줘야 하지…? 근데 어떡해 인기 없는 애한테 인기 없지 않아? 라고 하면 아닌데? 인기 많은데? 이럴 수도 없으니까… 근데 뭘 바라고 질문하는 건지 모르겠다. 인기 없지 않아? 이건 되게 예의 없는 거라고 생각한다. 그래서 이건 순수한 질문이라기보다는 상대방을 까 내리기 위한 질문이라 생각해서 마음이 아프고 대답할 가치를 못 느끼겠다.

혜인 : 요새 애들은 노래는 알아도 그룹 자체는 모르니까 그 그룹이 인기가 있었나? 어느 정도 급이었어? 그 정도 급이었다고? 이런 식으로 얘기를 하더라. 그러면 그땐 국민가수였어 라고 얘기를 해도 이해를 못 하지. 근데 인기 좀 없었으면 좋겠다 ㅋㅋㅋㅋㅋ 내 소원은 소극장 ㅋㅋㅋㅋㅋ 아직도 체조 매진이다. 3일 공연하면 3일 다 매진이다. 근데 어차피 머글들은 체조 채운다고 얘기해도 어떤 의미인지 모른다. 우리 컴백했을 때는 주경기장도 채웠다. 티켓팅이 아직도 힘들다… 아직도 취켓을 하고있어… 언제쯤 끝나….

재희 : 근데 우주 대스타 덕질도 애로사항이 얼마나 많은데. 물론 작은 팬덤도 애로사항이 있지만 큰 팬덤도 애로사항이 엄청 많다. 우선 자리가 없고, 진짜 먼지같이 보이고. 그리고 트위터에 내가 쓴 글 읽긴 하겠어? 공카에도 글이 몇만 개씩 올

라오는데. 이게 참 큰 팬덤도 애로사항이 많다. 우리 나름대로 정말 박터진다. 전 세계인과 싸워야 한다. 티켓팅 진짜 힘들다. 라스베가스 가고 싶어도 못 간 이유가 티켓팅이 망해서 못 간 거다.

미지 : 꼭 인기가 엄청난 아이돌만 좋아해야 하나? 그리고 본인들이 모르면 듣보인 줄 알더라. 요즘엔 대중 인지도와 팬덤의 규모가 비례하지 않는다. 대중들이 잘 모르는 이름이어도 국내든 해외든 어마어마한 인기를 가진 아이돌이 많다. 오죽하면 예전에 '방탄 인기 세대로 모르는 건 한국 사람들.'이리는 말이 나왔겠냐. 10대 때 좋아하던 아이돌은 진짜 인기가 없던 아이돌이라 이런 말 들으면 정말 상처받고 기분 나빴었다. 지금 좋아하는 아이돌은 인기 많은데 모르는 사람들이 듣보 취급하면 그냥 어이가 없어서 웃고 만다. 굳이 설명도 안 한다. 그래 니들이 몰 알겠냐.

도연 : 허억… 우리 최애한테 그렇게 얘기하면 나 진짜 너무 마음 아파… 이거야 말로 마상이다 마상. 친구들이 그렇게 얘기했으면 너무 상처받았을 것 같다. 꼭 인기 있는 아이돌만 좋아하란 법은 없고, 누구를 응원하든 간에 빛나게 될 사람을 응원하는 것도 맞는 거잖아. 허어 너무 마음 상해. 그럼 자기는 맨날 잘나가고 그럴 거야? 자기는 안 잘나가면 천대받아도 되는 거야? ㅋㅋㅋㅋㅋ 어떻게 그런 말을 할 수가 있어.

경진 : 가수도 그거에 대해서 알고 노력하고 있고 팬들도 서포트해 주려고 노력하고 있다. 지금 잠깐 인기가 없을 뿐이지 그 자리에서 열심히 노력하면 언젠가 빛을 볼 거라 생각한다.

"다른 취미생활을 가져봐"

유성 : 나는 그림 그리는 거 좋아해서 이모티콘도 만들었다. 다른 취미도 관심이 생기면 그 취미도 병행하지 않을까?

지수 : 다른 취미도 엄청 많다! 책도 진짜 좋아하고, 다이어리 꾸미는 것도 좋아하고, 영화 보는 것도 좋아하고, 자전거 타는 것도 좋아하고 취미로 하는 게 이미 너무 많고 덕질도 그냥 그중에 하나다. 또 뭔가 내가 진짜 하고 싶은 게 생기면 그것도 하고 덕질도 하겠지. 덕질을 하면서 내가 문제가 있는 것도 아니고 건강하게 잘하고 있는데 왜 이걸 내가… 냅두고 포기하고 다른 취미를 찾아봐야 해?

지은 : 많은데?? 다른 취미도 많다. 물론 덕질에서 파생된 거긴 하지만 언어도 배우고 있고, 운동하면서 내 건강도 챙기고 있고, 영화도 보고, 글도 쓰고 하는 거 되게 많은데… 그거 하나만 하는… 진짜 약간 그러네. 진짜 그거 하나만 한다고 생각하는 것 같다. 그게 아닌데.

수영 : 이미 다른 취미도 많아가지고… 헤르미온느로 살고 있어가지고… 하하하하하 나는 다른 공연이나 전시 보는 것도 좋아하고, 원데이클래스로 여러 가지 경험해 보는 것도 좋아한다. 다음 주에도 실크프린팅 클래스 들으러 갈 예정이고. 꽃꽂이 클래스도 듣고. 운동도 하고. 여러 가지의 취미생활을 이미 하고 있다.

재희 : 다른 취미생활도 있다! 결이 다른 거지. 그리고 나는 덕메들이랑 다른 취미도 많이 생겨서 같이 한다. 최애들이 만들어 준 인연으로 다른 취미까지 같이 하고 있다.

미지 : 내가 이 취미생활을 하면 백프로 행복해진다는 것을 아는데 안 하는 게 더 멍청한 것 아닌가. 아무래도 덕질은 시간과 장소에 구애받지 않고 숨 쉬듯 할 수 있는 취미이다 보니 이것만 한다고 생각할 수 있을 것 같은데. 다른 취미도 많이 한다. 뜨개질도 하고, 사진도 찍고, 오일파스텔로 그림도 그리고. 나에겐 덕질이 이런 취미들과 똑같이 즐겁다. 다만 이런 취미들은 물리적으로든 뭐든 시간을 내서해야 하는데 덕질은 내가 원하는 시간에 아무 때나 트위터만 들어가도 할 수 있는 것이라 더 편한 취미이다.

경진 : 다른 취미생활도 많다. 운동도 하고 다른 취미생활 가지고 있기 때문에 덕질을 할 수 있는 것이다. 덕질은 활동기 비활동기가 있기 때문에 매번 덕질을 하고 있을 수 없기도 하고 그렇지 않은 시간은 다른 것도 하면서 보낸다. 정말 덕후들이 덕질만 한다는 생각이 있는 것 같아서 그건 진짜 아니라는 것을 말하고 싶다.

도연 : 난 책 읽는 것도 좋아하고, 넷플릭스도 보고 다른 취미생활도 많다. 덕질은 나의 일부일 뿐이지 전부는 아니기 때문에. 그리고 약간 머글들의 이야기들이 굉장히 덕후들을 떨떨한??? ㅋㅋㅋㅋㅋㅋㅋㅋ 떨떨한 사람으로 본나는… 굉장히 무식하고…굉장히 세상 물정 모르는 그런 사람으로 깔려있거든 질문의 맥락이. 근데 다 멀쩡하게 자기 일 잘하면서 잘 벌어 먹고사는 사람들인데 이렇게 깐다는 거 자체가 굉장히 좀 의아하다.

"시간이 아깝지 않나?"

유성 : 오히려 가치 있게 쓴다고 생각하는데? 나한테 힘을 주니까. 살아가는 힘을 주니까.

지수 : 안 아까워! 왜 아까워? 이렇게 좋은 걸 보고 듣고 하는데? 내가 이렇게 힐링하고 기쁘고 행복함을 느끼는데 왜 시간이 아까워? 전시회 보러 가면 시간이 아까운가? 책을 읽으면 시간이 아까운가? 취미 하면서 시간이 아깝다고 생각하는 사람은 없을 것 같다. 시간이 아깝다는 생각이 들기 시작한다면 아마 머지않아 탈덕을 하게 되지 않을까?

지은 : 생각보다 그렇게 많은 시간을 쓰고 있지 않고. 그리고 아까 시간을 많이 쓴다는 생각이 들어서 스스로 지켜봤다고 그러지 않았나. 스스로 조절하려고 노력하는 것도 있고. 취미 생활을 하루에 한 시간 정도 쓰는 게 그렇게 아깝지도 않고. 약간 질문의 의도들이 전반적으로 봤을 때 정말 궁금해서 물어본다기 보다는 좀 까

내리고 싶은 것 같다.

수영 : 아까울 시간이 좀 더 있었으면 좋겠다. 시간이 아깝다고 생각하면 아무도 그걸 못할 텐데.

재희 : 시간 아깝지 않아. 우선 내가 해야 하는 일 다 해놓고 내 자유시간을 쪼개서 하는 거기 때문에 아깝지 않고, 그 시간만큼은 소중하고 행복하고 방해받고 싶지 않다. 아깝다고 생각해 본 적 없는데.

경진 : 전혀 아깝지 않다. 그런 시간이 오히려 너무 소중하다. 내가 덕질을 안 했으면 절대 경험해 보지 못했던 것들이 있고, 못 만났을 것 같은 사람들을 만나고, 가지 못했을 것 같은 장소에 가고. 덕질 하는 모든 시간들이 추억처럼 남아있다. 시간이 아깝다는 건 정말 아닌 것 같다.

도연 : 본인이 즐거운 것에 시간을 얼마나 투자하는지는 본인 선택이니까. 그렇기 때문에 시간 아까울 정도로 그렇진 않은 것 같다. 물론 한창 볼때는 어느새 시간이 순삭 되어있긴 했지. 근데 그럴 때도 아깝다는 생각은 안 했던 것 같다. 내가 쓸 시간이니까. 그리고 우리가 술을 해, 약을 해, 담배를 펴? 얼마나 건전합니까? 그럴 시간에 우리는 애 사진 하나 보고, 영상 하나 보고 그냥 미소 짓는 게 다인데. 세상 순수한 게 덕질이다.

머글이 덕후에게 물었다!

인터뷰에 참여한 머글들이 질문을 적어주었고 덕후들이 답변하였다.

- Play list -

- 몰라서 그래 - **마이스트**
- 궁금's - **하성운**
- 대답해줘 - **김재환**

Q "결혼을 생각할 정도로 사랑하는 사람이 결혼하고 덕질 그만두라고 하면 어떻게 할 건가요?"

지수 : 우선 대화를 해서 정확한 이유를 물어보고 싶다. 그 사람이 어떤 감정을 느끼길래 나한테 그만하라고 하는 건지 그걸 알고 나서, 내가 그런 게 아니라고 설명을 해줄 수 있고 그 사람이 이해해 줄 수 있으면 최고로 좋겠지. 근데 그런데도 불구하고 "그래도 나는 덕질하지 않았으면 좋겠다!" 이렇게 말하면 진짜 정말 엄청나게 사랑하는 사람이라면… 뭔가… 포기를 할 수도 있을 것 같긴 하다. 할 수도 있는데 마음속으로는 살짝 그래도 좋아는 하고 있겠지. 근데 보여지는 콘서트를 간다던가, 앨범을 산다든가 하는 것들은 포기를 할 수도 있지 않을까? 정!!!!!!!!!말 진짜 사랑하는 사람이라면!

지은 : 그런 사람을 애초에 좋아하지… 성립이 불가한 것 같다. 결혼할 정도로 좋아하는 사람이라면 시간을 같이 보내고 쌓아온 서사가 있을 텐데. 그런 사람이랑은 애초에 시작도 못 할 것 같아서 이 질문은 성립이 안 된다.

수영 : 결혼… 하… 근데 그럼 고민될 것 같다. 만약 진짜 사랑하는 사람이 이해하지 못한다면. 와보지 않은 상황이니까 모르겠지만 나는 일하고도 엮여있고 지금도 계속하고 있고. 근데 그거를 이해해 주지 못하면 이 사람이 나를 진짜 사랑한다고 말할 수 있나? 그 사람은 나를 사랑하지 않는 거일 수도 있겠다고 생각할 것 같다. 그러면 고민이 되겠지. 진짜 사람 일 모르는 거니까. 그 사람을 버리면서까지 덕질을 하겠다, 이 사람을 위해서 덕질을 안하겠다 이거는 좀… 밸런스 게임처럼 둘 중의 하나를 선택해야 한다면. 슬기롭게 결혼하고, 슬기롭게 덕질을 잘 몰래 해보는 걸로… ㅋㅋㅋㅋㅋㅋㅋㅋㅋㅋㅋㅋㅋㅋㅋ 하하하 출근해서 하고 ㅋㅋㅋㅋㅋㅋ 우리에겐 출근길과 퇴근길이 있잖아요.

혜인 : 그럼 난 큰 조건인데…? 그럼 나는 결혼 안 할 수도 있을 것 같다. 애초에 그렇게까지 결혼할 생각이 안들 것 같다. 오빠들을 뺄 수가 없는데 연애 단계에서 많

이 싸울 것 같다. 이미 나한테 너무 오래된 습관 같은 건데 이걸 빼라고 그러면 결혼까지 갈 수 없을 것 같다.

재희 : 결혼 못 해!! 아 진심이다. 내 취미를 인정하지 못하면 그 사람은 결혼 상대로써 땡이다. 애초에 결혼하기 전에 그거를 이해해 주지 않는 사람은 안 만날 것 같다.

미지 : 꼭 덕질때문이 아니라 이런 사람이라면 결국 살면서 자기 마음에 들지 않는 게 있으면 그만두라고 할 사람이라고 생각한다. 내 옆에 있었으면 분명 내가 덕질하면서 얼마나 즐겁고 행복해하는지를 봤을 텐데, 그리고 타협할 수 있는 여지가 충분히 많은데 무조건 그만두라고 한다? 다른 부분에서도 분명 문제가 생길 거라 생각한다. 난 결혼에 크게 생각이 없는 사람이기도 하고 이런 것도 협의가 안 된다면 굳이…? 라는 생각이 들 것 같다. 대화로 협의가 안 된다면 파혼하겠다.

경진 : 뉘앙스에 따라 다를 것 같은데 너무 억압적으로 하면 결혼 안 할 것 같다. 덕질뿐만 아니라 다른 것도 나한테 그럴 것 같아서. 다정한 말투면 조금 생각해 볼 법도 하다 했는데…? 그래도 덕질은 하겠다. 솔직히 덕질은 인생에 전부는 아니지만 진짜 반 이상은 차지한다고 생각한다. 그래서 하지 말라는 것 자체가 나한테는 아닌 것 같다.

도연 : 너무 싫을 것 같은데? 결혼 전이라면 난 그런 사람이랑 결혼 못 할 것 같은데. 결혼 전에 그런 얘기를 했다면 차라리 땡큐. 그니까 내가 심하게 덕질을 해서 같이 드레스 보러 가든지, 결혼식장 예약해야 하는데 그걸 펑크내고 아이돌 스케줄에 간다? 이러면 진짜 덕후한테 문제가 있는 거다. 근데 다짜고짜 너 덕질하는 거 나 싫으니까 결혼하면 하지 마? 이런 배우자라면 그 결혼 안 하는 게 맞는 것 같다. 그건 상대를 어떻게 대할지에 대한 일면인 것 같다. 일단 대화를 했는데도 협의가 안된다, 다짜고짜 그만둬라 이러면 관계에 대해서 다시 생각해 볼 것 같다.

민정 : 실망을 했겠지 남편에 대해서. 내가 알던 사람이 이 정도밖에 안 되는 사람일까? 난 배우자를 선택할 때 이미 그런 게 나한테 있었던 것 같다. 꼭 아이돌이 아니더라도 이 사람이 가진 인격으로는 이 정도는 이해해 줄 사람이다 라는 신뢰를 가지고 결혼한 것 같다. 절대 이 사람이 나를 반대하지 않을거라는 느낌은 있었다. 주변에 그만 둔 사람들이 그래서 그만뒀다. 휴덕을 한 이유가 남편들이 너무 싫어해서. 근데 실망은 하겠지만 나한테 더 중요한 건 남편이라면 더 조심해야겠지. 줄여주는 게 맞는 것 같고. 서로서로 설득해야 하는 게 맞는 것 같다.

Q "결혼하면 신경 써야 할 일이 더 많아질 텐데, 지금과 같은 열정을 쏟을 수 있을 것 같은가요?"

지은 : 근데 이 질문은… 저는 결혼을 안 할 거라서… 예….

수영 : 지금만큼은 어려울 거라고 생각한다. 물리적으로 시간이 안 되는 것도 있을 거고. 근데 우리가 그거에 많은 영향을 받을 거라 생각하겠지만. 물론 내가 오랜 시간 해왔고, 덕질을 통해서 얻는 즐거움이 다른 어떤 취미와 비교할 수 없게 나한테 굉장히 중요하고, 나는 또 일이랑도 연관이 있으니까 더 그렇겠지만. 그런데도 불구하고 가족이나 엄마가 아픈데 콘서트를 가진 않는다. 그러니까 내 인생에서 중요한 것들을 넘어서면서까지 판단하지 못하는 사람으로 덕후들을 보지 않았으면 좋겠다고 말하고 싶다.

혜인 : 응 결혼 안 할 거라서 걱정 없어~

재희 : 열정을 쏟는 거랑 결혼 생활은 별개라고 생각한다. 내가 만약 열정을 안 쏟는다면 그건 가수와 나의 관계에서 문제인 거지 결혼생활과는 전혀 상관없다. 결혼하더라도 해외투어 가고 싶으면 갈 거거든. 애초에 상대한테 말을 할거고. 그리고 우리 엄마 아빠도 반대 안하는데… 애초에 그럼 결혼을… 그런거 이해 못 해주

면 다른 게 다 좋아도 결혼 생각을 안 할 것 같다. 이게 단연 덕질의 문제만은 아니라고 생각한다. 내가 좋아하는 거를 인정 못 하는 거니까. 결혼 땜에 소홀해지진 않을 거다. 그냥 내 덕심이 빠진 거지.

미지 : 일단 결혼 생각이 크게 없긴 한데… 일이 바빠지면 취미생활에 소홀해지는 것처럼 결혼하고 신경 쓸게 많아지면 소홀해질 수밖에 없겠지. 그땐 내가 할 수 있는 만큼 하지 않을까 싶다. 근데 또 생각해 보면 결혼한다고 덕질도 못할 만큼 신경 써야 할 일이 많은지는 잘 모르겠다. 주변 사람들 평소 하던 취미 다 하던데? 애를 낳는 게 아닌 이상… 덕질하는데 그렇게 많은 시간이 필요한 것도 아닌데… 여튼 그렇다.

경진 : 약간 못할 것 같긴 하다. 주변만 봐도 결혼생활까진 괜찮은데 애를 낳는 순간 어려운 것 같더라. 육아와 집안일을 모두 끝내고 아주 잠깐의 시간 동안 덕질을 한다거나 그럴 것 같다. 주변 사람들도 그렇더라.

도연 : 오히려 연애했을 때 데이트한다고 제대로 덕질 못 했을 것 같다. 결혼하고는 애도 없었고, 프리랜서로 일했기 때문에 시간이 되게 자유로워서 실컷 덕질 할 수 있었고. 남편도 덕후는 아니지만 덕후 재질이라 서로 따로 노는 걸 좋아해서 성향이. 그래서 좀 더 그랬던 것 같다. 아기 낳은 후에는 최애도 군대에 가서 자연스럽게 많이 못 하게 됐다. 덕질 할 수 있는 시간이 잘 없고, 콘텐츠가 없어서 즐길 수 있는 거리가 많진 않은데 그래도 난 덕질을 안 하고 있다고 생각하지 않는다. 왜냐면 한 번씩 멘트 써주는 거에 위로받고, 사진 한 장 뜬 거에 함박웃음 짓고 있는 나를 발견하면서 아 진짜 최애는 군대에 가도 효도하는구나 싶고. 군대를 안 갔어도 내가 오프는 못 뛰지만 계속 콘텐츠를 봤을 것 같다. 확실히 임신하니까 제대로 못 보고 그렇게 되긴 했는데 나한테 맞춰서 즐기면 되는 것 같다. 다른 취미생활처럼.

Q "최애가 어떤 일을 하면 탈덕하게 될 것 같은가요?"

유성 : 범죄 저지르는 거. 그리고 요즘 동태눈깔이라고 하잖아. 더 이상 팬들을 사랑하는 것 같지 않고, 정말 이익으로만 생각할 때? 팬들을 돈으로만 생각할 때? 그렇게 되면 탈덕하지 않을까?

지수 : 범죄, 비상식적인 언행, 사회적, 도덕적으로 용납되지 않는 무언가를 한 경우에는 탈덕을 하겠지.

지은 : 일단 사회면에 나오면 안 된다. 사회면에 나오면 안 되고 동태눈깔… 이 되면 안 되고… 그럼 가슴 아플 것 같다. 연애는 디스패치에 걸리면 그건 괜찮을 것 같다. 디스패치를 욕하지. 근데 일부러 티를 낸다? 알아달라고 하는 것처럼… 럽스타그램을 포함한 동태눈깔이랑 사회면! 이러면 미련 없이 보내드려야지.

수영 : 사회적으로 물의를 일으키는 범죄면 탈덕하게 되겠지? 사람에 대한 신뢰의 문제잖아 그거는.

혜인 : 사회적 범법행위.

재희 : 범법행위요! 음주운전. 진짜 법법. 음주, 도박 이런 거랑. 나는 개인적으로 사고 치는 거. 결혼하는 거 오케이!! 근데 혼전임신은 인정 못 해! 범법행위랑 혼전임신 빼고는 괜찮다. 그것 말고는 내 마음이 식지 않는 이상 딱히 탈덕 사유가 없을 것 같은데.

미지 : 범죄. 용납할 수 없다. 그 외에는 팬의 존재를 당연시하면서 함부로 대한다면 탈덕하지 않을까 싶다.

경진 : 연예면에 나오는 것까지는 괜찮은데 사회면에 나오면… 사회면에 안 나왔

으면 좋겠다.

민정 : 법적으로? 혹은… 윤리적으로… 사회가 정한 범위에서 벗어난 행동을 했을 때?

Q "자신이 좋아하는 아이돌을 보면서 왜 눈물을 흘리는지 궁금해요"

유성 : 정말 최근에 콘서트를 다녀왔는데 이 친구들이 팬덤만을 위한 미공개 곡을 들려주면서 그 곡에 담긴 의미를 설명해 줬다. 그러면서 마지막에 "봄 같은 여러분들이 저희에게 찾아와 주셔서 너무 감사합니다.", "팬분들이 아니면 저희는 아무것도 아닌 존재라고 생각해요."라고 하는데 어쩜 말을 저렇게 예쁘게 하지? 라는 생각도 들었고 나 자신이 정말 가치 있고 소중한 존재가 된 것 같다는 느낌이 들어서 울컥하더라. 살다 보면 힘든 일이 많고 자존감도 떨어지고 할 때가 많다. 그런데 아이돌들은 우리를 매 순간 정말 소중하고 가치 있는 사람으로 만들어 준다. 나도 누군가에게 사랑받고 있구나 (이성으로가 아니라 정말 사람으로서!!!) 라는 생각이 들게 만들고. 그런 부분도 우리가 아이돌을 덕질하는 하나의 요소가 되는 것 아닐까. 아 그리고 팬들이 엔딩곡으로 가수들에게 떼창을 불러줬는데 팬들 목소리가 참 예쁘더라. 노래 가사도 '우리가 함께라면 항상 따뜻한 날일 거야' 이런 내용이라 완전 눈물 버튼이었고 그래서 울었던 것 같다.

지수 : 너무 행복하거나 감동 받아서 울기도 하고, 그동안의 일들이 떠올라서? 내 기억 속에 개인적인 일들, 좋은 일들, 슬픈 일들, 힘든 일들과 함께 그때 들었던 노래나 그때 갔던 콘서트에서 느꼈던 것들, 그 사람들한테 받은 위로, 행복, 기쁨 같은 것들이 함께 같이 쌓이는데, 그게 떠올라서. 그리고 그 사람들도 그동안 보여지는 것처럼 좋은 일들만 있었던 건 아닐 텐데, 힘든 시간이 있었을 텐데, 하는 안쓰러우면서 애틋한 마음도 들고. 나는 우리 애들이 울거나 마음속에 있는 얘기를 꺼낼 때 같이 우는 편이다 보니 그 모든 시간들이 같이 떠올라서 그런것 같다.

지은 : 어어… 그거는… 형용할 수 없다. 너무 행복해서 흘리는 눈물도 있고 때로는 너무 가슴이 아파서? 너무 짠하고 가슴 아파서 그러는 것도 있고. 이거는 약간 좀… 진짜 모르는 사람이 보면 이상할 수 있긴 한데 나는 가끔 새벽에 이렇게 내가 얘를 좋아할 수 있나 하는 생각 때문에 눈물이 그렁그렁해서 친구한테 보내면 "야 씻고 잠이나 자 너 미쳤냐." 이렇게 얘길 하는데. 나도 신기한거다. 쟤도 나를 모르고 나도 쟤 인간적인 면모를 아는 게 아니라 그 페르소나를 볼 뿐인데 어떻게 이렇게까지 사랑할 수가 있지? 하는 신기한 생각이 들면서 흔히 말하는 가슴이 웅장해진다고 하지. 그래시…? 좀 눈물이 나는 것 같다.

수영 : 아아~~~ 눈물을 흘리게 되는 케이스가 여러 가지가 있을텐데… 이전 최애 그룹 해체하기 전 막콘때. 멤버들이 진짜 많이 울어서 애들 눈물 고이자마자 진짜 막 ㅋㅋㅋㅋㅋㅋ 그때 그랬고. 지금 최애 그룹이 졸업 체제가 없어지고 처음으로 콘서트를 하려고 했는데 콘서트 한 3일 남기고 멤버가 코로나 걸려서 취소됐었다. 그러고 다시 어렵게 콘서트를 했는데 그때 눈물이 나진 않았지만, 그 시간이 우리에게 너무 소중한 거다. 이 공간으로 여기까지 오기까지 너무나 어려움이 많았으니까. 그래서 멤버들 소감 말할 때 다 울먹울먹하면서 되게 그랬는데. 근데 왜 눈물이 나냐고 한다면 그냥 그런 것 같다. 덕질은 아티스트만이 아니라 이 팬덤이 나랑 결이 맞아야 한다고 생각하거든. 예를 들어서 테니스를 배우러 갔는데 테니스는 별 재미가 없지만 사람들이랑 너무 친해져서 계속 모임을 하게 된다든지. 이런 사람이 좋은 것들이 있잖아. 근데 덕질에서 나는 그게 차지하는 게 되게 크다고 생각하고. 잘 맞는 덕메를 만나는 게 축복이라고 하잖아. 그래서 뭔가 단순히 그냥 한 사람을 좋아하는 모두 모르는 사람? 이런 느낌이 아니라 그 공간에 모여있게 될 때 우리가 같이 느끼는 공동체, 그런 하나하나의 마음 그런 것들. 그런 마음들을 느낄 때 눈물이 나게 되는. 좀 자연스러운 감동적인 느낌? 그런 것들을 받을 때 눈물이 나 봤던 것 같고. 사람들이 아마 이런 질문을 하게 되는 거는 왜 그런 거 있잖아. 오빠 보고 "와아악!!!!ㅜㅜ" 이런 거는 한 번도 그런 적 없습니다. 오빠를 보고 좋아서 그런 류의 눈물은 흘려본 적이 없다.

혜인 : 감정이입이 돼서. 난 원래 잘 운다.

재희 : 신곡이 나와서 듣는데 진짜 무심결에 갑자기 노래 가사가 너무 위로되더라. 노래를 듣다가 위로가 돼서 그 상황에 한 번 울어봤고. 또 한번은 콘서트장에서 애들을 보고 운 게 아니라 거기 있는 내가 행복해서!! 해외 콘서트에 와서 종이가 막 영화처럼 날리고 노래가 마침 젊음에 대한 노래였다. 그 상황이 너무 아름다웠다. 거기에 있는 내가 너무 행복하고 나의 열정과 이런 순간이 너무 좋았다. 이 추억을 내가 평생 할 수 있겠구나. 나한테 취해서 운 거지.

미지 : 어떤 드라마에 엄청 슬픈 장면이 있다. 이 드라마를 본 사람만 이 장면이 슬프다는 것을 아는데, 처음부터 안 본 사람들은 이 장면만 보면 "이거 보고 왜 울어?" 하는 거다. 똑같다. 팬들은 내 최애가 학창 시절을 어떻게 보냈고, 연습생을 어떻게 했고, 데뷔하기 위해 어떤 노력을 했고, 이 앨범을 내기 위해 어떻게 했고 등등 모든 서사를 다 알기 때문에 무슨 일이 있을 때 눈물이 날 수밖에 없다. 근데 이것도 사바사지. 눈물 없는 팬들은 안 울고 눈물 많은 팬만 운다.

경진 : 감정에 이입되는 것도 있고 내가 얘의 역사를 알기 때문에 뭔가 좋았던 거, 힘들었던 것을 알아서 그것 때문에 벅차올라서 울기도 한다. 코로나 때 2년 동안 못 보다가 처음 봤을 때 너무 벅차오르고 좋아서 울었던 것도 있다. 좋아서 우는 게 제일 큰 것 같다.

도연 : 허어~ 난 뮤지컬 처음 했을 때. 대사를 다 외워서 저렇게 열심히 한다는 거에 되게 감동 받아서 나도 모르게 눈물이 왈칵 차오르더라고. 최선을 다해서 뭔가를 보여주려고 할 때 감동이 오면서 눈물이 나는 것도 있고. 촬영하다가 다쳤는데 팬들 생각해서 메시지를 길게 남겨줬을 때. 팬들 진심으로 생각 해줄 때? 좀 감동할 때도 있고. 콘서트에서 팬들이 써준 메시지에 울 때 따라 울기도 하고. 다 약간 최선을 다하고, 팬들 걱정하고 이런 모습에서 감동을 느끼는 것 같다.

민정 : 가사가 심금을 울릴 때가 있다. 내 처지하고 똑같고. 애들 노래 중에 내가 나인 게 싫은 날, 문을 열고 들어가자, 믿어도 괜찮아 위로해 줄게 이런 가사가 있다. 우리 시부모님들이 되게 좋은 분들이긴 하지만 굉장히 유교적인 집이다. 억누르고 살고, 너무 힘들고 그랬는데 그 노래를 들으면서 주차장에 차를 세워놓고 집이 바로 보이는데 내리기 싫은 거야. 그때부터 막 엉엉 울었다 노래를 들으면서. 엉엉 울면서 내가 가진 어떤 갈증들도 해소가 되고. 그때는 막 눈물이 그냥 나온다. 그리고 어… 콘서트 보면 중간중간 멘트를 하는데. 그 멘트를 할 때 쟤가 무슨 생각으로 저 멘트를 할까. 특히나 아이돌들은 말을 조심해서 하고. 이만한 게 있으면 요만큼 줄여서 얘기할 텐데 요만큼이라도 이야기하면 그 뒤에서 얼마나 힘들었을까 막 공감이 되고. 그래서… 저절로 눈물이 나더라. 우리 집 애들이 무대에 서서 재롱잔치 할 때 눈물이 나는 것처럼. 좀 결이 다를 수 있지만 어쨌든 짠하고 그럴 때가 있다.

Q "똑같은 콘서트는 왜 여러 번 가나요?"

유성 : 경제적 상황이 된다면 나도 여러 번 가고 싶은데 돈이 없어서 스스로 절제하고 있다. 콘서트가 완전 똑같지는 않더라고? 우리 같은 경우엔 첫날은 한국 버전이고 두 번째 날은 글로벌 버전으로 하더라. 그 안에서도 서로 다른 재미가 있다!

지수 : 안 똑같아요!!! 안 똑같습니다!!!! 안 똑같고 매번 분위기도 다르다. 그리고 콘서트를 갔을 때 살아있음을 느꼈다. 와 진짜 내가 살아있다. 살아서 막 뛰면서 같이 노래 부르고 하는데 그런 살아있는 기분을 느끼는 게 나는 기분이 되게 좋았다. 아이돌을 계속 보려고 가는 것도 있겠지만 그걸 느끼는 게 좋아서 여러 번 가는 것도 있지 않을까? 내가 그 공연을 같이 즐기고 또 함께하는 느낌이었다.

지은 : 허어!!! 그건!! 다 다르지. 코로나 끝나고 처음으로 올콘을 했다. 왜냐면 코로나 때문에 대면 공연을 못 가니까 억눌려 있었던 거다. 그래서 가봤는데 라이브 상태도 다르고. 물론 셋리스트나 멘트의 포맷은 비슷해도 그 느낌이 일단 다르고.

어쨌든 최애 한번 볼 거 두 번 보면 좋은 거니까.

수영 : 똑같은 콘서트는 없다~ 전제가 잘못됐다. 똑같은 콘서트 여러 번이 아니다. 콘서트는 똑같은 게 없기 때문에 다 가는 거다~ 근데 진짜 같은 콘서트는 없다. 뮤지컬 덕후들도 이것 때문에 엄청 듣기 싫어한다. 같은 공연인데 왜 N차 관람하냐. 근데 원래 콘서트나 모든 공연은 순간의 미학이라고 하잖아. 그 순간에만 느낄 수 있는 건 이전과 같을 수 없고 다음과도 같을 수 없기 때문에. 순간의 미학이 있기 때문에!

혜인 : 하늘 아래 같은 색조 없듯이 하늘 아래 같은 공연 없다.

재희 : 세상에 똑같은 콘서트는 없어요! 우리 애 컨디션이 다르구요. 메이크업도 묘하게 다르구요. 노래 애드립도 다르구요. 세상에 똑같은 콘서트는 존재하지 않아요. 내 컨디션이 매일 다르듯 우리 애 컨디션도 매일 다르기 때문에 셋리만 똑같을 뿐 똑같은 콘서트는 없다. 그리고 나름 지루함을 피하고자 가수들도 앵콜 리스트를 매일 다르게 짠다. 그걸 모르네 사람들이. 그래서 똑같은 콘서트는 없다. 아 콘서트 가고 싶다.

미지 : 첫 콘은 처음이라 긴장한 티가 나고, 두 번째나 세 번째는 어느 정도 긴장이 풀려서 텐션 올라간 게 다르다. 그리고 그날그날 관객 성향에 따라 콘서트 분위기가 달라 최애의 반응도 완전 달라지는데 그게 정말 재밌다. 그리고 콘서트 아니면 최애를 2~3시간 계속 볼 수 있는 경우가 별로 없다. 일반 공연은 1~3곡 하면 끝나서 진짜 잠깐 보고 끝나는데, 콘서트는 몇 시간을 계속 최애만 볼 수 있고 엄청 많은 곡을 라이브로 불러준다. 참고로 내 최애는 음원보다 라이브가 훨씬 좋거든. 그런 일이 1년에 콘서트 말고 없다고 생각해 봐라. 당연히 올콘 하게 된다.

경진 : 영화를 보는 게 아니고 라이브 공연이기 때문에 공연마다 다르다. 그래서 가는 것도 있고 같은 공간에 있고 싶어서 가는 것도 있고 두가지 인 것 같다. 매 공

연이 항상 다르니까.

도연 : 똑같은 콘서트가 아니기 때문입니다. 셋리가 똑같아도 똑같은 콘서트는 단 하나도 없다는 거! 하는 멘트가 다르고, 노래도 라이브로 하기 때문에 그 숨결이 다 다르고 ㅋㅋㅋㅋㅋㅋㅋㅋㅋㅋㅋㅋㅋㅋㅋ 똑같은 콘서트가 있을 수 없어요! 다 가야 합니다! 그리고 내가 안 간 콘서트가 레전드다! 그런 말이 있습니다. 그건 진짜 사실이고 그래서 꼭 갈 수 있으면 다 가야 한답니다. 1년에 몇 번 하는 것도 아니기 때문에 콘서트가 십만 원씩 하고 그러지만 투자할 가치가 있다고 생각한다.

민정 : 달라요~!!!ㅋㅋㅋㅋㅋ 머글들은 이해할 수 없는. 하늘 아래 같은 콘서트는 없고 내 옆에 있는 사람들도 다르고. 으음. 그날 기분도 다르고 공기도 다르고 으흐흐흐 ㅋㅋㅋㅋㅋ 다 다르다! 그리고 가장 큰 건 더 많이 보고 싶은 거지. 내가 좋아하는 사람들 더 많이 보고 싶고.

Q "팬과 덕후의 차이는 무엇인가요?"

유성 : 팬은 정말 라이트하게? 음악만 즐기고 하는 거라면 덕후는 오프도 많이 뛰고, 음방도 가고 그런 차이인 것 같다.

지은 : 느낌상 팬은 약간 가벼운 느낌이고 덕후는 더 깊은 느낌? 나도 약간 포멀하게 글을 쓸 때는 팬이라는 말로 덕후를 치환해서 쓰는 하는데 그게 약간 채워지지 않는, 깊이가 없는 느낌이라는 생각이 든다. 팬은 연예인을 길에서 봤는데 내가 그 연예인을 알고 작품을 본 적이 있어서 "어어 저 너무 팬이에요~" 이런 느낌이라면. 덕후는 사녹가서 응원봉 흔들고 있을 것 같은 느낌? 깊이의 차이 아닐까.

재희 : 라이트하게 응원은 할 수 있지. 유튜브를 단순하게 본다던가. 근데 덕후는 그 사람을 더 알기 위해 팬클럽에 가입하고 유료 콘텐츠를 사서 보고 탐구하는 거

지. 애정과 탐구하는 깊이가 다르다고 생각한다. 시간도 쓰고 돈도 쓰고. 단순한 팬은 네이버나 유튜브 검색해 보는 정도, 어 나도 좋아해 이런 거고. 덕후는 팬카페를 직접 들어가서 가입하고 등업을 하고 편지를 쓰고 얘가 뭐 하는지 콘텐츠가 나오기 전에 미리 아는 거지. 그게 차이 아닐까?

미지 : 팬이랑 덕후랑 비슷한 것 같긴 한데 나는 수지, 김남길의 팬이라고는 말할 수 있지만 덕후라고는 말 못 할 것 같다. 덕후라는 말 자체가 무언가에 몰입한 사람이나 한 분야를 전문가 못지않게 안다는 뜻인데 수지나 김남길의 전문가라고 까지는 말 못 하겠다. 하지만 내 최애는 전문가라고 얘기할 수 있을 것 같다. 난 내 최애 목소리와 말투만 들어도 잠 못 잤는지, 피곤한지 느껴진다. 웃음소리만 들어도 진짜 터진 건지 그냥 웃는 건지 안다.

민정 : 나는 아이유 팬이고, 박표신 팬이지만 그들의 덕후는 아니거든. 그들이 언제 콘서트하고 그런지 잘 모른다. 그냥 노래 부르는 영상을 보면 좋지만, 스케줄도 모르는 거고. 그리고 박효신 좋아한다고 해서 처음 본 사람들끼리 앉아서 공감하고 그러진 않거든. 근데 최애들 좋아한다고 하면 앉아서 같이 이야기하고. 그런 점이 다른 것 같다.

Q "누가 봐도 사회적 물의를 일으켰는데 쉴드를 쳐주는 팬들은 어떤 심리인가요?"

유성 : 음… 너무 맹목적으로 좋아하게 되면 약간 분간이 안 돼서 그럴 수도 있고, 자기가 좋아하는 사람이 그렇지 않다고 믿고 싶은 마음. 근데 물의를 일으키면 나는 바로 탈덕입니다!

지수 : 그건 진짜 나도 모르겠… 이해할 수가 없다! 나도! 그건 진짜 잘 모르겠다. 아니면 오랫동안 좋아한 그게 있어서 그런게… 그럴수도 있지 않나? 모르겠다….

지은 : 내 선택이 틀리지 않았다?? 라는… 것에 대한 아집일 수도 있고. 여러 가지 원인이 있을 것 같긴 한데. 매몰 비용이 너무 아까워서 자기 스스로를 설득하는 것도 없지 않아 있을거라 생각하는데. 정말 그 연예인에 미쳐버려서 그것까지 참고 가거나 아니면 잘못됐다는 걸 아는데 그동안 투자해 온 시간? 나의 선택이 틀렸다는 걸 내 입으로 말하기 싫어서 고집부리는 느낌…? 이지 않을까 라고 추측을 해본 거지 나는… 사회적 물의를 일으키면 "어 안녕~!" 이기 때문에 정확하게는 모르겠다. 그냥 추측만 가능한?

수영 : 그런 분들은 사회적 물의를 일으켰는데 쉴드를 친다가 아니고, 그 사회적 물의를 일으키지 않았다고 쉴드를 치는 거기 때문에. 아니다 니네가 잘못 알고 있는 거다. 우리 오빠 그러지 않았다. 이 사람이 사기를 쳤지만 그래도 괜찮다고 쉴드를 치는 게 아닙니다! 우리 오빠는 사기를 치지 않았습니다! 라고 쉴드를 치는 겁니다!!! 허허허허 전제가 잘못됐어요 이것도. 맞지 않아요? 나는 손절해야지. 손절합니다. 지금도 그래서 구 오빠지만 아주 깔끔하게 하하하하 손절했습니다. 마음에도 두지 않았어요. 추억에서 지웠습니다.

혜인 : 그건 나도 이해 안 간다~ 더 이상 의견 없다.

재회 : 나도 모르겠는데… ㅋㅋㅋㅋㅋ 아 그런 팬들은 나도 이해를 못 하겠지만 그 냥 본인이 사랑하는… 그 사람이 아니라고 끝까지 믿어주고 싶은 마음 아닐까? 사 실 그렇게 쉴드 치는 것도 당사자들이 나서지 않아서 그런 거지 않나. 그들이 명확 한 답변을 주기 전까지는 어떻게든 믿어주고 싶으니까 그렇게 쉴드를 치는 게 아닐 까…? 라는 간접적인 마음은 이해되지만 나도 완전히 이해는 못 해. 진짜 덕후는 이 해 못 해. 그건 덕후가 아니야! 그건 이상한 애들이야. 그런 애들은 선 그어줘야 돼.

미지 : 나도 궁금하다. 근데 이것도 가장 큰 오해중 하나인 것 같은데 요즘 팬들은 그렇게 쉴드 쳐주지 않는다. 인정하고 탈덕한 팬들은 대체로 조용한데, 쉴드 쳐 주 는 몇몇 소수의 팬이 댓글 달고 난리 치니까 머글들이 보기엔 그런 사람들만 보여 서 대다수가 쉴드 친다고 생각하는 것 같다. 요즘 팬들은 매우 냉정하다. 잘못 저 지르면 바로 그룹에서 내보내라고 하더라. 오히려 해외 팬들이 쉴드를 많이 쳐주 는 것 같다. 우리도 해외 연예인들이 문제 일으켜도 남의 나라 연예인이라 거리낌 없이 보는 것처럼 비슷한 건가? 잘 모르겠다. 그리고 배우든 유튜버든 어느 분야 든 쉴드 치는 팬들은 꼭 있더라.

경진 : 그건 나도 감싸주지 못할 것 같다. 누가 봐도 사회적 물의라고 하면 어쨌든 잘못된 것이기 때문에 그거는 약간 콩깍지가 씌었다는 생각이 든다. 나도 그건 아 니다. 전 안 합니다. 쉴드를 치지 않을 거다.

도연 : 하아.…그게 나는 그래본 적이 없어서 그 마음을 다 알 순 없지만. 사람이 참 믿고 싶은 것만 믿고 싶잖아. 보고 싶은 것만 보게 되고. 그런… 그런… 거에서 오지 않을까 싶은데. 스읍 모르겠다 그 마음을. 그 마음을 잘 모르겠어. 쉴드 치는 건 나도 좀 이해 안되가지고. 누가 봐도 사회적 물의인데? 쉴드를 친다? 그건 이해 가 안 돼 무조건 탈덕이야. 왜 쉴드를 쳐? 나는 그런 생각이 든다.

민정 : 쉴드를 쳐줘야 할 때가 있고 아닐 때가 있는 것 같다. 그 판단을 잘해야 할 것 같고. 사소한 문제들은 쉴드 쳐줄 수 있는 거고. 하지만 법적으로, 윤리적으로

넘어서는 건 쉴드를 쳐줄 필요가 없다고 생각한다. 과감히 우리도 손을 떼야 하는 거고. 아니면 그 사람이 도덕적으로 회복하고 거듭나기를 기다려 줄 수는 있겠지만 너 잘못했다고 하는 건 맞는 것 같다.

Q "부모님은 그러는 거 아니요?"

서아 : 알아요. (웃음) 부모님은 내가 영상 볼 때 웃는 소리가 듣기 좋다고 하시거나, 앨범 산 거 보고 예쁘다고 하신다. 콘서트도 보내준다고 하셨는데 자꾸 시험 기간이랑 겹쳐서 못 가고 온라인 콘서트만 봤다. 좋게 생각하시고, 돈도 내주겠다고 하시는데 "콘서트 보기 전까지의 시간에 공부를 열심히 하니까." 라고 하셨다.

유성 : 네 압니다! 그냥 뭐 공부를 안 한다고 생각하긴 하는데 막 크게 제재하지는 않는다. 내가 시상식에 다녀왔는데 최애 그룹 응원하는 게 찍혀서 동영상으로 돌아다닌 거다. 엄마한테 나 여기 찍혔다 자랑했더니 "그려 잘했다 OOO도 좋아하고 공부도 좀 열심히 해보자." 그러셨다.

지수 : 네!!! 압니다!!! 해외콘서트 간 것도 그냥 대단하다! 이러셨다. 내가 "나 진짜 너무 힘들 때 얘네들을 못 만났으면 아직도 그거에서 못 벗어나거나, 좀 더 시간이 오래 걸렸을 것 같아. 그래서 되게 고마워하고 있어."라는 말을 했었다. 그랬더니 아빠가 "아유 그러면 됐지. 좋은 거지!"라고 하셨고 엄마 아빠도 고마워한다는 느낌이 들었다.

지은 : 어 너무 잘 아세요~ 하하하하하 내 방만 들어가도 도배 수준은 아니지만 있기 때문에 엄마는 포기를 하셨다. 싫어하시지. 다 큰 딸이 계속 그러고. 나는 특히나 어렸을 때부터 그랬으니까 엄마는 나이 몇 살이 되면 그만하겠지, 그만하겠지 했는데 대상만 바뀌지 계속하니까. 그걸 좋아하진 않는데 그렇다고 막 적극적으로 한심하다, 하지 말아라 이런 말은 또 안 하신다.

수영 : 알아요~ 아십니다. 이 정도로 덕질하면 모를 수도 없다. 전형적인 그 케이스다. 부모님이랑 좋은 성적 걸고. 중학생 때 전교 1등 하면 나 서울로 팬미팅 가겠다! 그래서 팬미팅 갔다 왔다. 하하하 나는 약간 그런 케이스여서 부모님이 어릴 때도 덕질 때문에 공부를 안 한다거나 앞가림을 못한다고 생각하지는 않으셨다. 근데 그런 건 있지. 최근에 내가 너무 바쁜데도 콘서트를 간다고 하면 "좀 쉬지~" 이렇게 말씀하신 적은 있으시다. 근데 "가서 에너지 채우고 오는 거지 뭐." 이렇게 얘기하면 또 "그래~" 이렇게 하신다.

혜인 : 너무 잘 알지~ "어디가?" "오빠 보러 가~" "너네 오빠 또 보러 가?" "응~" 옛날에는 데려다주고 그랬다. 그렇게 막 싫어하지도 좋아하지도 않았다. 내가 좋아하니까 그냥 그런가보다~ 했지. 지금도 그렇다. "너네 오빠는 이제 몇 살이니?" 그런 거 물어보지. "너네 오빠도 많이 먹었다~", "근데 너네 오빠는 그래도 잘 늙었다~", "아직도 노래 좋다~" 그런 얘기 한다.

재희 : 아빠는 내가 우리 애들 우리 애들 이러니까 맨날 니 새끼냐고, 니가 낳았냐고 이렇게 물어보는데 별로 신경 안 쓴다. 엄마는 처음에는 안 좋아하셨는데 내가 계속 TV를 틀어놓으니까 보다가 스며들어서 같이 덕질하고 있다. 엄마랑 덕질하는 거 너무 좋다. 홍콩 콘서트도 같이 다녀 왔다. 엄마는 다른데도 가고 싶어 했지만, 너무 먼 나라는 내가 엄마를 케어할 수 없을 것 같아서… 국내 콘서트에 엄마도 티켓 응모 다 하고, 동생들이 피씨방 가서 엄마 표 구한다. 엄마 굿즈 존도 따로 있다. 엄마의 꿈은 큰 집으로 이사가면 자기 덕질 방을 갖는 게 꿈이다. 엄마가 얘네만 보면 기분 좋고 이 나이에 설렐 수 있어서 너무 행복하다고 한다.

미지 : 안다. 10대 때 덕질할 때는 아빠가 가까운 지방 공연은 차로 태워다주기도 했다. 엄마는 가서 먹으라고 김밥도 싸주고. 옛날에는 인터넷 뱅킹도 안되던 때라 생일파티나 콘서트 때문에 직접 은행 가서 입금도 해줬다. 가서 사진 찍으라고 아빠가 카메라도 사줬었는데 그래서 친구들이 부러워했다. 특히나 지방이라 덕질하기 어려웠고, 다들 부모님 몰래 가거나 혼나면서 가는데 난 집에서 적극적으로

도와줬으니까. 지금 방에 덕질존 있는 것도 엄마, 아빠 다 보고 가셨다. 별말 안 하시더라. 엄마가 청소하면서 굿즈도 닦아줬다. 이번에 부모님한테 30대 돼서도 덕질하는데 왜 뭐라고 안 하냐고 물어봤는데 엄빠 모두 "하지 말란다고 안 할 것도 아니고, 그게 문제 있는 행동도 아닌데 하지 말라고 할 이유도 없다." "그리고 난 널 믿어. 니가 어디 가서 이상한 짓 할 애는 아니야."라고 하시더라. 특히 엄마는 내가 어떤 것이든 다양한 경험을 하고 즐기면서 살길 바라는데 덕질도 그런 종류로 생각하시더라.

민정 : 친정은 멀어서 1년에 4번밖에 못가니까 우리 부모님께는 말씀 안 드렸는데 시어머니는 아신다. 내가 집에서 워낙 영상을 보니까. "니는 와 이런 아를 좋아하노." 이렇게 말씀하시지. 왜냐면 우리 집에서 파티도 많이 한다. 친구들이 와가지고 영상 틀어놓고 파티 하고 그러는데 어머님이 보시면 멀~쩡한 며느리 친구들이 갑자기 이상한 짓 하니까 이상하신 거지. ㅋㅋㅋㅋ

마지막 이야기

굳이 저렇게까지 해야하나? 하는 생각도 들고

- 머글 Y

Q 왜 저렇게까지 하지? 인생에서 집중할 게 그것밖에 없나? 라는 말을 하는 머글들에게 어떤 답변을 하고 싶은가?

지수 : 왜 저렇게까지 할까 라고 생각… 한다고… 솔직히 말하면 그냥… 신경꺼 남의 일이야!! 라고 말 하고 싶고 그냥 다 사람마다 각자의 인생을 사는 건데 왜 그렇게까지 생각 할까? 아유우(이마짚) 왜 그렇게까지 생각할까? 사람들은 다 다르다! 다른 사람 인생 신경 쓸 시간에 내 인생에 더 신경 써주자!

지은 : 이분들이 왜 이렇게 생각하시는지는 지금 인터뷰하면서 이해는 갔다. 소비만 한다고 생각하는 것 같다. 맹목적으로(웃음) 시간이든 감정이든 돈이든 소비만 하고 남는 게 없다고 생각하는 것 같은데. 그러면 당연히 한심하게 볼 수밖에 없을 것 같긴 하다. 내가 만약에 이런 거를 경험해 보지 못했다고 한다면 나도 아마 편견에 사로잡힌 사람이 아니었을까 생각하는데. 이게 이분들한테는 진짜 터무니없이 들릴 수도 있지만 어쨌든 상호작용이라는거. 연예인에게 내가 아무것도 받는 게 없을 거라 생각하지만 나는 진짜 많은 힘을 받고, 진짜 사랑받고 있다고 생각한다. 팬으로써 사랑받고 있다고 생각해서 그게 나한테 살아가는 데 있어서 진짜 큰 힘이 된다. 내가 사랑받고 있다고 해도 뭔 헛소리야 생각하실 수 있겠지만. 어쨌든 상호교류이고 받는 게 있고 남는 게 있다. 라는 걸 조금… 알아줬으면 좋겠다기보다 아시는 게 좋지 않을까? 사실 이분들이 알아줘야 할 의무는 없지. 근데 문제는 뭐냐면 자기들이 잘 알지도 못하면서 판단하는 것은 본인한테도 좋지 않다고 생각한다. 편견에 가득 쌓이는 게 좋은 건 아니니까.

수영 : 저렇게까지 한다는 기준이 어떤 건지 모르겠지만… 이 감정을 이해하지 못하는 사람들에게 우리 행동의 원인을 설명한다는 건 정말 너무 어려운 일인 것 같다. 그런 거 있잖아. 내가 만약에 어떤 A라는 남자를 좋아하게 됐는데 짝사랑 중이다. 근데 내 친구가 볼 때 너무 별로인 사람일 수도 있잖아. 그러면 내가 이 사람의 좋은 점을 백날 얘기해도 친구는 이해가 안 가고. 왜 그렇게까지 하면서 네가 그 사람을 쫓아다녀야 하냐. 똑같은 거 아닐까. 감정적으로 내가 왜 그만큼 좋은지를 이

해하지 못하는 사람한테 내 행동을 이해시킬 필요는 있나 싶다. 이해하지 못하는 사람에게 굳이 굳이 에너지를 쏟아가면서, 나를 설명하면서까지 굳이 이런 편견을 다 없애야 할 필요가 있나 그런 생각을 한때 했던 것 같다.

혜인 : 저렇게까지 하지가 뭐 어떻게까지 한다는거야… 난 머글들이 어떻게까지 하는 걸 상상하는지 잘 이해가 안 가서 모르겠다. ㅋㅋㅋ 어떻게까지 한다고 생각하는 걸까? 내 생활 없이 집중한다고 생각하는 걸까? 막 샤워 안 하고 컴퓨터만 쳐다보고 있다고 생각하나? 어쨌든 뭐 너무 자기 상상 속에서 덕후를 만들어낸 것 같다.

재희 : 내가 진짜 좋아서 하는 거고 남이 시켜서는 절대 이렇게 못 한다. 그리고 내가 나중에 나이를 먹어서 내 인생을 돌이켜 봤을 때 덕질했던 시기가 내 인생에서 몇 안되는 가장 빛나는 순간일 것 같다. 그런 확신이 있다. 누군가를 이렇게 막연하게 좋아하고 따라다니고 사랑했던 내 순수한 열정 아닌가. 십 대 때 이후로 있었나? 이런 좋은 추억이 있다는 게 너무 좋을 것 같다. 인간은 추억으로 먹고사는 동물인데 이런 추억 하나쯤 있으면 좋지 않나. 100세 살면서.

미지 : 이런 얘기 하는 사람들은 얼마나 대단히 열심히 사는 건지 궁금하다. 뭐 아이비리그 대학 나와서 억대 연봉 받나? 그런 사람이라고 해도 다른 사람의 취미에 한심하다고 욕할 순 없다고 생각한다. 모두 상대적인 거다. 다들 각자의 사정이 있고 각자의 취향이 있는 건데 이해하지 못할 순 있어도 이해 못 한다고 한심하고 멍청하다고 조롱하고 비난하는 것은 나쁘다.

경진 : 너무 극단적으로만 생각하지 않았으면 하고, 직접 겪어보지 않아서 할 수 있는 말이라고 생각한다. 그래서 본인들도 덕질을 한번 해보시면…ㅋㅋㅋ 난 주변 사람들에게 추천하고 싶고 어렸을 때 나에게 돌아가서 덕질 하라고 얘기하고 싶다. 어리니까 더 마음껏 할 수 있으니 열심히 따라다니라고. 다른 사람들의 취미생활과 너무 다르다고 생각 안 했으면 좋겠다. 똑같은 취미생활인데 종류가 다를 뿐이

다. 일반 사람들도 아이돌이 아니더라도 다른 거라도 덕질을 해봤으면 좋겠다. 뭔가를 열정적으로 좋아하는 건 좋은 거니까.

민정 : 다른 데도 집중한다ㅋㅋㅋㅋㅋㅋㅋ 니나 잘핵ㅋㅋㅋㅋㅋㅋㅋㅋㅋ 야 너 집 깨끗해? 너 나보다 음식 잘해?? 너 나보다 시부모님 잘 모셔?? ㅋㅋㅋㅋㅋ ㅋㅋㅋㅋ

Q 밸런스를 잘 잡으면서 하는 평범한 팬들도 있겠지만 그렇지 않은 팬들도 상당히 많지 않을까? 그런 팬들 때문에 인식이 안 좋은 것 아닐까? 라고 말하던 머글도 있었다.

유성 : 최근 아이돌 서바이벌 프로그램에 사람들이 열광하고 있다. 그 프로그램에서 파이널 방청 신청을 받는데 일정이 딱 학생들 중간고사 시즌이더라. 그래서 SNS상에서도 그렇고 내 친구들도 다들 본인 공부가 더 중요해서 방청 신청을 포기한다는 반응을 더 많이 봤다. 머글들이 생각하는 것만큼 우리가 덕질에만 빠져 살지는 않는다. 많은 사람이 덕질이랑 현생 사이에서 뭐가 더 중요한지 잘 알고 밸런스를 잘 잡으면서 덕질 한다. 일부 사람들만 보고 아이돌 팬들을 일반화하지 말아줬으면 좋겠다.

지수 : 덕후라고 해도 밸런스에 대한 기준은 사람마다 다를 거다. 그래서 밸런스를 잘 잡는다는 것은 개인의 문제인 것 같다. 그걸 어떻게 볼지도 보는 사람 선택의 문제이지만, 사생 짓이나 누군가에게 피해를 주면서까지 하는 덕질 같은 게 아닌 이상은 손가락질할 이유도, 손가락질받을 이유도 없다고 생각한다. 내가 덕후든 아니든 저 덕후는 밸런스를 못 잡는다고 생각될 수 있다. 그럼 서로 상처 주지 않고, 그냥 그렇게 생각으로 끝냈으면 좋겠다. 팬이 아닌 사람들은 인터넷이나 뉴스에서 안 좋은 일들을 더 많이 접할 수밖에 없는 환경이긴 하다. 그냥 이미지로 만들어진 편견이 거기에 계속 해서 추가되고 추가된 게 아닐까. 팬이 되어보니까 그렇지 않

은 일이 훨씬 많은데. 주변의 덕후들을 여럿 만나보면 편견이 편견일 뿐인 이유를 알 수 있을 거라 생각해서 안타깝기도 하다. 진짜 팬들을 보면서 정말 자기가 그렇게 생각한 적이 있었는지 한번 스스로 생각해 봐야 하지 않을까?

지은 : 근데 사실 어딜 가나 다수의 집단이 있으면 소수의 튀는 사람들이 그 집단을 대표하게 되는 경향이 있다. 사생도 팬이 아니지만 팬의 범주에 넣어서 본다면 사람들은 그것만 보고 전체가 그럴 것이다 하는 일반화 오류의 느낌??

수영 : 실제로 그런 사람들이 있기 때문에 우리가 이런 편견이 정말 아니 땐 굴뚝에서 연기가 났다고 말하기 어려운 것도 부정하지는 못할 것 같다. 물론 내 주변에 그런 사람이 없다고 해도 어딘가엔 있을 수 있는 거니까. 이런 감정을 느껴보지 않은 머글들의 눈에는 당연히 이해 안 갈 것 같고. 일반 사람들은 팬이라고 말하는 무리의 어떤 체계나 이런 걸 전혀 모르니까 공식 팬클럽과 어떤 갤에서 활동하는 팬덤. 그러니까 한마디로 사생이나 팬이나 팬덤이나 다 똑같다고 생각하고 그래서 그 결을 설명하는 게 되게 어렵더라. 팬덤이 동질적인 하나의 집단? 이라고 생각되니까 이런 질문을 할 수 있는 것 같다. 근데 사실 그런 사람 있나 없나도 모르는데 우리. 어딨는지는 당연히 더 모르고. 그런 인식이 생기는 건 안타깝지만 그런 분들 때문에 그렇다고 우리가… 어떻게 할 수도 없는 게 현실이지 않나.

혜인 : 나는 오히려 그 반대인 것 같다. 밸런스를 잘 잡는 팬들이 훨씬 많고, 오히려 밸런스를 못 잡는 팬들이 더 적다. 그 적은 게 너무 극단 되게 사람들 눈에 들어오는 것 같다. 어쨌든 안 좋은 행동을 하는 사람들이 있으니까, 사람들이 그렇게 생각하는 것 같은데 너무 극단적으로 생각하지 않았으면 좋겠다. 그렇게 행동하지 않고 매너 있게 행동하는 사람들이 훨씬 많으니까. 요즘엔 팬덤 문화 자체가 점점 더 발전하고 있기도 하고. 난 20년 동안 지켜봐 왔으니까 점점 좋아지는 걸 느끼고 보고 있다. 그래서 너무 나쁘게 생각하지 않았으면 좋겠다.

재희 : 그건 정말 네가 몰라서 그런 거다. 정말 90%는 다 똑같이 밸런스를 잘 잡고

살고 있다. 돈 있어야 덕질도 한다.

미지 : 어떤 집단이든 문제 있는 사람은 있을 수밖에 없고 집단이 크면 클수록 그 숫자에 비례해 이상한 사람도 많을 수밖에 없다. 팬덤 규모가 얼마나 될까? 100만? 1,000만? 해외까지 합치면 상상할 수 없을 만큼 많다. 그중에 이상한 사람이 없을 수 있을까? 워낙 그런 사람들이 튀다 보니 평범한 사람이 대부분인데 사람들 눈에는 이상한 사람 몇이 대다수로 느껴지는 것 같다.

경진 : 그런 사람들이 노출이 많이 돼서 그런 것 같다. 일반적인 사람들이 더 많다는 거를 알아줬으면 좋겠다. 그래도 방탄 팬덤이 나오기 시작하면서 약간 바뀐 것도 있는 것 같다. 진짜 일반적인 사람들도 많이 좋아하기 시작한 것 같다. 너무 안 좋은 것들만 보고 극단적으로 안 봤으면 좋겠다. 우리도 일상생활 잘하는 덕후들이랍니다.

Q 과한 덕질은 무엇이라 생각하나?

지수 : 자신을 고립시키면서 모든 것을 포기하고 덕질만 하는 상태. 근데 그것도 정말 인생에서 힘든 시기를 보내는 사람도 있는 거고, 그 사람들이 그런 시기에 덕질만 할 수밖에 없고 그게 정말 자기가 할 수 있는 뭔가를 하는 거라면 그것도 과한 덕질이라고 보기에는 좀 그렇지 않을까. 빚을 내서 덕질하는 사람만 아니라면 과한 덕질이라는 것 자체가 결국엔 없는 것 같다.

지은 : 본인보다 아이돌이 위로 올라가는 것은 조금… 자아의탁 덕질이라고 하지. 그리고 경제적으로 자기가 부담하지 못할 수준을 감당하려고 하는 것도 아닌 것 같다. 본인한테 소홀한 거니까 조금 안되지 않을까?

수영 : 내 일상이 무너지기 시작하면 과하다고 생각한다. 근데 사실 덕질뿐만 아

니지. 연애도 그렇지 않나? 연애도 막 다 때려치우고 사무실에서 울고 있고! 이러면 과한 거잖아. 덕질이 아니어도 모든 건 과하면 좋지 않다. 덕후들도 그렇게 생각한다.

혜인 : 내가 무리해서 하는 거. 근데 너무 과한 거는 그때만 할 수 있는 거긴 하다. 자기도 지치고 그것도 잠깐이다. 과한 덕질은 어차피 오래가지 못하는 것 같다.

재희 : 본인이 되게 무리해서 하는 거. 자기 수준을 넘어선 덕질은 진짜 안 좋지. 그건 나도 지양한다. 근데 그건 같은 덕질 하는 애들끼리도 되게 뭐라고 한다. 사생도 되게 싫어하고. 팬도 그런 사람들 별로 안 좋아 한다.

미지 : 현생을 갉아먹는 덕질. 가끔 현생에 지장 갈 정도로 덕질 하다가 현타 와서 탈덕한 후 덕질에 대해 안 좋게 얘기하는 것을 보면 좀 아쉽다. 덕질이라는 취미 자체가 문제가 아니고 본인이 조절하지 못한 것이 문제인데 마치 덕질이 문제인 것처럼 얘기하는 게 안타깝다. 어떤 취미든 그렇게 생활하면 문제가 된다.

도연 : 월급의 대부분을 차지한다든지, 자기 범위에 안 맞게 너무 비싼 선물을 갖다 바친다든지. 그럼 과한 덕질. 내 일상이 무너지지 않을 정도, 일상의 활기를 주는 정도로 해야 괜찮은 거라 생각하거든. 내 다리가 휘청거려, 살림이 휘청거려 그럼 안되지. 그건 오히려 불행한 삶으로 가는 길이기 때문에. 근데 덕질 뿐만 아니라 낚시라든지, 차 좋아하는 사람들, 수집하는 사람들도 돈 심하게 쓰는 사람들 있잖아. 자기 가용 범위 안에서 돈을 써야 건강한 취미인 것 같다.

민정 : 자신이 무너지는 거. 자기 생활은 유지 해줘야 하는 거지. 자신을 갉아먹고, 나를 발전시키거나 유지하는 데 도움이 못 되면 결국엔 나 자신이 그 사람들을 원망하게 될 것 같다. 내가 저 사람들한테 이런 도움을 받았다고 하면서 좀 더 애정어리게 되는 거지 원망하게 되는 그런 사이가 되고 싶진 않다. 난 정말 그 친구들 보면 너무 고맙다고 그렇게 이야기하고 싶다. 내가 "너희를 너무 좋아해." 가 아니

라 "너희 덕분에 너무 즐거웠어.", "너희 덕분에 너무 행복했어."라고 해주고 싶다.

Q 아이돌 덕후에 대한 편견이 없어지려면 어떤 것이 바뀌어야 할까?

유성 : 홈 머글 분들이 아이돌 덕후들에 대해 부정적으로 생각하는 부분들을 귀엽 다? 라고 생각해 준다면 편견이 없어지지 않을까(웃음) 예를 들어 "쟤네 밥 먹는 데서 포카 들고 사진 찍는 거 봐, 수치심이라는 게 없나." 를 "부끄러울 텐데 사람 들 눈치 보면서 포카 들고 사진 찍네 귀엽다."라든지. 또 "쟤네는 별 쓸모도 없는 굿즈에 돈을 왜 저렇게 많이 써?" 를 "열심히 모은 코 묻은 돈으로 사고 싶었던 물 건 사는구나 귀엽다." 이렇게. 이 말은 그냥 우리들을 이해해 줘야 편견이 없어진 다는 말이다. 아이돌 덕후들은 오히려 누군가를 열정적으로 좋아한 경험이 있기 때문에 우리와 다른 취미를 가진 사람들을 보다 더 잘 이해해 주거든. 물론 아이돌 덕후들도 어느 정도 아티스트와 현생에 대한 선을 지켜가면서 건전하고 바른 덕 질 문화를 만들어야 하고!

지수 : 덕후든 아니든 개개인이 편견을 가지지 않으려 노력하기만 해도 나아질 것 같다. 그리고 서로 안 싸웠으면 좋겠다. 싸우면서 상대방에 대해 안 좋은 것들을 굳 이 더 만드니까. 좋다 나쁘다, 맞다 틀리다 둘 중 하나로 정하려 하지 말고 다 다른 사람들이라는 걸 그대로 받아들이면 된다고 생각한다. 그리고 정말로 틀린 것, 해 서는 안 되는 것에 대해 모두가 확실히 알고 있었으면 좋겠다.

지은 : 으음… 굉장히 어려운 질문인데… 지금으로선 딱히 이렇게 해야 없어질 것 같습니다 라는 생각은 들지 않는다. 근데 이게 약간 사회적 분위기랑도 연관이 있 는 것 같다. 한국은 워낙 좁고 남이 하는 거에 관심이 많다 보니 함부로 판단을 내 리고 지적하는 게 이상한 분위기가 아닌? 흔히 말하는 오지랖이 넓기 때문에. 그래 서 뭔가 특정 집단에 대한 편견을 만들고 거기에 대해서 한심하다고 손가락질하는 분위기가 아이돌 덕후만 있는 게 아닌 것 같다. 너무 확대해석하는 걸 수도 있지만

한국 사회의 문제도 어느 정도 들어있는 것 같다. 그리고 일단 매체에서 사생 단어를 바꿔서 써줬으면 좋겠다. 왜냐하면 계속 왜곡된 이미지를 확대 생산하게 되고 중립적으로 다루지 못하는 단어인 것 같거든.

수영 : 개인적인 생각이지만 세상의 모든 편견이 없어지는 건 어쩌면… 불가능에 가까운 일인 것 같다. 덕질만이 아니라 내가 경험해 보지 않은 일을 타인이 완전하게 이해할 수 있는 세상이 온다면 정말 좋겠지. 근데 그러기가 어렵기 때문에 편견이라는 게 계속 유지가 되는 걸 텐데. 그렇지 않으려면 지금 발간해 주시는 책 같은 거라든지, 영화 성덕을 만들어 주신 분, 아니면 내가 일을 하면서 만들어 내는 어떤 결과물 같은 것들도 일면 노력을 하는 거잖아. 우리가 그렇지 않고 너희가 보지 못하는 많은 것들도 있다! 라고 목소리를 내는 거니까. 이게 어떻게 보면 하나의 방법인 것 같다는 생각이 든다. 그렇지만 팬들 모두가 편견을 없앨 만큼 굳이 모든 걸 다 오픈 하는 걸 원하나? 생각해 보면 또 그렇지도 않고. 우리만의 것들로 남겨놓고 싶어 하는 것들이 또 있기 때문에. 편견과 맞서 싸워야 하는 상황이 생기지 않을 만큼의 것들을 보여주고 다양한 목소리를 낼 기회가 생기면 좋겠다고 생각한다. 근데 이런 편견 때문에 일코 하는 사람이 훨씬 많고 나이가 들수록 더 그렇게 되고. 그래서 그냥 우리처럼 말할 수 있고, 말하고 싶은 생각이 있는 사람들이 말하면 그래도 좀 좋지 않을까.

혜인 : 편견이 없어지진 않을 것 같다. 그냥 좀 더 좋은 쪽으로 이미지가 바뀌었으면 하는 생각이 있는데 매체에서 보여지는 이미지가 많이 바뀌어야겠지. 그게 아무래도 사람들한테는 전체적으로 보이니까. 그렇지 않은 팬들이 더 많은데 너무 옛날 거만 기억하는 것 같다.

재희 : 모든 사람이 덕후여야 된다. ㅋㅋㅋㅋ 그게 아니라면 그냥 서로가 서로를 좀 이해해야 할 것 같다. 요즘 세상이 너무 각박하다. 편견도 많고 아니면 본인 일 말고는 다른 세상에 무관심하고.

미지 : 일단 매체에 알려지는 사례들은 정말 극소수의 1%도 안 되는 이야기라는 것을 사람들이 알았으면 좋겠고, 팬들도 내가 하는 행동이 최애나 팬덤 전체의 얼굴이 될 수 있다는 것을 기억했으면 한다.

도연 : 편견… 편견을 없앨 수 있는지 모르겠다. 일단 편견을 가진 사람들이 편견을 깨려는 노력이 있어야 하는데 그런 식으로 얘기하는 사람들이 그거를 알려고 할지… 진짜 팬들과 아이돌의 세계를 알려고 할지 알 수 없어서 그게 가능할지 모르겠다.

민정 : 모든 거에 대한 편견이 없어져야 한다고 생각한다. 아이돌에 대한 편견을 가진 사람은 또 다른 것에 편견이 있을 거고. 한쪽에서 꼰대는 다른 쪽에서도 꼰대일 거고.

Q 머글들은 팬들을 보고 "종교 같다.", "유사 연애다." 등등 관계나 감정을 한마디로 정의하는 말을 하곤 한다. 팬과 아이돌의 관계는 어떤 관계라고 생각하는가?

유성 : 내가 파는 아이돌 그룹 멤버 한 명이 이런 말을 하더라. "항상 여러분들이 저희 편인 만큼 저희도 항상 여러분들의 편이니까요. 정말 힘든 세상이지만 저희만큼은 여러분들의 안식처가 되었으면 좋겠습니다!" 정말 말 그대로 아이돌은 팬들에게 안식처 같은 존재다. 때로는 나를 웃겨주고 힘든 삶에서 나를 위로해 주는 친구 같은 존재이기도 하고. 팬들은 또 아티스트가 안식처로서 굳건히 있을 수 있도록 응원해 주는 안식처를 이루는 하나하나의 통나무, 벽돌 그런 존재 아닐까ㅋㅋㅋㅋㅋㅋ 비유가 좀 이상한가ㅋㅋㅋㅋ

지수 : 굉장히 개인적인데, 서로가 서로에게 달이 되어주는 관계 같다. 나는 어릴 때부터 달을 정말 좋아했다. 달이 하늘이 있던 없던 항상 그 자리에 있을 걸 알고,

매일 다른 모양이어도 같은 달인 걸 안다는 게 위안이 됐다. 서울에 처음 혼자 살게 되었을 때 꼭 우주에 혼자 남겨진 것 같은 처음 느껴보는 외로움을 느꼈는데, 그때에도 달을 보면 혼자가 아닌 것 같은 기분이 들었다. 이 넓은 우주에서 지구인과 달의 관계로 만나게(?) 된 게 굉장한 만남이라고 생각하고 또 내가 달에게서 위로받고 힘을 얻으니 우린 꽤 특별한 관계(?)라고 생각했다. 내 돌들을 좋아하게 되었을 때도 이 넓은 우주에서 이 사람들을 좋아하게 되다니. 이렇게 넓은 우주에서, 우리 은하계에서, 지구에서, 이 작은 나라에서, 같은 시대에, 비슷한 나이로! 굉장하다!!!! 그런 느낌이었다. 내기 힘든 날들을 보낼 때 내 돌들도 달만큼이나 큰 위로가 되어주었기도 하고. 그들은 우리를 보면서 힘을 얻고, 나는 그들을 보면서 힘을 얻으니 서로가 서로한테 달 같은 존재라고 생각한다.

지은 : 으음 상부상조? 나도 4세대를 처음 겪는데 요즘 진짜 많이 바뀌었다고 생각했다. 진짜 서로 힘이 되어주는 관계? 이게 물리적으로 사람을 만나면 그 관계가 눈에 보이고 정의될 수 있는 말이 있지 않나. 친구, 연인, 자매, 형제, 부모님이라는 말이 있어서 그게 굉장히 일반적이고 어렸을 때부터 봐온 관계이기 때문에 애매하다는 느낌이 없는데. 팬 생활에 몸을 담고 있는 나도 가끔 물리적으로 보이지 않는 관계에 속해있어서 이게 관계가 맞나? 라는 생각도 하게 되고 나 스스로도 좀 정의를 내리고 싶어서 글을 쓰다 말다 하고 있다. 결국엔 진짜 약간 넓게 본 범주에서의 상호 협력 관계? 그 사람들한테 에너지를 얻고 그 사람들도 팬으로 인해서 에너지를… 나는 팬들이 있어서 힘 난다 이런 게 옛날에는 형식상 해주는 거겠지 했는데. 직접 그 친구들을 만나보고 대화를 해보면서 아 저 사람들이 진짜 팬들이 있음으로써 힘을 받는구나. 그게 진심이구나 느꼈다. 요즘 아이돌은 그걸 또 많이 표현해 준다. 뭐 아닌 분도 있겠지만… 상호협력 관계?

수영 : 한마디로 정의하기 정말 어려운 관계! 되게 가족 같다가도, 친구 같다가도, 정말 어떨 때는 연인 같다가도, 또 어떨 때는 되게 나한테 많은 걸 느끼게 해주는 진짜 동경하는 선생님 같은 마음이 드는. 이런 존재였다가도 또 어떨 때는 되게 짠하고 그래서 내가 엄마처럼 얘를 내 아들 같다고 얘기하기도 하는데. 여러 가지 마

음이 드니까 한마디로 정의하기가 어려운 관계! 라고 말하고 싶다.

혜인 : 힐링! 기분 전환제? 너무 짜증 나는 일 있었는데 그 사람 보면 기분이 전환되고, 이렇게 해주는 사람이 나한테는 스타고, 나는 그 사람을 응원해 주는 팬이고. 서로 상부상조할 수 있는 관계?

재희 : 그냥 서로가 절대적으로 믿는 사이? 사실 가수도 팬을 믿는 거고 우리도 가수를 믿고. 믿음으로 가는 사이라고 생각한다.

미지 : 다른 종류의 사랑 같다. 일반 사람들이 듣기엔 사랑이라는 단어가 너무 과하다고 생각할 수 있겠지만 꼭 연인 간의 사랑만 있는 것은 아니잖나. 가족, 친구 간의 사랑이 있는 것처럼 팬과 아이돌의 관계는 또 다른 종류의 사랑이라고 생각한다. 결국 여러 종류의 사랑을 겪어보지 않으면 절대 알 수 없는 것처럼 누군가의 팬이 되어보기 전에는 팬의 마음을 절대 이해하지 못할 것 같다.

경진 : 서로 도와주고 힘이 되는 관계. 진짜 내가 하는 덕질은 그렇다. 가수들도 자기가 힘들 때 팬들을 찾아오고, 팬들도 힘들 때 가수들을 찾아가고. 서로 위로받고. 서로 힘이 되는 관계라 생각한다.

도연 : 종교 같다는 말은 어느 정도 동의 한다. 믿고 의지하게 되는 게 종교잖아. 절대자처럼 믿고, 내가 실제로 어깨를 기댈 수 있는 그런 사람은 아니지만. 마음을 살짝 내려놓고 믿고 기댈 수 있는 어떤 존재가 하나 있는 건 힘이 되는 것 같다.

민정 : 비판적인 시각을 가지면 한쪽은 비즈니스 관계고, 한쪽은 헛사랑을 한다고 할 수 있겠지만. 나는 모든 건 주고받는 것 같다. 식당에 가서 밥을 먹을 때도 나는 돈을 쓰고, 그대는 서비스를 제공하고. 어떤 교환 관계라고 생각하거든. 아이돌 덕후도 마찬가지라 생각한다. 우리가 원하는 좋은 노래를 이 사람들이 제공하고, 그것에 대해서 우리가 좋아해 주고. 물물 교환 같은? 서로 상호관계지. 나쁘게 말하

면 이용해먹는 관계라고 하겠지~? 그치만 그렇게 나쁜 관계는 아니고 서로 참 필요한 거를 주고받는 관계?

Q 덕질 전과 덕질 후 달라진 것이 있다면?

서아 : 덕질 전... 덕질 전이 근데 초등학교 때라서...ㅎㅎㅎ 덕질 전에는 친구들이랑 뛰어놀고 한 게 많았다면? 지금은 영상 보고 이거에 관해서 얘기하는 거로 바뀌었다…?

유성 : 덕질을 하기 전에는 인간관계가 막 넓지는 않았었는데 덕질을 계기로 다양한 일을 하는 좋은 친구들도 많이 사귀었고 성격도 더 활발하게 바뀌었다. 예전에는 하루 종일 집에만 있었는데 밖에 나가는 일도 많아졌고 삶이 조금은 더 다채롭고 재미있어진 것 같다.

지수 : 다른 질문에 답했던 좋아하는 힘! 도 있고, 뭐 좋아한다고 말할 때 스스로 부끄러워하지 않는 게 생겼다. 예전에는 다꾸 하는 것도 되게 한심하다고 보는 사람들이 많았다. 일기 쓰고 계획하는 게 중요한 거지 그걸 왜 꾸미고 앉았냐, 거기에 돈을 그렇게 쓰고, 스티커를 뭐 하러 그렇게 사냐 등 그래서 막 어렸을 때는 다꾸 좋아한다는 말을 못 하고 그냥 "일기를 써!" 이 정도로만 했었다. 근데 이제는 그냥 무엇이든지 내가 좋아하는 게 생기면 다른 사람들 눈치 잘 안 보게 됐다. 나 스스로 강해졌다는 느낌? 나는 나를 잘 알고, 내가 좋아하는 것도 알고, 나는 너무 행복하게 내가 좋아하는 걸 하면서 살고 있고 내 삶에 굉장히 만족한다! 이런 느낌이 든다. 다른 사람 눈치를 잘 안 보게 됐다.

지은 : 난 머글이었던 적이 없어서… 근데 그런 건 있지. 좋아하는 아이돌그룹 멤버 한 명이 사고를 쳐서 공백이었을 때 삶이 재미가 없더라. 그렇다고 '내가 다른 누구를 좋아하겠어!' 딱 찍는다고 좋아할 수 있는 것도 아니지 않나. 이건 사고처럼 내

가 1톤 트럭에 치여야 하는 거니까. 인생이 진짜 재미가 없더라.

재희 : 친구가 많아졌고, 안 좋은 일 있거나 슬플 때 극복하는 방법도 배웠고, 좋은 추억도 쌓았다. 그리고 새로 마주하는 내가 많았던 것 같다. 나한테 이런 모습이 있었나? 덕질이 나 스스로에 대해서도 찾는 여정이었던 것 같다. 사회에 찌들면서 열정이 없고, 많이 죽었다고 생각했는데 아니었다. 나는 굉장히 열정적인 사람이라는 것을 덕질 하면서 깨달았고 정말 나도 모르는 내 모습을 많이 발견했다. 더 좋은 사람이 된 것 같다. 그리고 그 전엔 돈을 많이 벌어야 겠다는 생각이 별로 없었는데 덕질 하면서 돈을 많이 벌어야겠다는 생각을 진짜 많이 했다. 그런 계기를 준 것 같다.

미지 : 100% 확실하게 행복한 일이 하나 더 생겼다. 난 처음 입덕 했을때 너무 행복해서 배신감까지 들었다. 아니 남들은 이렇게 행복했다는 거야? 이걸 나만 모르고 있었다는 거야? 왜 아무도 안 알려 준 거야? 했다. 10대 때도 덕질을 하긴 했지만, 그때랑 많이 달랐다. 팬덤 문화도 많이 달라졌고 생일 카페나 나눔처럼 즐길 거리도 많아졌다. 그리고 예전엔 SNS도 없어서 정말 오빠들 살았는지 죽었는지도 잘 모를때였는데, 지금은 아이돌들이 소통도 정말 잘해주고 팬들한테 되게 신경을 많이 써준다. 내 최애도 소통 왕인데 팬들을 세심하게 잘 챙겨주고 게임도 같이한다. 선착순이긴 하지만 배그나 루미큐브도 여러 번 했다. 정말 즐거운 일들이 많다. 덕질은 100% 행복만 준다.

도연 : 웃음 치료라는 게 있잖아. 그런 것처럼 최애를 보면 반사적으로 웃음이 나기 때문에 나는 웃음 치료로 덕질을 하는 것도 있는 것 같다. 실제로 우울증 앓았는데 아이돌 덕질하고 괜찮아지는 사람들도 있고. 그런 식으로 내가 기분이 좀 나아지고 싶을 때 아이돌을 찾게 되는 것 같다. 100% 효과! 효과 보증!

민정 : 좀 사람이 유해진 것 같다. 이해하게 되고. 옛날 같으면 쓸모없는 행동이라 생각했던 것들이 다 의미있다는걸 알게 됐고. 그 의미가 내가 중요한 게 아니라 그

걸 하는 사람들에게 중요한 거지. 내가 봐서 저 쓸데없는 짓을 왜 해? 라는 건. 머 글들의 시선은 중요하지 않다고 생각한다. 나한테 의미가 있다면 됐다고 생각하고. 다양한 걸 보게 된 것 같다.

Q 탈덕하면 후회할 것 같은가?

서아 : 으음. 조금?? 지금까지 쓴 돈이랑 시간이 있으니까. 다시 다른 취미를 찾거나 할 때 지금까지 쓴 시간이 아까울 것 같다.

지수 : 아니요! 후회 안 할 것 같다. 그만큼 내가 많은 걸 새롭게 배웠고, 경험했고, 얻었으니까. 덕질하면서 그만큼 행복한 시간이 많이 생겼으니까

지은 : 근데 난 입탈덕을 엄청… 갈아타는게 많은 사람이어서 해봤는데… 후회라고 해 봤자 사회적 물의를 일으켜서 탈덕했다 하면 내가 왜 저런 놈을 좋아했을까 정도지 무슨 인생 중대사에 뭔가 큰 그런 건 아니었던 것 같다. 그리고 내가 만약 어떠한 계기로 인해 팬 생활을 아예 관두게 되어도 전혀 후회 안 할 것 같다. 너무 얻은 게 많다.

수영 : 탈덕을 할 수 있을까? 휴덕은 있으나 탈덕은 없는 것 같고. 후회하는 선택을 안 하지 않을까? 탈덕이 후회될 것 같다면 탈덕하지 않을 것이고. 남아있는 게 후회될 것 같다면 탈덕을 할 것이고. 나의 인생에 후회되지 않는 선택을 하겠지. 탈덕이든 아니든.

혜인 : 으음… 모르겠다. 근데 탈덕을 하기 전까지 많은 고민을 하지 않을까? 탈덕이 그렇게 쉬운 결정은 아닌 것 같다. 너무 슬플 것 같다. 허전하달까…? 뭔가 나는 시간이 너무 기니까 그 시간에 대해 그만큼의 공백이 생기는 거지 않나. 너무 슬플 것 같다.

재희 : 아니요. 탈덕하면 후회 안 한다. 왜냐면 다 쏟아부었기 때문에 후회 없다. 그것도 내 선택이니까. 주체적으로 내가 탈덕을 선택한 거니까. 난 주체적인 인간이니까ㅋㅋㅋㅋ 탈덕도 내 선택이니까 후회 없다. 아마 다른 덕질을 하고 있던가 그러지 않을까?

미지 : 최애가 범죄를 저질러서 탈덕 했다면 대상에 대한 후회는 해도 덕질 자체에 대해서 후회하진 않을 것 같다. 그만큼 덕질 하는 동안 행복했으니까.

경진 : 후회 안 할 것 같다. 안 해본 것들을 많이 해보았고 나이 들어서도 자랑할 것 같다. 나는 덕질하면서 이런 것도 해봤어 이렇게. 후회하지 않을 것 같다.

도연 : 탈덕… 내가 탈덕을 했으면 진짜 이유가 있을 것 같아서 후회 안 할 것 같다.

민정 : 아니요. 나는 탈덕하면 그 세월을 행복했던 세월이라고 생각할 것 같다. 다만 탈덕이 어떤 계기로 이루어질지 모르겠지만 만약 좋지 않은 일로 탈덕이 이루어지면… 어… 그들이 나를 그동안 잘 속였구나 그 정도? 난 잘 속아줬고 그동안 행복했고. 행복했던 시간을 생각할 것 같다.

Q 덕질 하면서 행복한가? 언제까지 덕질 하고 싶은가?

유성 : 일단 지금 덕질 생활은 너무 행복하고 만족스럽다. 우리 팬덤이랑 아이돌 구호가 '내일도 함께하자!'인데 그 말처럼 내일도, 모레도, 그다음 날도 그렇게 평생 함께하면서 덕질하고 싶다. 내 마음이 다 할 때까지 오래오래 좋아할 것 같다.

지수 : 전 매우 행복합니다. 매우 행복하고 그들이 문제없이 활동하는 기간까지는 계속 함께하고 싶다.

지은 : 너무 행복하고(웃음) 새로운 것들을 배우는 것 같다. 현재 최애를 알게 되고 나서부터 이게 뭐지? 이렇게 좋은 감정은 뭐지? 생각하는 것만으로도 내가 쟤를 위해서 더 열심히 살아가야겠다, 나도 저 친구처럼 에너지 많은 사람이 되고 싶다 생각하게 될 정도로 나한테는 좋은 친구여서. 더 오래 건강하게 살아야겠다 더 좋은 게 있을수도 있겠다는 생각도 들었다. 언제까지 덕질하고 싶은지는… 친구네 어머니가 트로트 가수를 좋아하신다. 근데 콘서트 표를 못 구하셨는데 김해에서 서울까지 올라와서 겉돌이를 하셨다더라. 나도 못 하거든 안 하거든. 근데 어머님만 하신 게 아니라 겉돌이 하시는 할머니, 중년의 분들이 되게 많았다더라. 그래서 나도 저렇게 해야겠다? 나의 환경이 허락하는 한 계속하고 있을 것 같다.

수영 : 행복하고. 덕질을 통해 행복을 느낄 수 있는데 까지는 계속할 것 같다. 좋은데 굳이 하지 않고 참을 이유는 없으니까?

혜인 : 덕질하면서 행복하지~ 콘서트 갔을 때 오빠가 내 응원봉 한번 잡아줬다고 온 세상에 자랑하고 싶었다. 동네방네 자랑하고 싶었고 그날 인스타에 올리고 카톡방에 올리고 난리 부르스를 췄다. 그만큼 행복하다. 될 수 있으면 오빠들이 계속 활동할 때까지 하고 싶다.

재희 : 완전 행복하고 하기 전보다 많이 행복해졌다. 되게 힘들었을 때 덕질을 시작했는데 아무도 나한테 위로가 되어주지 않았는데 애들 때문에 다 극복했다. 지금 너무 행복한 사람이다. 애들 때문에 행복하기보다 덕질을 하면서 내가 굉장히 많이 치유됐다. 동시대 이들과 같이 살았다는 것도 너무 좋았다. 예를 들어 나이가 많이 어린 친구들을 좋아하면 세대 차이가 있을 수 있는데, 비슷한 연도의 사람이라 우리 어릴 때 뭐 봤는데 이러면서 서로 공감하고 친구처럼 맞아 그랬었지 이런 얘기도 할 수 있어 너무 좋다. 그들과 동시대에 살고 있어서 너무 좋다. 막 얘네 죽은 다음에 덕질 할 수도 있지 않나 그럼 너무 슬펐을 것 같다. 덕질은 나도 애들도 걸어다닐 수 있을 때까지. 나 정말 디너쇼도 갈 거다. 우리 맨날 그런 얘기 한다. 60대쯤 되면 덕질 좀 널널해지려나. 티켓팅 좀 널널 해지려나. 그때는 그때대로 빡세려나.

미지 : 너무 행복하다. 최애의 첫 콘서트에 갔을 때 공연 시작 전 앉아서 기다릴 때까지만 해도 별 감흥이 없었다. 그런데 조명이 꺼지고, 음악이 흘러나오고, 팬들의 응원봉이 빛나고, 라일락색의 옷을 입고 올라와 노래를 부르던 최애의 모습까지. 그때 그 상황이 아직도 잊혀지지 않는다. 한 명을 응원하는 수많은 사람과 함께 응원봉은 별처럼 빛나고 우리끼리만 우주에 와있는 것 같은 기분이었다. 나이가 많다면 많고 적다면 적은 나이인데, 이제는 새로운 감정을 느끼는 일이 별로 없다고 생각했었다. 그런데 그날 내가 살면서 이런 기분을 느껴본 적 있었나 싶었다. 처음 느껴보는 감정이었는데 그때 느낀 감정은 아직도 말로 표현 못 하겠다. 난 정말 디너쇼 볼 때까지 덕질하고 싶다.

경진 : 너무 행복하다. 팬분 중에 6~70대 분이 계시는데 그분을 보면서 항상 나도 저 때까지 열심히 덕질 해봐야겠다고 생각한다. 지금 함께 덕질하는 친구들이랑 탈덕하지 말고 디너쇼까지 영원히 함께했으면 좋겠다.

도연 : 행복하다. 나이 들다 보면 점점 감정이 메말라가는데 콘서트 가서 열광하고, 덕질 함으로써 그런 게 살아나는 것 같아서 되게 좋다. 생활에 활력이 되고. 그리고 덕메가 있기 전과 후가 되게 차이가 많이 나거든. 홀로 덕질 할 땐 모여서 논다든지 이런 건 일절 없었다. 근데 어떻게 덕메가 생겨서 그룹이 생기고 모여서 놀고, 최애가 갔던 식당 성지순례라고 하면서 가고, 생일 카페 같이 놀러 가고 이런 식으로 노는 게 되게 재밌더라. 덕메가 생긴 후로 덕질이 정말 풍성해지고. 같은 사람을 좋아해서 그런지 모르겠는데 성향 자체도 잘 맞고 처음 보는 사람들인데도 되게 빨리 친해졌다. 서로 하는 일, 사는 곳 다 다른데 덕메들이랑 놀면 마음이 되게 편하고 즐겁다. 그래서 그럴 때 되게 좋고 행복하다. 덕질은 할 수 있으면 계속할 것 같다. 최애가 활동 하는 한 쭉 좋아할 것 같다. 지금 마음은 그렇다.

민정 : 내가 정성을 쏟는 만큼 행복해지는 거고. 행복해지는 만큼 내 가족과의 행복도 점점 커지는 것 같다. 가끔 남편한테 "여보 내가 이 정도로 행복해도 될까."라는 이야기를 되게 많이 한다. 덕질을 하면서 여러 가지 예술적인 걸 알게 되고, 우

리가 이 나이가 돼서 안정된 것도 그렇고 참 많이 행복해 라고 얘기한다. 덕질은 나쁜 일이 없고, 그들이 활동 하는 한 계속할 것 같다.

Q 최애에게 하고 싶은 말이 있다면?

서아 : 앞으로 열심히 활동해서 오래오래 보고 싶다. 논란 없이 오래 가자.

유성 : 사랑해 (손으로 하트) 라뷰 쏘 마취….

지수 : 건강해! 건강하게 오래오래 좋아하는 일 하면서 있어라! 행복하게 살았으면 좋겠다! 끝!

지은 : 하하하하 하고 싶은 말? 너무 많은데… 너무 예쁘고… 너무 요정이고 너무 잘하고 있으니까 걱정하지 말고. 진짜 너가 있어서 산다.

수영 : 건강해라~~ ㅋㅋㅋㅋㅋㅋ 오래오래 그 노래를 들을 수 있는 사람으로 남아줬으면 좋겠다. 여러 가지 이슈들과 어느 날엔가 지금보다 인기가 덜해지는 순간들이 올 거고. 어떤 이유로든지 상황이 힘들어져서 앨범을 내지 못하는 날이 진짜로 올 수 있지만. 노래는 남잖아. 근데 지금까지 쌓아왔던 많은 것들을 먹칠하게 되는 어떤 사건들이 발생하면 그 영화 성덕을 찍으신 분이 느껴야 하는 상실감을 느껴야 해서. 지금의 이 좋은 노래들을 내가 오래오래 듣고 계속 위로받을 수 있는 그런 별로 계속 남아줬으면 좋겠다.

혜인 : 제발 건강하고… 제발 아프지 말고… 운동도 좀 적당히 하고… 살도 좀 찌고 행복했으면 좋겠어. 아! 사업하지 말고… 제발….

재희 : 너네 디너쇼 갈 준비 되어 있으니까 지금처럼만 본업 잘하면서 우리 70세

까지 같이 해보자. 같이 늙어가자.

미지 : 어떤 문제든 항상 너의 행복을 최우선으로 결정해. 반드시 건강하고 행복해. 너가 행복해야 우리도 행복할 수 있을 거야. 하지만 그렇다고 팬들 앞에서 힘든데도 좋은 모습만 보여주려고 하지는 않았으면 좋겠어. 힘든 일 있으면 지금처럼 우리를 찾아와 줬으면 좋겠어. 언제나 우리는 너의 편이 되어줄게! 그리고 같은 그룹이었던 다른 멤버들도 여전히 사랑하고 응원한다! 너네 모두 디너쇼 하는 거 꼭 보고 싶어! 건강해라!

경진 : 한 명에게는 빌보드 가자! 또 다른 한 명에겐 지금 이대로만 열심히 해줘! 그리고 나에게 긍정적인 영향을 줘서 너무 고맙고 나도 너희가 보기에 부끄럽지 않은 팬이 되도록 열심히 살아볼게!

도연 : 부디 몸 건강하게 오래오래 활동 열심히 해줬으면 좋겠구나. 그리고 즐겁게 살렴. 네가 행복해야 팬들도 행복하단다.

민정 : 고마워. 우리 애들한테 하고 싶은 말은 고마워 정말. 정말 고마워.

Q 마지막으로 하고 싶은 말이 있다면?

서아 : 인터뷰하기 전에는 사람들이 아이돌 팬에 대해서 대부분 긍정적으로 보고 있는 것 같았는데, 부정적이거나 극단적인 의견이 많아서 조금 놀랐고. 답변하면서 소비활동에 대해 다시 한번 생각해 보게 되었다. 그리고 아이돌에 대해서 많이 모르는 사람들은 좀만 더 찾아보고 말해줬으면 좋겠다.

유성 : 오히려 요즘 나 신경 쓰기도 바쁜 사회에 누군가를 좋아하고 거기에 열정을 쏟는 사람들이 더 대단한 사람들이라 생각한다. 그렇게 열정을 쏟으면서 자기 일

도 열심히 하는 사람들이니까. 그러니까 우리 아이돌 팬들을 너무 부정적인 시각으로만 보지 말아주세요. 오히려 저희는 멋진 사람입니다! (웃음)

지수 : 같이 덕질하는 분들에게 괜히 다른 사람들한테 상처받지 않았으면 좋겠다고 말하고 싶다. 우리는 우리의 길이 있는 거고, 우리의 길을 가면 된다. 다른 사람들이 왜 그런 길로 가냐고 해도 주눅 들거나 상처받지 않았으면 좋겠다. 좋아하는 마음을 옳다고 믿고 부끄러운 것이 없다면 그대로 같이 갔으면 좋겠다. 그리고 이 질문들만 봤을 때는 사람들이 왜 그렇게 다른 것과 틀린 것을 구별하지 못하고 편견에 사로잡혀 있는지 안타깝다.

지은 : 모르는 분야는 편견이 생길 수도 있다고 생각한다. 나도 편견이 있기도 하고. 근데 그렇다고 해서 그게 남을 무시하고 한심하다고 입 밖으로 내뱉을 수 있는 특권이 생기는 건 아니다. 한심하다고 남을 함부로 판단 할 권리가⋯ 물론 속으로 생각할 수 있다고 해도 판단 내린 걸 입 밖으로 내뱉어서 누군가를 직접적으로까 내리고 무시할 권리는 없다는 거 인지했으면 좋겠다. 그런 말을 내뱉는 것 자체가 자기 살 깎아 먹는 거다. 내가 이렇게 오만하고 편견에 가득 차 있고 쉽게 남을 판단하고 까 내리는 사람이다 라고 입증하는 것밖에 안 된다고 생각한다. 그러지 않았으면 좋겠다.

수영 : 모두가 모두를 이해할 필요는 없겠지만⋯ 이 편견이라는 것만 없어도 더 많은 것들을 즐겁게 바라볼 수 있는 세상이 될 거라 생각한다. 사실 상처받으면서 덕질하고 싶지 않아서 탈덕하는 분들도 분명히 있을 거다. 이런 편견 때문에. 근데 적어도 그렇지 않은 게 폭력적이지 않은 세상인 거라 생각하고. 이건 비단 덕질이라는 단어를 다른 어떤 여러 가지 이슈들로 바꾸더라도 동일한 거라 생각한다. 덕질을 했던 사람이 계속해서 그걸 하게 되는 이유는 내가 생각할 땐 정말 누군가에게 대가 없는 사랑을 주는 경험에서 얻는 행복감이 분명하게 있기 때문인데. 그걸로만 이 모든 편견을 감당해 내기에는 팬들에게는 좀 억울한 부분이 있는 것 같다는 그런 생각이 든다. 그리고 난 덕질하면서 행복하다. 어떻게 보면 오히려 역으로 이

렇게 가성비 좋은 취미가 없다고 생각하거든? 이렇게 적은 투자로 큰 행복을 느낄 수 있다니 하하하하 사실은 취미라고 이야기하기에는 나의 정체성에 많은 부분을 형성하고 있기도 하고. 덕후들은 자기 삶에 대한 확신이 있고 그걸 충분히 선택해 나갈 수 있는 주체성을 가진 사람들이었다. 적어도 내가 만난 사람들은.

혜인 : 다들 너무 자기만 사랑하는 것 같다. 다 그 얘기밖에 없어. 운동하면 자기 몸이 좋아지고 자기 계발 얘기밖에 없어. 꼭 뭘 해서 효과가 나고 이득이 나고 그래야 하는 세상을 살고 있는 사람들 같다. 이득이 없으면 친구도 사귀지 말아야 하고 그런가? 질문들만 봤을 때 꼭 그런 사람들인 것 같다. 남도 좀 사랑했으면 좋겠다.

재희 : 지금 많이 힘드신가요? 그렇다면 덕질을 시작해라! 이전보다 삶이 굉장히 풍요로워지고 더 나은 사람이 되어있을 거다. 진짜 힘든 일 있으면 덕질 완전 추천한다. 유튜브만 봐도 돈 드는 거 아니니까 한번 해봤으면 좋겠다! 덕질 하면서 그런 생각도 했다. 반려동물 키우는 느낌이 이런 건가? 반려동물한테도 막연한 사랑을 주지 않나. 청소, 빨래 해주는 것도 아닌데. 그래서 반려동물을 키우면 이런 느낌인가 싶었다. 위로해 주고, 힘들 때 챙겨주고. 그것도 덕질이네. 세상은 다 덕질로 이루어져 있다. 나는 덕질을 안 하는 인간은 없다고 생각한다. 돈을 쫓는 사람은 돈을 덕질하는 사람들이고, 축구를 좋아하는 사람은 축구를 덕질하는 거거든. 그러니까 당신도 분명 덕질을 하고 있고, 모든 인간은 덕질을 하고 있으니까 너무 아이돌 덕질을 편협한 시선으로 안 봐줬으면 좋겠다.

미지 : 취미를 과하게 하는 것에 대한 기준이 아이돌 덕후에게는 조금 더 날카로운 잣대를 들이미는 것 같다. 우리는 모두 덕후다. 음악을 좋아하면 음악 덕후. 운동을 좋아하면 운동 덕후. 캠핑을 좋아하면 캠핑 덕후. 대부분의 아이돌 덕후도 다른 덕후들처럼 현생을 열심히 살고, 다른 취미도 즐기고, 연애도, 결혼도 무엇이든 자신이 원하는 것을 하며 문제 없이 현실을 잘 살아가고 있다. 현실을 제대로 보지 못하는 사람은 누구일까? 누군가를 진심으로 응원하는 마음은 절대로 비난받을 수 없다.

경진 : 내가 생각했던 것보다 너무 극단적으로 생각하는 것 같다. 그래도 일반적인 덕질을 하고 있는 사람들이 있을 거라는 것을 알 줄 알았는데… 도대체 이게 무슨 문제인 거지? 아이돌 팬을 생각보다 부정적인 시선으로 바라본다는 것은 슬프지만 그래도 그들을 이해할 수 있는 시간이었던 것 같다. 꼭 아이돌이 아니더라도 무언가의 덕질을 해봤으면 좋겠고, 무언가를 열정적으로 좋아하는 건 너무 재밌고 신나는 일이라는걸 다들 알았으면 한다! 나의 덕질 역사를 다시 한번 돌아볼 기회여서 재밌었다.

도연 : 일단 내 기준에서 아이돌 덕후에 대해 폄하하는 말이 너무 심해서 되게 놀라웠고, 그냥 좋아하는 거에 대해서 남의 의견을 들을 필요는 없는 것 같다. 내가 좋아해서 하는 거고, 내가 선택해서 하는 일인데 그거 자체가 주체적이고. 그렇기 때문에 눈치 보지 않았으면 좋겠다. 누구든.

민정 : 다양성이 인정되는 사회였으면 좋겠다. 말로는 다양성을 인정해 주자 라고 이야기하면서 사실 모든 것에 색안경을 끼고 보는듯한 느낌이 있더라. 꼰대를 싫어한다면서도 어떻게 보면 젊은 꼰대들이 더 한 것 같고. 머글들에게는 다양성, 덕후들에게는 균형성. 이게 좀 유지가 됐으면 좋겠다. 그리고 덕질하세요!! 행복해져요!! ㅋㅋㅋㅋㅋㅋ

에필로그 / 머글 A와의 인터뷰 中

머글 A : 근데 머리에 오래전부터 있던 무의식은 뭔가 그들이 크레이지 할 때 일반적인 크레이지의 레벨을 벗어나는 거 같아요. 그게 좀 더 쉽게 그려져요. 그리고 기본적으로 이거를 계속한다고 해서 내가 얻어지는 능력이 있다고 보긴 어렵잖아요. 그래서 비생산적이다라는 이미지? 특성 때문에 좀 더 그런 것 같기도 해요.

예를 들면 스포츠면 스포츠를 잘하게 되거나, 신체 능력이 좋아지거나. 만화를 그린다고 하면 실력이 느는 그런 게 있는데 이게 아웃풋이 없어서 그런가? 그래서 더 그런 걸 수도 있는 거 같아요. 그러네 아웃풋이 없네.

질문자 : 취미로 꼭 능력이 향상되거나 얻어지는 게 있고 남는 게 있는 것보다는 행복하기만 해도 되지 않을까 하는 생각이 들고, 뭔가 능력이 향상되고 이래야 한다면 취미도 취민데 자기 계발에 더 가깝지 않나? 이런 생각을 했었거든요. 그거는 어떤 생각이 드시나요. 뮤지컬을 보는 것도 사실 그냥 문화생활하고 와서 남는 건 없잖아요. 장난감을 모은다 해도 아이돌 팬들이 굿즈 사는 거랑 비슷한 느낌이거든요.

머글 A : 그러네요. 브랜드 덕질도 실은 뭔가 주지 않잖아요. 으음… 그러면 이게 약간 인식의 차이인 거 같기도 해요. 뭔가 나에게 에너지를 주고 한다 그러면 락페스티벌 같은 데 갔다 와서 에너지를 더 얻어서 신나게 지내는 경우도 많잖아요.

질문자 : 맞아요. 그거랑 비슷해요.

머글 A : 그러면 그런 맥락에서 봤을 때 그런 거 같아요. 근데 그냥 조금씩 탁탁 걸리네요. 뭔가 부정적인 이미지가 오랫동안 쌓여 있어서 그러나? 저도 선입견을 안 본다고 생각하는데 근데 뭔가 반박을 하고 싶어요 자꾸. 근데 그게 막… 약간 그런 거 같아요.

질문자 : 인터뷰하시면서 생각이 바뀐 게 있나요.

머글 A : 생각보다 돈을 많이 안 쓴다는 거. 시간이랑 돈을 많이 안 쓰면 삶에 큰 그게 아니니까. 그리고 그거. 이성으로 안 본다는 거. 그 두 개가 젤 컸던 거 같아요. 근데 이거를 여자친구한테 대입했을 때에는 워낙 경험을 못 해본 거니까 존중해 주기 어렵지 않을까 여전히 갖고 있긴 해요.

질문자 : 그럼 만약에 덕질이 취미가 아니고 뭐 테니스가 취미여서 테니스 덕후다 이렇게 해도 비슷할 거 같으세요?

머글 A : 내가 같이 못하는 취미일 때 기준인 거죠?

질문자 : 네네 다른 취미라고 했을 때?

머글 A : 어 근데 그건 또 괜찮다… ㅋㅋㅋ 그때 내가 딴 거 하면 되니까….

질문자 : 그니까 ㅋㅋㅋㅋㅋㅋㅋ 왜 그럴까요 ㅋㅋㅋㅋ

머글 A : ㅋㅋㅋㅋㅋㅋㅋ 이게 왜 허들로 느껴지지?

질문자 : 다른 취미인데 똑같이 같이할 순 없어. 그리고 덕질 만큼의 시간을 소비하고 돈 소비하는데 다른 취미이면 괜찮을 거 같은?

머글 A : 아 이건 인식이다! 진짜 인식인 거 같아요. 막 설명할 수 없어요! 이건 진짜 인식의 변화가 필요 하겠는데요? 쉽지 않네요. 너무 혼란스러워요. 내 생각이 뭔지 모르겠어.

머글 B와의 인터뷰 中

머글 B : 뭔가 하루, 한 달 시간이 정해져 있잖아요. 물리적으로 정해진 시간이 있는데 저는 제 일상을 기준으로 생각해 보면 그 물리적인 시간을 최대한 잘 활용할 수 있을 정도의 시간 분배라고 해야 하나? 그런 게 딱 회사생활과 그 외에 남자친구랑 데이트하는 시간, 가족과 보내는 시간, 친구랑 보내는 시간. 그것만 다 써도 물리적인 시간이 다 가거든요? 근데 그들은 그 시간을 빼서 아이돌에 투자하는 거잖아요. 가족과 보낼 시간을 빼서 그걸 쓴다든지, 친구 만날 시간을 빼서 쓴다든지. 어쨌든 물리적인 양으로 따졌을 때 그 시간을 그들에게 투자 한 거면, 원래는 자기 옆에 있는 사람들과 충분히 쓸 수 있는 시간인데 그 옆에 있는 사람보다는 만나보지 못한 사람에게 물리적인 시간을 투자하는 거니까. 그런 부분에 있어서 너무 주변 사람들, 옆에 있는 사람을 챙기지 않고 그렇게 하는 게 아닌가? 그런 생각이 들어요.

질문자 : 그러면 취미생활 꾸준하게 여러 가지 하는 사람들도 있잖아요. 예를 들면 축구를 꾸준히 하는 사람도 있고, 헬스 하루에 몇 시간씩 해야하는 사람들도 있고, 낚시하러 다니는 사람, 사진을 찍으러 다니는 사람, 캠핑하러 다니는 사람. 여러 취미를 가지고 있는 사람들이 있는데 그러면 그 사람들도 자기 할당된 시간을 옆에 사람들한테 투자하지 않고 그렇게 쓰는 것처럼 보이나요?

머글 B : 그건 아닌 거 같은데. 그건 일종의 자기 계발? 헬스도 자기 몸을 업그레이드시키는 일이고, 낚시도 혼자 가는 사람도 있겠지만 친구나 가족과 즐기러 가는 부분도 분명 있을거고. 그래서 그건 일종의 자기 스킬업이나, 자기 계발 활동이라고 저는 보여지는 건데… 뭔가 덕질은 자기의 스킬업이라던지 자기 계발용의 그런 게 아니잖아요.

근데 지금 말씀하신 걸 들어보면 취미라는 게 꼭 스킬업을 위한 활동이 아닐 수도 있잖아요. 그렇게 보면, 그런 시각으로 보면 일종의 자기 유희라고 해야 하나? 즐길 거리? 그렇게 본다면 이해할 수 있을 거 같은데. 뭔가 제가 생각했을 때 저의 취미가 그래서 그런지. 저는 단순히 유희를 즐기는 취미를 제가 잘 안 해서 그럴 수도 있을 거 같아요.

질문자 : 예를 들면 야구를 보러 가는 취미를 가지고 있는 사람들도 있잖아요. 사실 그것도 어떻게 보면 뭔가 스킬이 향상되거나 자기 계발적인 취미는 아닌데, 야구를 보러 간다고 했을 때는 그런 시각이 없는 거 같거든요. 그리고 나는 혼자 코인 노래방 가서 노래 부르는 거 좋아한다고 했을 때도 그것도 사실 그냥 내가 즐기려고, 행복해지려고 노래를 부르러 가는 건데 그런 거에 대해선… 저는 취미는 행복해지려고 하는 게 가장 중요하다고 생각하고 취미랑 자기 계발은 조금 다른 선상에 있다고 생각하다 보니까 그래서 이런 질문을 드려봤구요. 어쨌든 그러면 '다른 취미들은 조금 다르게 보이는 건 사실이다' 이신 거죠? 약간 자기 계발로 보이고?

머글 B : 그죠… 음… 사실 영화를 보는 것도 취미라고 할 수 있는건데… 그… 영화를 보는 게 취미인 사람에게 선입견이 있진 않잖아요…,

질문자 : 그죠그죠.

머글 B : 음… 저도 이 선입견의 근원이 무엇인가 잘 모르겠는데 ㅋㅋㅋ 근데 그 근원이 아까 제가 초반에 말한 그건 거 같아요. 1세대 아이돌 팬들에 대한 이미지가 모든 아이돌 좋아하는 거 자체를 취미라고 규정하기에는 너무 부정적인 인식이 더 커져 버려서 취미로만 규정지을 수 없는 그런 문화가 되어버린…? 이걸 취미생활로 보지 않고 뭔가 선입견을 갖고 있다는 자체가 음… 그렇게… 맞아요. 이 선입견이 아이돌 좋아하는 거를 과격하게 한다는 게 전제인 거 같아요.

니들이 덕후를 알아?

'아이돌 덕후'의 편견에 대해 덕후들이 답했다.
ⓒ 안미지

발행일 2023년 7월 7일
기획/편집/디자인 안미지
Thanks To sini & jane

MAIL mnellj@naver.com
SNS @record_mj
WEB www.mnellj.kr
       blog.naver.com/manray28

발행처 인디펍 **발행인** 민승원
출판등록 2019년 01월 28일 제2019-8호
전자우편 cs@indipeub.kr
대표전화 070-8848-8004
팩스 0333-3444-7982

정가 16,000원
ISBN 979-11-6756335-4 (03330)